U0061345

Proclaiming Civilisation by Forging Constitutions

China's Rebirth in the Shadow of the "Civilisational Hierarchy" Discourse

章永樂 —— 著

鑄典宣化

「文明等級論」之下的「舊邦新造」

策劃編輯	蘇健偉
責任編輯	王逸菲
書籍設計	道　轍
書籍排版	何秋雲

書　　名	鑄典宣化："文明等級論"之下的"舊邦新造"
著　　者	章永樂
出　　版	三聯書店（香港）有限公司
	香港北角英皇道 499 號北角工業大廈 20 樓
	Joint Publishing (H.K.) Co., Ltd.
	20/F., North Point Industrial Building,
	499 King's Road, North Point, Hong Kong
香港發行	香港聯合書刊物流有限公司
	香港新界荃灣德士古道 220-248 號 16 樓
印　　刷	美雅印刷製本有限公司
	香港九龍觀塘榮業街 6 號 4 樓 A 室
版　　次	2024 年 2 月香港第一版第一次印刷
規　　格	大 32 開（140 mm × 210 mm）288 面
國際書號	ISBN 978-962-04-5415-8

© 2024 Joint Publishing (H.K.) Co., Ltd.

Published & Printed in Hong Kong, China

獻給亡友劉海波，他說：

自成體系，自建光榮

目錄

緒 論

作為“文明”事業的立憲

光緒三十二年七月（1906 年 9 月），清政府以光緒皇帝名義頒佈《宣示預備立憲先行厘定官制諭》，宣示"預備立憲"正式開始。詔書認定"各國之所以富強者，實由於實行憲法，取決公論，君民一體，呼吸相通，博採眾長，明定權限"，宣示"參用各國成法，妥議立憲實行期限，再行宣佈天下，視進步之遲速，定期限之遠近"[1]。詔書頒佈後，北京、上海、天津、江蘇、南京、無錫、常州、揚州、鎮江、松江等地都舉行了立憲慶賀會，《申報》報道稱："人們奔走相慶，破涕為笑，莫不額手相慶曰：中國立憲矣，轉弱為強，萌芽於此。"[2] 當年 11 月 25 日，北京各學堂師生萬人集會於京師大學堂，慶祝"預備立憲"及慈禧太后壽辰；揚州商學界還創作了《歡迎立憲歌》，歌詞中有："機會來，機緣熟，文明輸灌真神速。天語煌煌，奠我家邦，強哉我種黃。"[3]

1908 年 7 月 24 日，在青年土耳其黨人的壓力下，土耳其蘇丹阿卜杜勒・哈米德二世宣佈恢復 1876 年憲法。這一消息使土耳其臣民歡騰不已。7 月下旬到訪伊斯坦布爾的康有為，寫下

---

1 《宣示預備立憲先行厘定官制諭》，故宮博物院明清檔案部編：《清末籌備立憲檔案史料》（上冊），北京：中華書局 1979 年版，第 43 頁。

2 《論報館恭祝立憲》，《申報》1906 年 9 月 16 日。

3 《各省新聞：商學界歡迎立憲歌》，《北洋官報》1906 年第 1133 期，第 7 頁。

華麗的詩句，描述土耳其臣民當時的狂歡場景："百夫擷鼓吹笳悲，千夫塞巷擁馬嘶。萬戶舞破半月旗，傾城士女酣歌嬉。大呼萬歲祝主厘，公園燈火不掩扉。擁觀演說百千圍，鼓掌拍破篋鼓徽。煙火射爭星月輝，釋囚破獄會逢稀。十日大酺何淋漓，蘇丹視巡盛鑾儀。金幢羽葆校尉非，折檻闖宮民縱娛。警卒立仗不敢譏，國民歡舞千載期。"[1]

　　無論是在 1906 年的中國，還是在 1908 年的土耳其，臣民對於立憲的熱情，都具有極其複雜的來源。在今天，"立憲"被廣泛理解為憲法制度規範統治者的權力、保障臣民／公民權利的事業。但如果僅僅在"統治者"與"被統治者"的二元框架中，將立憲解釋為臣民／公民向統治者爭取權利的運動，並不足以充分理解像近代中國與土耳其這樣的半殖民地國家的近代立憲。對於當時中國和土耳其街頭歡慶的臣民而言，還存在一種比本國統治者更為強大的力量，那就是在當時中國知識界被稱為"民族帝國主義"的殖民帝國——正是由於清王朝和奧斯曼帝國的統治者面對列強入侵不斷喪權辱國，使得本國的傳統統治方式在臣民眼中喪失原有的權威，臣民們才將眼光投向列強自己的政治組織方式，尤其是期待通過模仿後者制定成文憲法，克服本國積貧積弱的局面，在國際秩序中獲得更有尊嚴的地位。1906 年揚州商學界的《歡迎立憲歌》將模仿列強進行立憲稱為"文明輸灌"，體現出一種自居弱勢地位並渴求承認的心態。

　　近代中國與土耳其的"立憲"運動試圖創制的，並非一般意

1　姜義華、張榮華編校：《康有為全集》（第八集），北京：中國人民大學出版社 2007
　　年版，第 453 頁。

義上的政治制度，而是成文憲法。絕大部分延續到近代的區域性文明都具有成文法的傳統。1906 年，在朝野熱議 "立憲" 之時，御史劉汝驥曾上書慈禧太后，論述 "我國固立憲之祖國也"，並不需要從外部引進憲法。[1] 劉汝驥將《尚書》中的 "二典"（《堯典》、《舜典》）、"三謨"（《大禹謨》、《皋陶謨》、《益稷》）、夏書、商誓，以及《周禮》和《春秋》，視為中國古代的憲法文獻。清廷當年頒佈的《宣示預備立憲先行厘定官制諭》也宣示 "我朝自開國以來，列聖相承，謨列昭垂，無不因時損益，著為憲典"[2]。不過，上述文本中提到的文獻雖然具有成文的形態並記載某種立國精神，但都很難在嚴格意義上被等同於西方近代發展出來的成文憲法。全面記載國家機關運作之規範與臣民基本權利的成文憲法，確非中國首創。晚清立憲運動面對的首要問題是：制定成文憲法對於中國究竟有什麼益處？其次是：中國需要選擇何種憲法模式？而要理解時人對於這兩個問題的回應，從根本上需要我們對成文憲法的全球傳播進程進行深入考察。

　　近代以來，成文憲法在西方內部加速傳播，並深刻影響到全球各區域。英國帝國史與全球史學者琳達・科利（Linda Colley）的近著《槍、船與筆》（*The Gun, the Ship, and the Pen*）進一步發展了查爾斯・蒂利（Charles Tilly）等學者對於戰爭與國家建設（state building）之間關係的歷史社會學理論，從戰爭與憲制關係的角度，提煉和考察了成文憲法在近代世界加速傳播的具

1 《御史劉汝驥奏請張君權摺》，故宮博物院明清檔案部編：《清末籌備立憲檔案史料》（上冊），北京：中華書局 1979 年版，第 107 頁。

2 《宣示預備立憲先行厘定官制諭》，故宮博物院明清檔案部編：《清末籌備立憲檔案史料》（上冊），北京：中華書局 1979 年版，第 43 頁。

體機制：戰爭規模的擴大和戰爭方式的不斷升級，帶來了巨大
的財政開支和對人力資源的徵用，由此引發的社會壓力和政治矛
盾，在一些國家引發了深刻的政治變革，法國大革命尤為引人矚
目，在這場革命中，舊貴族的統治被推翻，規範國家權力運作與
保障臣民權利的成文憲法獲得推行，國家的汲取能力（extractive
capacity）與強制能力（coercive capacity）都實現了飛躍，由此
釋放出的戰爭力量對其他國家造成的壓力，又進一步促進了新的
政治模式的傳播。許多國家的統治者認識到，制定成文憲法，賦
予臣民一定的自由與權利保障，可以起到一種塑造政治認同的作
用，從而更有效地加強財政汲取和軍事動員，確保臣民能夠為國
家提供充足的兵源與財源，加強國家組織化，以更有效地參與
國際競爭。在這一時代背景下，即便是官方奉行 "不成文憲法"
的英國，也有不少精英人物將英國中世紀的法律文件《大憲章》
（Magna Carta）論證為成文憲法，從而論證英國是一個具有成文
憲法傳統的國家[1]；邊沁（Jeremy Bentham）等英國精英還積極為
非西方國家撰寫憲法草案[2]。

　　琳達・科利為成文憲法的全球傳播與接受提供了極具啟發性
的機制解釋，特別是指出戰爭及其動員機制在其中所發揮的作
用。不過，近代非西方國家的現代化進程是在強大的西方主導的
國際體系的壓力之下啟動的，西方列強在侵入非西方地區時，帶
來的不僅是水平更高的組織化暴力和經濟擴張、滲透能力，還有

1　Linda Colley, *The Gun, the Ship, and the Pen: Warfare, Constitutions, and the Making of the Modern World*, Liveright, 2021, pp. 84-88.

2　同上，pp.179-181。

一套將西方既有實踐論證為"文明"的強大話語。在軍事和經濟的成功之下,"文明"的話語具有越來越強大的影響力,使得許多非西方國家的精英對自身社會的傳統組織方式產生深刻的自我懷疑,認為這些組織方式不僅缺乏實效,而且文明程度低下,甚至"野蠻"。這種自我懷疑和自我批判帶來的是對西方列強"文明的標準"的內化,以及根據"文明的標準"進行自我改革的種種努力。琳達·科利的著作多處提到"文明"的概念,但並未對"文明"的話語在成文憲法傳播中所發揮的中介作用進行充分的解釋。《槍、船與筆》對於中國的研究更顯薄弱,該書雖然從康有為對 1908 年青年土耳其黨人恢復 1876 年憲法的觀感開始,但並沒有真正展開對中國近代"立憲"道路、觀念與話語的探討。

美籍華人學者江文漢(Gerrit W. Gong)1984 年出版的具有廣泛影響力的著作《國際社會中的"文明"標準》(*The Standard of "Civilization" in International Society*)從國際法史的角度,對源於近代歐洲的"文明"話語進行了深入研究,其第五章專門討論了近代中國與"文明"標準之間的複雜關係,在問題意識上具有相當的啟發性,其論述已經揭示了近代中國的法制變革背後的對國際平等、消除領事裁判權的追求,但並沒有對清末民初的成文憲法制定的觀念與實踐展開討論。[1]

在二十一世紀初,國內法學界出現了一系列研究,探討近代中國的"立憲"觀念與"富強"觀念之間的關係,其側重點在於批評憲法在近代中國成為國家追求富強的工具,因而偏離了保障

---

1 Gerrit W. Gong, *The Standard of "Civilization" in International Society*, Oxford University Press, 1984.

人權和限制權力的西方立場。[1] 亦有主張認為追求富強並非由於認識不到位，而是因為民族危機的深重，不得不然。[2] 而另外一些作品指出，近代中國對於"富強"的追求，一度是通過"文明"這一觀念的中介，而"文明"話語本身是東西方列強面對中國時所使用的共同話語，並得到了相當一部分中國知識分子的接受和追隨。[3] 將"文明"觀念引入討論具有重要意義，不僅有助於理解近代歷史，也有助於在當代語境之下，思考現行憲法與"社會主義核心價值觀"中的"富強"與"文明"兩個"標識性概念"之間的關係。在研究路徑上，本書非常贊同將近代歷史行動者的意義世界置於優先地位，但同時認為，對於"立憲"與"文明"觀念之間關係的考察，也需要引入上文琳達·科利的研究所展示的全球史眼光，將"文明"觀念與話語置於近代資本主義全球化、殖民擴張與被壓迫民族的反抗的語境之中進行深入探討，並從中國在全球殖民體系中的位置出發，理解近代中國精英的思考路徑。

1　王人博：《憲政的中國語境》，《法學研究》2001 年第 2 期；王貴松：《中國憲政為何難以實現——憲政與富強、民主、文明之關係的歷史思考》，《杭州商學院學報》2002 年第 6 期；門中敬：《中國富強憲法的理念傳統與文本表徵》，《法學評論》2014 年第 5 期。

2　張晉藩：《中國憲法史》，吉林人民出版社 2011 年版，第 12 頁。

3　如黃興濤：《晚清民初現代"文明"和"文化"概念的形成及其歷史實踐》，《近代史研究》2006 年第 6 期；許紀霖：《從尋求富強到文明自覺——清末民初強國夢的歷史嬗變》，《復旦學報（社會科學版）》2010 年第 4 期；賴駿楠：《十九世紀的"文明"與"野蠻"——從國際法視角重新看待甲午戰爭》，《北大法律評論》第 12 卷第 1 輯，北京：北京大學出版社 2011 年版；賴駿楠：《清末立憲派的近代國家想象：以日俄戰爭時期的〈東方雜誌〉為研究對象（1904—1905）》，《中外法學》2018 年第 4 期；金欣：《中國立憲史上的"憲法—富強"觀再探討》，《交大法學》2018 年第 1 期；鄭曉嵐：《林譯〈斐洲煙水愁城錄〉尚"力"文明話語的修辭建構》，《福州大學學報（哲學社會科學版）》2017 年第 4 期；王鴻：《辛亥革命前十年間的"文明"觀念》，《史林》2022 年第 3 期；王鴻：《文野之辨：晚清的"文明"觀念研究》，華東師範大學歷史學系 2000 年博士論文。

在思想史和社會理論領域，汪暉的《世紀的誕生》[1]在全球秩序變遷的語境中，探討了近代中國所遭遇的時空兩個維度的革命，闡述"世紀"的觀念如何應運而生，為理解時人對時勢變化的回應提供了一個新的敘事框架。《世紀的誕生》對於"十九世紀"與"二十世紀"之分如何在中國語境中出現和演變的探討，可以啟發進一步的提問：憲法思想領域的"十九世紀"與"二十世紀"之分，究竟是如何出現的？而對這一問題的探討，恰恰通向對於近代"立憲"與"文明"觀念之間關係的深入反思。渠敬東《作為文明研究的社會學》則回顧了近代以來中西方學人回應"文明"和"文明化"進程而產生的社會理論的譜系，並倡導"將中國的現代化探索從學理層面上升到人類根本處境的高度"[2]。兩位前輩學者的探索，對於本書都有很大程度上的啟發。不過，近代中國"立憲"觀念與"文明"觀念的關係，究竟具有何種具體的形態，仍是有待深究之議題，從而為本書的探索留下了空間。

綜上所述，深入探討"文明"話語與成文憲法傳播之間的關係，從根本上需要一種貫通國際體系與國內秩序、國際法與憲法的理論視野，在這一視野中，憲法不僅僅是一國之內不同政治力量互動的產物，更是一個國家自我整合以參與全球互動的中介環節。本書試圖從既有研究的"薄弱環節"入手，在國際體系變遷的背景之下，探討近代世界的"文明等級論"與近代中國的"立憲"觀念／話語之間的關係，進而思考第一次世界大戰帶來的國際體系與國際法的劇變如何推動中國國內憲法觀念與話語的範式轉換。

1　汪暉：《世紀的誕生》，北京：生活·讀書·新知三聯書店 2020 年版。
2　渠敬東：《作為文明研究的社會學》，《中國社會科學》2021 年第 12 期。

一、立憲、國家組織力與文明

　　"文明"是古漢語中的固有詞。就詞源而言，"文"意味著紋理、花紋，而缺乏紋理、紋飾的粗樸狀態，被稱為"質"。從"文"的這種本義，後來衍生出禮節、儀式、制度、文字、文章、文獻、經典乃至道德的含義。而"明"意味著光亮或照明，後又衍生出彰顯、完備的含義。《周易·賁卦·彖傳》云："剛柔交錯，天文也；文明以止，人文也。觀乎天文以察時變，觀乎人文以化成天下。"天之四時運行所呈現出的經緯交錯的紋理，謂之"天文"，而人類社會的"文"，謂之"人文"。唐代經學家孔穎達疏"文明以止"曰："用此文明之道，裁止於人，是人之文、德之教。"《易經·乾卦》中有"見龍在田，天下文明"，孔穎達將此處的"天下文明"解釋為"天下有文章而光明"，又疏《尚書·舜典》中的"濬哲文明，溫恭允塞"如下："經天緯地曰文，照臨四方曰明。"由此可見，"文明"是對"文"的彰顯，而"人文"是通過觀照"天文"而形成與展開，其核心在於文德與教化。

　　"文"與"明"也是評價領導人品質的關鍵詞。《逸周書·謚法解》釋"文"曰："經緯天地曰文，道德博聞曰文，學勤好問曰文，慈惠愛民曰文，湣民惠禮曰文，錫民爵位曰文。"可見"文"的重點在於文德教化。《謚法解》釋"明"曰："照臨四方曰明，譖訴不行曰明。"[1] 所謂"譖訴不行"，是指讒毀攻訐的現象得到有效遏止，體現領導者的明察，亦凸顯文德。前燕開國皇帝慕容皝、北魏臨朝稱制的馮太后都獲得過"文明"這一謚號。中國古代典籍中"文明"兩字連用的例子更是汗牛充棟，通常凸顯"文德輝耀"或"文教昌明"的意涵。

明末清初文學家李漁的《閒情偶寄》中曾出現"若因好句不來，遂以俚詞塞責，則走入荒蕪一路，求闢草昧而致文明，不可得矣"[2] 這一用法，經常被今人視為接近現代的"文明"用法。但李漁是在編劇的語境中對比"草昧"和"文明"，二者指向寫作的兩種境界，而非特定的社會發展階段。中國古代的"文質相復"史觀本身更是與綫性的歷史進步論具有很大差別。《論語·雍也》有云："質勝文則野，文勝質則史。"在這一語境中，野蠻與文明都具有某種相對性，關鍵在於"質"與"文"之間的比例關係。"文明"並不保證軍事上的絕對優勢，禮樂文教完備的中原王朝，也有極大的可能被"質勝文"的遊牧漁獵民族所打敗。清代君主目睹八旗兵入關後戰鬥力迅速下降，於是刻意將東北的索倫部（包括今鄂溫克、達斡爾和鄂倫春族）保持在漁獵狀態，以從中產生彪悍的戰士"索倫兵"，作為滿洲八旗的王牌部隊，可謂對於"文質相復"原理的積極運用。但即便是打敗了中原王朝的遊牧漁獵民族，也不會僅僅因為其軍事戰績而獲得"文明"的聲譽。

1　黃懷信撰著：《逸周書校補注譯》，西安：西北大學出版社 1996 年版，第 288—289 頁。
2　〔清〕李漁：《閒情偶寄》，南京：江蘇鳳凰文藝出版社 2019 年版，第 62 頁。

　　以 "文明" 一詞來對譯具有綫性歷史觀意涵的 "civilisation"，首見於近代來華傳教士。來自普魯士的新教傳教士郭實臘（Karl Friedrich August Gützlaff）於十九世紀三十年代在華編寫《東西洋考每月統記傳》，以 "文明" 對譯 "civilisation"，但在當時並沒有在中國知識界產生顯著影響。"文明" 與 "civilisation" 之間對位關係的定型，是近代日本知識風氣影響的結果：明治時期日本知識界以 "文明" 或 "開化" 翻譯 "civilisation"，其集大成者即為福澤諭吉的《文明論概略》，這一譯法在甲午戰爭之後，被越來越多的中國知識分子接受。而明治時代的日本也努力地向西方列強證明自己是一個符合西方標準的 "文明國家"，並最終成功地躋身於列強行列。於是，十九世紀西方的主流文明觀，經過日本的中介和示範作用，在中國產生了巨大的影響，其高峰期恰在從世紀之交到一戰爆發之間。

　　在歐洲，用以指稱人類社會進步的總體狀態的 "civilisation" 一詞，最早出現於 1757 年法國重農學派作者米拉波侯爵（Victor de Riqueti, Marquis de Mirabeau）所作的《人類之友或人口論》（*L'ami des hommes: ou, Traité de la population*）之中 [1]，在英語世界首次出現於蘇格蘭思想家亞當・弗格森（Adam Ferguson）1767 年出版的《論文明社會史》（*An Essay on the History of Civil Society*）之中。"civilisation" 源於拉丁語詞彙 "civitas"（城邦形態的政治共同體）和 "civis"（公民）。在誕生之初，"civilisation" 與一個禮儀端莊的城市社會關聯在一起，尤其與宮廷有密切的關

1　關於米拉波侯爵對 "文明" 一詞的用法，參見高毅：《淺論 "文明" 概念的原始內涵及其現實意義》，《全球史評論》2023 年第 1 期。

係 [1]，而當它與 "野蠻" 形成兩極的時候，實際上就產生了一種對人類社會總體成果的評價尺度。

到了十九世紀下半葉，歐洲的著述家已經按照 "進步"（progress）乃至 "進化"（evolution）的先後順序，以生產方式（漁獵、遊牧、農業、工商業）與政治組織方式為綫索，建立一個 "文明等級" 論述，將不同的民族和國家置於一條時間綫的不同位置，區分出 "文明"、"半文明" 與 "野蠻"。"文明國家" 居於最高等級，構成所謂的 "國際大家庭"（The Family of Nations）或 "國際社會"（International Society）。自近代以來，這個特權俱樂部的自我認同，經歷了從 "基督教世界"（Christendom）擴展到 "西方"（West），再擴展到 "文明國家"（Civilised States）的過程。"西方" 可以包含基督教和其他宗教信徒乃至無神論者，而 "文明國家" 又可以比 "西方" 更大，處於西方之外的 "半文明國家" 在理論上可以通過遵循西方列強所設定的 "文明的標準"（Standard of Civilisation），晉身於 "文明國家"。然而 "文明的標準" 究竟有哪些內容，其實並沒有一錘定音的說法，後來的研究者可以從形形色色的話語中提取一些比較常見的內容，如充分保障 "文明國家" 僑民的生命、自由與財產，履行在歐洲國際法之下做出的有約束力的承諾，等等。[2] 但十九世紀下半葉的歷史行動者往往只有一種比較模糊的判斷，即需要將歐洲

---

1 關於 "文明" 的概念與宮廷禮儀的關係，參見〔德〕諾貝特‧埃利亞斯：《文明的進程》，王佩莉、袁志英譯，上海：上海譯文出版社 2009 年版。

2 See Gerrit W. Gong, *The Standard of "Civilization" in International Society*, Oxford University Press, 1984, p. 24.

列強與美國作為"文明"的典範加以模仿，但究竟應當模仿什麼內容，往往又是見仁見智的。在此背景下產生了明治日本的"鹿鳴館外交"——日本外交官在特意建設的歐式建築"鹿鳴館"（Rokumeikan）之中，穿洋裝，以西洋禮儀來與西洋人交往，試圖通過展示"歐化"的決心來獲取西洋各國的承認。

　　但即便"文明的標準"的內容在具體歷史語境中往往是模糊的，我們可以確定的是，十九世紀歐洲對於"文明"的主流理解與儒家對於"文德"的推崇有很大的精神差異。被殖民帝國支配的弱勢國家和民族從自身的弱勢位置出發，不難發現，不管殖民帝國為"文明"提供了多少道德與宗教光環，"文明"仍在極大程度上指向一個社會自我組織、參與群體競爭並獲得承認的能力。不同社會組織化程度的高下，集中體現為其戰爭的能力。英國國際法權威學者維斯特萊克（John Westlake）公開將一個國家政治組織是否符合"文明國家"標準的關鍵指標設定為組織起來自我防衛的能力。[1] 而這一立場很容易得出這樣的推論：一個國家如果在自我防衛的戰爭中失敗，失敗本身就證明其"文明程度"不足，於是不僅是"落後就要挨打"，而且是"挨打證明落後"、"落後證明該挨打"。這一邏輯在西方列強對廣大殖民地半殖民地的征服之中廣泛存在，甚至二十世紀三十年代意大利對於非洲阿比西尼亞的侵略，也訴諸類似的邏輯。[2]

　　歐洲殖民者的"挨打證明落後"、"落後證明該挨打"的邏

1　John Westlake, L. Oppenheim (ed.), *Collected Papers of John Westlake*, Cambridge: Cambridge University Press, 1914, pp. 2, 103.

2　Frank Harie, *The Abyssinian Crisis*, London: Batsford, 1974, p. 94.

輯，與工業革命帶來的自信有著極大的關係。羅馬帝國曾被遊牧的蠻族所征服，在工業革命之前，歐洲保留著對於野蠻民族征服文明民族的深刻恐懼。經歷工業革命之後，歐洲列強的武器與軍事組織方式與其他地方產生了明顯的代差，其他社會缺乏動員大量社會財富和人員參加戰爭的能力，因而在競爭中步步後退。對於工業化的民族而言，在歷史上經常打敗農耕民族的遊牧漁獵民族已經不構成實質威脅。歐洲在軍事上的優越感很快轉變為對於本社會組織方式的極大信心。在此背景之下，十八世紀啟蒙時代歐洲伏爾泰（Voltaire）、魁奈（Quesnay）等"慕華派"思想家對中國的推崇，在工業革命之後幾乎蕩然無存。以歐洲為文明中心，並將歐洲人之外的族群所組織的社會置於較低文明等級，成為十九世紀歐洲通行的做法。

"文明等級論"不僅對外將不同的民族與國家納入"文明"、"半文明"、"野蠻"這些不同的等級，以建立起穩定的支配關係，同時也對內給不同的社會階級乃至種族打上不同"文明程度"的標籤，貧窮而缺乏受教育機會的下層階級，剛被解放不久的黑人奴隸，經常被認為"文明程度"低下，允許其直接參政反而會降低政治決策的質量。如此，殖民地半殖民地民族對於殖民帝國秩序的不滿，無產者對於有產者的反抗，有色人種對於白人統治的反抗，都可以很容易地被視為"文明程度"低下的人群對文明秩序的攻擊。[1]

"文明等級論"在西方的對外殖民過程中獲得了廣泛的運

---

1 〔德〕卡爾·施米特：《羅馬天主教與政治形式》，施米特：《政治的概念》，劉宗坤等譯，上海：上海人民出版社 2003 年版，第 77 頁。

用，以證明殖民本身並非僅僅為了殖民者的利益，同時也在推進 "文明化的使命"。曾在 1868 — 1869 年間擔任美國駐華公使的勞文羅斯（J. Ross Browne）曾於 1869 年致信英美在華商人，認為美國是 "文明國家"，中國是 "低劣國家"，因而 "優越者不能進入一種後退的路程去適應低劣者；如果他們之間有任何關係存在的話，這些關係必須基於像較強者可能願意採取的那種公允條件而存在"。[1] 他認為英美商人應該這樣對待中國："在他們能夠在文明國家社會中站穩平等立場以前，他們必須停止破壞一切交往；他們必須把國家開放 …… 我們有權去強迫他們遵守條約的義務。"[2] 如此，所謂 "文明國家" 對於 "低劣國家" 的強制，就具有了一種 "教化" 的意義。

在 "文明等級論" 影響下，甚至梁啟超都曾在 1902 年做出這樣的論斷："夫以文明國而統治野蠻國之土地，此天演上應享之權利也，以文明國而開通野蠻國之人民，又倫理上應盡之責任也。"[3] 以近代殖民帝國為尺度，梁啟超一度對歷史上中國中原王朝不積極對外開拓表示不滿，認為滿足於分封屬國純屬君主好大喜功，只有廣泛殖民才能夠惠及本國國民。[4] 然而，英國的理論家霍布森（John Hobson）在 1902 年出版的《帝國主義》（*Imperialism: A Study*）一書中即以英帝國為例，深入駁斥過所

1　馬士著，張匯文等譯：《中華帝國對外關係史》第 2 卷，上海：上海書店出版社 2002 年版，第 479 頁。

2　同上，第 481—482 頁。

3　梁啟超：《張博望、班定遠合傳》，張品興編：《梁啟超全集》，北京：北京出版社 1999 年版，第 799 頁。

4　同上，第 807—808 頁。

謂高等種族教化低等種族的理論，認為帝國主義者總是為了自己的利益，而非被統治者利益來行事，霍布森尖銳地指出："在與低等種族打交道的時候，帝國主義的卑劣之處在於，它甚至都不肯裝出要把國內教育和進步的原則應用於低等種族的樣子。"[1]

十九世紀歐洲國際法的理論基礎之一，正是"文明等級論"：只有"文明國家"才被認為具有完整的國家主權，而"半文明國家"和"野蠻國家"並沒有真正的主權可言。劍橋大學的權威國際法學家拉薩·奧本海默（Lassa Francis Lawrence Oppenheim）在 1905 年出版的《國際法》（*International Law*）第一版中，將國際法界定為"在文明國家相互交往中被視為具有法律約束力的習慣和條約規則的整體"，此後的各個版本維持這個定義，直到勞特派特（Hersch Lauterpacht）修訂的 1955 年的第八版去掉"civilised states"這一表述中的形容詞"civilised"。[2] 既然"半文明國家"和"野蠻國家"並沒有真正的主權，"文明國家"的殖民主義與帝國主義行為因而也不被認為是侵犯它們的主權。

近代西方主流國際法學家們認為，由於"半文明國家"和"野蠻國家"的法律過於落後，讓"文明國家"的公民接受後者的司法管轄是不正當的，而這就帶來了對領事裁判權和片面最惠國待遇的合理性的證明。曾出洋考察各國立憲的清廷重臣載澤在 1907 年這樣描述過列強在華領事裁判權如何從管轄本國人延伸

---

1 〔英〕約翰·阿特金森·霍布斯：《帝國主義》，盧剛譯，北京：商務印書館 2017年版，第 213 頁。

2 Lassa Oppenheim, *International Law*, London: Longmans, Green and Co., 1905, p. 3. Lassa Oppenheim, *International Law*, London, New York, Toronto: Longmans, Green, and Co., 1955, p. 4.

到管轄中國人："顧昔也僅藉口於文明人之身體、財產,惟文明法律始足以治之,而要求設立領事裁判權,今也更進而謂法權不完全之國,不足以自治其人民,且有越俎代謀之漸。於是若英則已於通商口岸更於領事裁判權之上,添置高等按察司矣。美則繼起效尤,擬於通商各埠設立高等裁判所矣。其他若德之於青島,日本之於旅大,特開法院,更無論矣。凡此侵害我法權,即為侵害我主權。"[1]當然,從列強的角度來看,既然中國並不被認為是一個具有完整主權的國家,那麼領事裁判權的設立與擴大,就談不上對中國主權的侵犯。而晚清的司法改革,因此具有一個鮮明的目標:證明中國的法律已經達到列強的"文明"標準,從而取消列強在華領事裁判權。

　　西方列強既然以自身為"文明"的尺度,在其眼中,以中國為中心的東亞朝貢體系內部的禮法規則,並不構成真正的"法"。列強紛紛以國際法來拆解朝貢體系,如以清廷不直接管理朝鮮、琉球與越南外交和內政為理由,否認中國的宗主權。日本亦仿效西方列強,以國際法為藉口,吞併琉球,侵略朝鮮。而隨著朝貢體系的崩潰,中國自身也一步步淪為半殖民地社會。士大夫對於中國固有的"大一統"政治傳統,信心日益低落。

1　《編纂官制大臣載澤等原擬行政司法分立辦法說帖》,《東方雜誌》1907 年第 8 期。載澤等人的奏摺可能參考了御史吳鈁前一年進呈的相近主題的奏摺,該奏摺指出:"中國通商以來,即許各國領事自行審判,始不過以彼法治其民,既漸以彼法治華民,而吾之法權日削。近且德設高等審判司於膠州,英設高等裁判司於上海,日本因之大開法院於遼東,期所援為口實者,則以中國審判尚未合東西各國文明之制,故雖越俎而代謀。"《御史吳鈁奏厘定外省官制請將行政司法嚴定區別摺》,故宮博物院明清檔案部編:《清末籌備立憲檔案史料》(下冊),北京:中華書局 1979 年版,第 821—824 頁。

　　中國被迫進入一個列國並立的國際秩序，帶來的是春秋戰國這一古代歷史鏡像的復興，以註釋和闡述孔子編纂的《春秋》為工作重點的今文經學迎來了一個繁榮時期。[1] 1864 年，美國新教傳教士丁韙良（William Alexander Parsons Martin）在總理各國事務衙門的支持下，翻譯出版了美國國際法學家亨利·惠頓（Henry Wheaton）的《萬國公法》（*Elements of International Law*），之後更是大力倡導 "春秋國際法" 的觀念，通過論述類似當代歐洲國際法的規則在中國 "古已有之"，推動中國士大夫接受當代歐洲國際法。作為傳教士，丁韙良對於國際法的理解具有強烈的自然法（他翻譯為 "性法"）色彩。將國際法翻譯為 "萬國公法"，也凸顯出了 "公" 的觀念，在晚清士大夫的 "天理世界觀" 向 "公理世界觀" 的轉變過程中，發揮了重要作用。[2]

　　《萬國公法》也在很大程度上影響了今文經學家對於國際法的理解。廖平於 1880—1885 年間作《公羊春秋補正後序》，將春秋朝聘會盟制度與歐洲列強的會議條約乃至萬國公法作類比。[3] 1890 年，康有為與廖平在廣州第一次相見。不久後，康有為及其門人故舊成為晚清最熱衷於將格勞秀斯、萬國公法與孔子、《春秋》相類比的思想群體。康有為在 "三世說"（據亂世，昇平世，太平世）的框架裏探討世界秩序的演進，將 "太平世" 的全

1　對晚清今文經學復興的研究，參見張廣生：《返本開新：近世今文經與儒家政教》，中國政法大學出版社 2016 年版。

2　汪暉：《現代中國思想的興起》（下卷）第一部 "公理與反公理"，北京：生活·讀書·新知三聯書店 2008 年版。

3　廖平：《公羊春秋補正後序》，鄭振鐸編：《晚清文選》，上海：上海書店出版社 1987 年版，第 634—635 頁。

球一統作為最後，承認中國需要在列國並立的時代，學習西方文明的一系列因素，只不過康有為"託古改制"，認為這些是孔子教導中固有的因素。在流亡之前，康有為及其門人知道萬國公法的實施是具有等級性的，但仍然認為其具有濃厚的道德性。丁韙良在《萬國公法》中譯本中將雨果·格勞秀斯（Hugo Grotius）之名譯為"虎哥"[1]。而梁啟超、徐仁鑄、宋育仁、劉銘鼎、唐才常都在論述中將《春秋》與國際公法關聯起來。[2] 徐仁鑄稱"西人之果魯西亞士虎哥等，以匹夫而創為公法學，萬國遵之。蓋《春秋》一書，實孔子所定之萬世公法也……"[3]。在 1897 年所作的《讀〈春秋〉界說》中，梁啟超稱"西人果魯士西亞、虎哥，皆以布衣而著《萬國公法》"，強調格勞秀斯以"布衣"身份而著公法，類似於孔子以"素王"身份作《春秋》。[4] 歐陽中鵠在 1899 年的一封書信中批評其學生譚嗣同"蓋惑於康氏太平世之說，欲如虎哥等以空文維世，不知公法惟強國可用，弱國並不能用，緩

1　〔美〕惠頓：《萬國公法》，丁韙良譯，何勤華點校，北京：中國政法大學出版社 2003 年版，第 5—8 頁。

2　宋育仁：《采風記》，王東傑、陳陽編：《中國近代思想家文庫·宋育仁卷》，北京：中國人民大學出版社 2014 年版，第 103 頁。劉銘鼎之論述，參見劉銘鼎："春秋盟書即今條約考"，寶軒編：《皇朝蓄艾文編》卷 13《法律》，台北：學生書局 1965 年版，第 1241 頁。唐才常的論述，見唐才常：《公法通義》，譚國清主編：《傳世文選·晚清文選（三）》，北京：西苑出版社 2009 年版，第 1490—1500 頁；唐才常：《公法學會敘》，尹飛舟編：《湖南維新運動史料》，長沙：岳麓書社 2013 年版，第 442—445 頁。

3　徐仁鑄：《輶軒今語》，唐才常、李鈞鼎等編：《湘學報》，第 31 冊，長沙：湘學報館 1897—1898 年，第 3 頁；另見尹飛舟編：《湖南維新運動史料》，長沙：岳麓書社 2013 年版，第 284 頁。

4　梁啟超：《讀〈春秋〉界說》，湯志鈞、湯仁澤編：《梁啟超全集》，北京：中國人民大學出版社 2018 年版，第 305 頁。

急失序，宜至顛蹶"。[1] 可見在康有為門下，將"虎哥"與孔子相類比是多麼普遍的風氣。而歐陽中鵠的批評也表明，譚嗣同等人並沒有充分認識到國際法對於弱國的殘酷性。

簡而言之，在《萬國公法》翻譯後的三十多年裏，中國士大夫經常將國際法理解為一套"公理"引導的規則體系，這套規則具有等級性，但如同春秋戰國時期的"夷夏之辨"一樣，具有內在的道德性。然而，在經受甲午戰爭衝擊，進而閱讀嚴復所翻譯的赫胥黎（Thomas Henry Huxley）《天演論》（*Evolution and Ethics*），並接觸到日本所轉述的國際法之後，不少中國知識分子對於國際法的"公理"想象逐漸淡去。在中國士大夫從道德的視角來看"萬國公法"，試圖從中提取某些"公理"之時，日本早已以一種實證主義眼光來看待國際法，將其規則作為工具，侵略台灣、吞併琉球、進佔朝鮮。福澤諭吉甚至公開說："百卷萬國公法不如數門大炮，數冊和親條約不如一筐彈藥。"[2]

同樣是出身於春秋公羊學背景，楊度於 1904 年參加了日本法政大學速成科，修習了法學博士中村進午講授的國際法課程，其對國際法的理解很快擺脫了前一階段春秋公羊學家們的認識範式。1907 年，楊度在《金鐵主義說》中主張："今日有文明國而無文明世界。今世界各國對於內則皆文明，對於外則皆野蠻；對於內惟理是言，對於外惟力是視。故自其國而言之，則文明之

---

1 "歐陽中鵠復蔚堂（節錄）光緒二十五年五月二十六日"，賈維、譚志宏編：《譚繼洵集》（下），長沙：岳麓書社 2015 年版，第 663 頁。

2 〔日〕福澤諭吉：《通俗國權論》，《福澤諭吉全集》第 4 卷，東京：岩波書店 1969 年版，第 636 頁。

國也；自世界而言之，則野蠻之世界也。”[1] 楊度以國際法為例來說明“野蠻的世界”：一些人從“性法”（即自然法）的概念出發，認為國際法的基礎在於“性法”，是真正的法律；而另外一些人認為國與國之上並沒有權威裁斷糾紛，國際糾紛往往以戰爭解決，因而國際法不是真正的法。目前“文明國”的國內法以自由、平等為原則，但國際法卻以國家的不平等為原則，“弱夫一強一弱，則弱者直可謂無言國際法之資格”[2]。這就是說，被歸為“半文明”或“野蠻”的國家並不被視為具有主權資格，無法適用平等主權國家之間的國際法。

楊度《金鐵主義說》斷定，國際法“法由強國而立，例由強國所創”，這意味著，國際法的規則創新，往往是以強國違反之前的法律，造成新的事實為前提的。平時國際法是如此，戰時國際法有過之而無不及。而中國歷年與列強簽訂的條約，“類皆權利歸人，義務屬我，無一可云兩利者”。楊度進一步指出，所謂“文明國”之所以達到“文明”，“未嘗不由於列國並立，外患迫切，非極力以治內則不足以圖存。彼惟以外之野蠻迫為內之文明為其原因，則以內之文明發為外之野蠻為其結果，亦自然之數，無足怪者……”[3]。正是激烈的國際競爭，迫使列強不斷改進本國的內部組織方式，增加自身的組織力。

而“立憲”又是如何與“文明”關聯在一起的呢？在十九世紀早期，西方列強自身在是否有成文憲法這一點上高度不統一，

---

[1] 劉晴波編：《楊度集》，長沙：湖南人民出版社 1986 年版，第 218 頁。
[2] 同上。
[3] 同上，第 219 頁。

成文憲法的制定不可能成為無爭議的"文明"基本構成要素。美國與法國從十八世紀以來形成了制定成文憲法的傳統，但英國雖有十七世紀的克倫威爾政權制定過《政府約法》（Instrument of Government），其正統王朝一直沒有制定過成文的憲法典 1，1814—1815 年維也納會議之後歐洲大陸君主制國家所要捍衛的王朝與貴族統治的秩序，也不以制定成文憲法為要務。成文憲法在"文明"話語中的重要性逐漸上升，乃是以成文憲法在歐洲的迅速傳播為前提的。在法國大革命、拿破崙戰爭與 1848 年革命等事件帶來的震盪之下，許多國家的統治者意識到，制定成文憲法有助於加強國家的內部整合，調動臣民的積極性，從而贏得對外戰爭，因而主動或被動地接受了成文憲法。

到了十九世紀下半葉，隨著越來越多歐洲列強制定成文憲法，"立憲"已經在歐洲的"文明"話語中佔據了重要地位。但國際法學家們的"文明國家"認定標準一直比公眾輿論界的"文明"標準更為嚴格，即便到了二十世紀初，歐洲的國際法學家們在政治組織方面強調的還是對於國土的防衛與有效統治，其中包括了保護外國人和本國臣民生命、自由與財產的能力。英國法學家維斯特萊克特別強調了國家有效自我防衛的能力。在這些討論中，制定成文憲法並沒有被認定為加入"文明國家"的必要條

1　近代英國一些人士將 13 世紀的《大憲章》視為英國的成文憲法，見 Linda Colley, *The Gun, the Ship, and the Pen: Warfare, Constitutions, and the Making of the Modern World*, Liveright, 2021, pp. 84-88。但嚴格意義上說，這只是封建等級之間的一個契約。

件[1]，事實上也不可能有這樣的認定，因為自命為"文明國家"典範的英國並未擁有成文憲法法典。

即便歐洲國際法學家通常並不認為制定成文憲法是"文明國家"的基本要求，越來越多西方列強擁有成文憲法的事實，也會給半殖民地國家帶來一種強烈的心理暗示。在 1856 年克里米亞戰爭結束之後的巴黎會議上，奧斯曼土耳其帝國從形式上被承認為歐洲"國際大家庭"的一員，但名至而實不歸，歐洲列強在奧斯曼帝國的領事裁判權一仍其舊，列強在奧斯曼帝國境內的干預有增無減。於是，奧斯曼帝國繼續推進自我改革，其高潮是在 1876 年頒佈一部成文憲法，儘管其效力持續時間很短，奧斯曼帝國的外交家們在當時還是針對歐洲展開了宣傳，認為奧斯曼帝國的制憲標誌著其已經符合歐洲"文明"的標準，理應獲得"文明國家"的相應待遇。

如果說 1876 年的奧斯曼帝國精英就已經感受到有必要通過"立憲"來證明自身符合歐洲的"文明"標準，與歐洲相距遙遠的中國，產生這種意識要更晚一些。中國有著源遠流長的法典傳統，但並未產生近代意義上的憲法典，在遭遇到外部挑戰的時候，"維新變法"的觀念先於"立憲"的觀念出現。但即便是在這一階段，"維新變法"的推動者也已經將他們的主張與提升中國在"文明等級"中的地位關聯在一起。康有為常年閱讀傳教士主辦的《萬國公報》，他敏銳地感知到，在甲午戰爭後，在華西洋人對於中國的"文明等級"評定正在下降。在 1898 年 1 月

1　Gerrit W. Gong, *The Standard of "Civilization" in International Society*, Oxford University Press, 1984, pp. 16-17.

向清廷上奏的《外釁危迫宜及時發奮革舊圖新呈》（即《上清帝第五書》）中，康有為表達了他的恐懼：中國正在從列強眼中的"半教之國"墜落為國際秩序中的底層，即將與非洲的黑人土著部落同列，完全被置於歐洲國際法的保護之外。維新變法，也被康有為視為維繫中國在文明等級中的地位的必要之舉。與康有為同屬今文經學家的皮錫瑞在同一時期認為"歐洲重公法，待野蠻無教化之國，與待文明有教化之國不同"，對於前者，"殺其人不為不仁，奪其地不為不義"。[1] 而熊希齡與皮錫瑞等商議，主張湖南應當加快改革："將來諸事辦成，民智開通，或可冀其不來，即來而我屬文明之國，不至受其魚肉。"[2] 這就是期待通過改革，使得中國儘快被承認為"文明之國"，從而可以根據國際公法，避免"野蠻無教化之國"所受到的壓迫。

而"立憲"意識與話語在近代中國的發展，更多地源於日本所帶來的示範效應。日本在 1889 年頒佈《大日本帝國憲法》（即《明治憲法》）。1894 年 7 月 16 日，在中日甲午戰爭爆發之前，英國與日本簽訂《日英通商航海條約》（*Treaty of Commerce and Navigation between Great Britain and Japan*），英國正式放棄在日本的領事裁判權。接下來，日本在 1894—1895 年的甲午戰爭中打敗中國，又在 1904—1905 年的日俄戰爭中打敗俄國。在日俄戰爭前後，歐洲國際法學家已經普遍承認，日本已經被完全接納

---

1 皮錫瑞：《師伏堂未刊日記》戊戌閏三月二十九日，《湖南歷史資料》1959 年第 1 期，第 111 頁。

2 皮錫瑞：《師伏堂未刊日記》戊戌三月初四日，《湖南歷史資料》1958 年第 4 期，第 125 頁。

為“國際大家庭”的一員。[1]

　　以日本頒佈《明治憲法》為起點，從 1889 年至 1914 年第一次世界大戰爆發的幾十年間，從歐、亞兩洲到拉丁美洲，湧現出了一批成文憲法。拉丁美洲一系列國家頒佈新憲法：巴西（1890）、古巴（1895、1901）、多米尼加共和國（1896、1907、1908）、厄瓜多爾（1897、1906）、洪都拉斯（1894、1904）、尼加拉瓜（1905）和巴拿馬（1904）；委內瑞拉則於 1893 年、1901 年、1904 年、1909 年、1914 年頒佈五部不同的憲法；1905 年，位於巴爾幹半島的黑山頒佈了第一部憲法；1888 年，塞爾維亞頒佈了一部新憲法，允許大多數男性居民參與投票，該憲法 1901 年被“四月憲法”所取代，1903 年恢復效力並進行了修訂，一直維持到了 1918 年南斯拉夫王國成立。在英屬印度，1895 年印度民族主義者向英印政府提交了《斯瓦拉吉法案》（自治法案），首次嘗試在英帝國的框架之內，為整個印度次大陸起草一部私擬成文憲法。波斯於 1906 年頒佈第一部憲法，並在 1907 年進行了修訂。在奧斯曼帝國，1908 年青年土耳其黨人通過革命行動，迫使當權者恢復了 1876 年頒佈的憲法。不僅是日本，其他國家的立憲思想家與行動者也都紛紛訴諸“文明”話語，為“立憲”的事業提供正當性論證。

　　日本國際地位的提升，給中國的旅日精英帶來了巨大的衝

1　1904 年出版的亨利・惠頓的《國際法原理》英文版第四版提到“日本獲得完整的國際地位”的意義，並設了“非基督教國家的國際地位”這一小標題。Henry Wheaton, J. Beresford Atlay (ed.), *Elements of International Law*, 4th English edition, London: Stevens and Sons, 1904, p. vi.

擊。當時中國的輿論領袖們紛紛將日俄戰爭視為 "立憲國" 與 "專制國" 之間的戰爭，日本因為 "立憲" 而加強了內部的組織化，而俄國因為 "專制" 而上下離心，無法形成合力。論者經常舉出俄國民粹派暗殺當權者的例子，證明 "專制" 已經窮途末路，甚至危害到了統治者自身的安全。由此得出的結論是，"立憲" 加強了社會的組織化，使得統治者與被統治者各安其位，體現了 "文明" 程度的提升，是富國強兵的必由之路。正是在這一背景下，中國朝野紛紛倡導學習日本明治維新，"仿行立憲"。

　　1905 年，清廷模仿日本 1871 年 12 月派出的岩倉具視使節團，派遣五大臣出洋考察，其中載澤等人對於日本的考察尤其深入詳細。1906 年載澤向慈禧進呈的《籲請立憲摺》中，載澤稱 "明治變法，採用立憲帝國主義，行之三十年而治定功成，蔚為強國矣"[1]。載澤進呈的《鎮國公載奏請宣佈立憲密摺》更是這樣陳述立憲的預期效果："今日外人之侮我，雖由我國勢之弱，亦由我政體之殊，故謂為專制，謂為半開化，而不以同等之國相待。一旦改行憲政，則鄙我者轉而敬我，將變其侵略之政策為和平之邦交。"[2] 因而，"立憲" 的關鍵在於去除與 "專制" 相關的 "半開化" 標籤，從而在國際體系中實現與列強的平等。而袁世凱在天津推動編寫的《立憲綱要》更明確地宣佈："外人自稱文明者，以有憲法故，其視吾國不文明者，以無憲法故。憲法成則國與國

1　載澤：《籲請立憲摺》，胡繩武主編：《清末立憲運動史料叢刊・清廷的仿行立憲》（第一卷），太原：山西人民出版社 2020 年版，第 26 頁。

2　載澤：《鎮國公載奏請宣佈立憲密摺》，胡繩武主編：《清末立憲運動史料叢刊・清廷的仿行立憲》（第一卷），太原：山西人民出版社 2020 年版，第 29 頁。

同等，彼既為文明先進自由之國，自必樂觀其成。"[1]這一主張不僅認為立憲可以使中國躋身於列強，而且論證列強對中國的立憲與國際地位提升，也將樂觀其成。

1907 年 9 月，清廷派遣汪大燮、于式枚、達壽等分赴德、英、日進行第二輪考察。清廷 1908 年頒佈的《欽定憲法大綱》模仿了日本的明治憲法，尤其是其中關於皇權的規定，甚至照抄了明治憲法關於君主 "萬世一系" 的表述。而革命派的主張是在 "種族革命" 後制定共和憲法，對清廷學習日本明治憲法持激烈批判態度，認為日本明治憲法既有強大的君權，又保留了貴族制度，清廷模仿明治憲法的結果，只會是加強滿人對於政權的壟斷。但對於 "立憲" 與 "文明" 之間的關聯，大部分革命派與立憲派幾乎共享同一套話語，二者均訴諸 "物競天擇，優勝劣敗" 的話語，論述只有具有良好內部組織力的 "文明國家" 才能夠在 "民族帝國主義" 時代的國際競爭中生存壯大，而 "立憲" 或 "革命" 則是提升 "文明程度" 的必由之路；在討論中國國內各族群關係的時候，革命派與立憲派都會運用 "文明等級論"，對不同族群的 "文明程度" 進行排序。革命派與立憲派都致力於論證，自己的變革方案並不違反現有的國際法，不會像義和團運動那樣，招致列強的干涉。而無論是革命還是立憲，變革的目的都是要在國際體系中獲得 "文明國" 地位，從而與列強並駕齊驅。

基於對國際體系與 "文明等級" 的認知，1911 年辛亥革命爆發後，革命政權以 "中華民國軍政府鄂軍統帥" 的名義照會列

1　天津自治研究所編：《立憲綱要》，《東方雜誌》光緒三十二年十二月臨時增刊《憲政初綱》。

強駐漢口領事，宣佈清朝與列強簽訂的條約繼續有效，各省政府將按期償還清政府應付的賠款與外債。可以說，辛亥革命的領導人和參與者不乏批判帝國主義的思想，但辛亥革命本身並不是一場直接反對帝國主義的革命。立憲派與革命派都尋求列強主導的國際體系的承認，而這帶來的結果是，袁世凱通過列強"大國協調"的支持，成為革命果實的收割者。[1]作為清廷重臣，袁世凱很早就獲得了英美列強的格外欣賞。他在山東主政時強力鎮壓義和團、參加"東南互保"，作為直隸總督兼北洋大臣，他在天津嚴控"抵制美貨"運動。從列強的眼光來看，所有這些都是能夠有效控制"排外"，保護列強僑民的生命、自由與財產的表現，因而是趨於"文明"的。而在宣傳中喜歡訴諸"文明國"的孫中山，並沒有獲得列強同等程度的信任，畢竟革命派反對美國《排華法案》的記錄，以及與日本"亞洲主義者"及菲律賓反美人士的聯繫，在西方列強眼中都是可疑的。君主制已經倒台，中國仍然走在一條通過自我改造尋求所謂"文明國家"承認的道路上。

然而，立憲派和革命派獲得所謂"文明國家"平等承認的願望，在清末民初始終未能得到實現。在 1906 年 9 月清廷宣佈預備立憲後，列強輿論的一個突出的反應，是希望清廷未來的憲制改革不要違反與列強的條約，不要"排外"[2]。而辛亥革命爆發後，即便革命派宣佈保護列強的既得利益，列強仍然擔心中國

1　章永樂：《"大國協調"與"大妥協"：條約網絡、銀行團與辛亥革命的路徑》，《學術月刊》2018 年第 10 期。

2　《憲政初綱·外論選譯》，《東方雜誌》光緒三十二年十二月臨時增刊。

會爆發類似義和團運動那樣的對列強既得利益的衝擊。[1]列強如果承認中國是 "文明國家"，就意味著要取消自身在中國的種種特權，如領事裁判權與對海關的控制權，而這意味著巨大的利益損失。因而，最符合列強自身利益的做法，是將通往 "文明國家" 的上升之路，變成一場漫長的、看不到盡頭的考試。在國際體系的壓力之下，一戰前的不少中國精英確實具有濃厚的 "考生" 心態。然而，一場突然爆發的世界大戰，不僅改變了世界的面貌，也開啟了不同道路的可能性。

1　〔美〕李約翰：《清帝遜位與列強》，孫瑞芹、陳澤憲譯，江蘇教育出版社 2006 年版，第 374 頁。

二、世界大戰的衝擊與 "二十世紀之憲法" 觀念 的興起

　　自 1914 年一戰爆發以來，歐洲戰爭的變化時刻牽動著中國輿論界的目光。自詡 "文明" 的列強在歐洲戰場上進行猛獸式的搏殺，上千萬人命灰飛煙滅。而德國的戰敗尤其具有衝擊力。戰前中國主流輿論界中的不少精英從以社會達爾文主義為底色的 "文明等級論" 出發，認定德國是西方最為先進的力量，德國與英國的爭霸，是 "新" 與 "舊" 的鬥爭，"進步" 與 "落後" 的鬥爭。而德國的戰敗，導致人們對戰前的 "文明" 話語產生深刻的懷疑。"競爭"、"優勝劣敗"、"軍國主義" 這些在戰前輿論中佔據主導地位的觀念，逐漸被視為導致相互毀滅的思想根源。而歐洲精英在一戰後更是對自身的文明進行了深入的反思，對戰前流行的許多思潮做出了否定。1918 年德國學者斯賓格勒（Oswald Arnold Gottfried Spengler）出版《西方的沒落》（*Der Untergang des Abendlandes*），將 "文明"（Zivilisation）視為 "文化"（Kultur）發展從高峰走向衰亡的最後階段，從而將德語世界中 "文化" 與 "文明" 的觀念對立推到一個新的高峰。梁啟超在 1919 年訪歐期間就拜訪了法國哲學家柏格森（Henri Bergson）與德國哲學家倭鏗（Rudolf Christoph Eucken），聽取

他們對於歐洲文明的反思。而 1920—1921 年訪華的英國哲學家羅素（Bertrand Arthur William Russell）則在中國公開批評以資本主義為基礎的近代西方文明，讚賞中國傳統的人生態度。這一切都對中國的輿論界產生了影響。

在一戰之前，將"東方文明"與"西方文明"相並列的用法在中國輿論界較為少見。隨著一戰的推進帶來思想界格局的變化，這種並列的用法與日俱增，而這意味著"文明"觀念正在從一種一元的、等級性的範式，轉向一種多元的、更為平等的範式。中國秦漢以來形成的大一統、崇尚和平的傳統，在一戰之前的中國輿論界飽受批評，被認為壓抑競爭，從而導致中國在與所謂"文明國"的競爭中處於下風。一戰中列強的相互廝殺，使得越來越多的人對"東方文明"做出正面評價。"競爭"觀念地位的下降導致了"協作"、"和平"觀念地位的上升，社會主義獲得了更為正面的評價，越來越多的人致力於論證中國的古代傳統中包含著社會主義的因素，甚至孔孟都可以被視為早期的社會主義者。

就國際體系的結構而言，一戰打破了原有的君主國佔主導地位的"大國協調"體系，釋放出了被"大國協調"壓抑的工人運動與民族獨立運動。1917 年俄國十月革命爆發，1918 年德國爆發十一月革命，協約國取勝，德意志第二帝國覆滅，奧匈帝國、奧斯曼帝國解體，一系列民族在帝國的廢墟上建立新共和國或復國（如波蘭），這使得共和政體在歐洲不再處於一種邊緣地位，自下而上的"人民主權"的法理獲得了廣泛的承認。在戰前"文明等級論"的視野裏，工人與農民被視為"文明程度"低下，缺乏行使政治權力的責任能力。然而，一旦馬克思的"勞動價值論"獲得普及，"勞動創造文明"成為新的信條，佔人口絕大多數的工人與農民就擺脫了在十九世紀文明論中的"內部野蠻人"的地位，獲得了前所未有的政治上的正當性。而俄國十月革命後的布爾什維克政權，更是將工農的政治地位推到了新的高度。布爾什維克支持廣大殖民地半殖民地的民族解放運動，對殖民主義的"文明等級論"產生了巨大的衝擊。

我們可以從秉持十九世紀"文明等級論"的人士的反應，來觀察這種衝擊的規模和力度。在 1923 年初版的《羅馬天主教與政治形式》（Römischer Katholizismus und politische Form）一文中，時年 35 歲的德國公法學家卡爾·施米特（Carl Schmitt）這樣評論俄國十月革命："自十九世紀以來，歐洲出現了兩大反對西歐傳統和教育的人群，兩大橫溢河岸的川流：進行階級鬥爭的大城市無產階級；與歐洲疏離的俄國群眾。從傳統西歐文化的觀點來看，這兩大人群都是野蠻人。當他們感覺到自己的力量時，他們就驕傲地自稱為野蠻人。"[1]施米特在此仍然是站在十九世紀歐洲主流的文明論的立場上來看待十月革命，將其視為歐洲邊緣民族和無產階級兩股"野蠻人"的合流。在十九世紀的文明等級論之下，他們被視為"文明程度"不足、需要被拒絕乃至延遲進入政治場域的力量，是歐洲"教化"的客體。而與之相反的是，1920 年 3 月，不到 27 歲的毛澤東在致周世釗的信中熱情洋溢地評論："我覺得俄國是世界第一個文明國。我想兩三年後，我們

1　〔德〕卡爾·施米特：《羅馬天主教與政治形式》，施米特：《政治的概念》，劉宗坤等譯，上海：上海人民出版社 2003 年版，第 77 頁。

要組織一個遊俄隊。"[1]顯而易見,毛澤東拋棄了十九世紀的主流"文明"尺度,而以戰後新的"文明"尺度來看待俄國十月革命以及蘇俄。

當然,由於美國戰時官方宣傳機構公共信息委員會(Public Information Committee)在華的運作,1917 年十月革命爆發後,中國媒體對其報道和評論的頻率,還比不過對威爾遜政府對於戰後國際秩序主張的報道。美國的威爾遜總統在中國一度享有極高的威望。許多中國輿論界的精英往往無法分辨威爾遜的主張與列寧的主張有什麼實質差別,而對前者寄託了很多的希望。然而,威爾遜為了推動自己的國際聯盟計劃,在巴黎和會與日本做了交易,同意將德國在中國山東的特權轉讓給日本,導致了中國輿論界對於威爾遜的印象極速轉向負面。而列寧則主張廢除俄國舊政權與中國簽訂的不平等條約,與威爾遜形成了鮮明的對比。在 20 年代初,列寧支持了中國共產黨的創建與中國國民黨的改組,國共進行了第一次合作,啟動國民革命,提出"打倒列強、除軍閥"的口號,要求廢除不平等條約。廣州國民政府的"反帝"主張,推動北洋政府也對列強提出廢除不平等條約的主張,直接衝擊列強在中國的殖民主義統治秩序。

就內政來看,無論民初的中國政壇多麼風雲變幻,"法統"始終在政治正當性話語中具有極強的存在感,大多數具有一定實力的政治勢力都試圖掌握"法統",主導國會,控制憲法的制定或解釋。這種狀況的持續,一方面固然是因為中國國內沒有任何

---

[1] 中共中央文獻研究室、中共湖南省委《毛澤東早期文稿》編輯組編:《毛澤東早期文稿(1912.6—1920.11)》,長沙:湖南出版社,第 476 頁。

一派勢力具有壓倒性的力量，因而還需要通過 "法統" 話語來凝聚政治盟友，另一方面，則是因為以 "立憲" 獲得列強主導的國際秩序承認的思維與行為慣性仍然在持續。而在一戰之前與一戰初期，我們在民初的法統政治中，仍然可以看到相當密集的 "文明" 話語。試舉幾例，在 1913 年刺宋案爆發後，岑春煊等提出質疑，袁世凱於 1913 年 5 月 9 日回電稱 "當宋君被刺之時，尚未獲兇，即有人預設成心，誣指政府。繼又憑影射之詞，牽混之據，斷章取義之電文，預侵法官獨立職權，實為文明國所未有"[1]。而 1915 年袁世凱稱帝，各地反袁勢力紛紛以 "文明" 話語，對袁世凱進行譴責。唐繼堯於 1915 年 12 月 31 日通電列強駐北京各全權公使，駐天津、重慶、上海各領事館，宣佈袁世凱 "謀叛民國，自為帝制，拂全國進步之人心，逆世界文明之趨勢，自背受職之誓言，不納友邦之勸告"，而通電的目的在於 "願我最親睦之各友邦，共守善意之中立，互敦永久之睦誼"[2]。1916 年 1 月 1 日，唐繼堯發佈誓師文，稱共和的創建乃是 "應世界之文明，為友邦所承認"，討伐背叛民國、復辟帝制的袁世凱，乃是 "恭行天罰"[3]。1916 年 5 月 5 日，山東護國軍都督吳大洲也發表討袁通電，稱行動宗旨在於 "廓清妖孽，誓使海表雄邦

---

1 《袁世凱覆岑春煊等請來京調查電》，中國社會科學院近代史研究所，中華民國史研究室主編：《中華民國史資料叢稿：民初政爭與二次革命》（上），上海：上海人民出版社 1983 年版，第 339 頁。

2 《雲南政府照會各國公使文》，雲南省志編纂委員會辦公室編：《續雲南通志長編》（上），1985 年，第 1215—1216 頁。

3 《唐都督誓師文》，雲南省志編纂委員會辦公室編：《續雲南通志長編》（上），1985 年，第 1214 頁。

再睹天日，東亞聖域，重現文明。上報國恩，下盡天職"[1]。1916年 3 月梁啟超發佈《在軍中敬告國人》，抨擊袁世凱："夫處今日文明競進之世，而行中古權謪殘刻之政，外襲眾建之名，內蹈專欲之實，黜全國之智，鉗全國之力，涸全國之資財，摧全國之廉恥，而以資一時便安之計，成一姓篡竊之謀，生於其心，害於其政，取子毀室，率獸食人。循此遷流，更閱年載，則人道且將滅絕於中國，而中國更何由自存於世界者。"[2]而在袁世凱取消洪憲帝制，但仍自稱大總統之時，伍廷芳致書袁世凱勸其下野，稱其"僅到朝鮮一國，未曾遍歷東西洋，未親見各友邦文明政治，又不諳外國語文"，所以不知如何實行共和。[3]

將帝制與共和制的差異表述為野蠻與文明之別，稱袁世凱違反文明進化之公理，可謂當時反袁話語中的常見要素。甚至孫中山在 1917—1919 年寫作的《建國方略》之中，仍然致力於總結反對袁世凱稱帝的法律依據，指出袁世凱背棄大總統誓言，從而背叛民國："今世文明法治之國，莫不以宣誓為法治之根本手續也……宣誓而後，有違背民國之行為者，乃得課以叛逆之惡，於法律上始有根據也。"[4]這一話語模式也體現在輿論界對於 1917 年張勳復辟的反應。1917 年 7 月 3 日，段祺瑞誓師馬廠，發佈檄文，批判張勳"反全國人之心理，冒天下之大不韙，當文

1　《山東護國軍起義討袁之露布》，淄博市政協文史資料委員會，周村區政協文史資料委員會：《山東護國運動》，濟南：山東人民出版社 1996 年版，第 195 頁。

2　梁啟超：《在軍中敬告國人》，湯志鈞、湯仁澤編：《梁啟超全集》（第九卷），北京：中國人民大學出版社 2018 年版，第 403—404 頁。

3　榮孟源，章伯鋒主編：《近代稗海》（第 3 輯），成都：四川人民出版社 1985 年版，第 246 頁。

4　《孫中山選集》（下卷），北京：人民出版社 1981 年版，第 158—160 頁。

明之世,而欲效古代挾天子令諸侯之事"[1]。馮國璋通電稱,若不聲討張勳,"彼恃京師為營窟,挾幼帝以居奇,手握主權,口含天憲,名器由其假借,度支供其虛靡,化文明為野蠻,委法律於草莽,此而可忍,何以國為!"[2]在張勳復辟失敗之後,陳獨秀作《復辟與尊孔》,認為復辟的思想根源在於孔教:"愚之非難孔子之動機,非因孔子之道不適於今世,乃以今之妄人強欲以不適今世之孔道,支配今世之社會國家,將為文明進化之大阻力也……"[3]。陳獨秀預設君主制是"文明進化"的阻力,而尊孔導致君主制復辟,因而也成為了"文明進化"的阻力。

　　1916 年,梁啟超為反袁的護國軍打造了一套捍衛共和憲法的論述;而到了 1917 年,當梁啟超與段祺瑞站在一起,拒絕恢復《臨時約法》時,孫中山卻借鑑了梁啟超在 1916 年的憲法論述,打出了"護法"的旗號;甚至到了 1922 年,當直系軍閥試圖打掉孫中山"護法"旗幟的正當性,推動南北統一時,使用的還是法統政治的手段:直接宣佈恢復《臨時約法》法統,實現"法統重光",試圖讓南方的"護法運動"無法可護。1923 年,孫中山斷然放棄了"護法"旗幟,轉向國共合作,發動新的革命。而這場革命不再像辛亥革命那樣,承認列強在華的特權,致力於通過自身"文明等級"的提升,被列強承認為平等的國際法主體;相反,它將矛頭對準了列強主導的秩序本身,主張立即廢除列強在華通過不平等條約建立的種種特權。

---

1 《段總司令檄徐州定武軍文》,《東方雜誌》1917 年第 10 卷第 8 期。

2 《馮副總統聲討張勳通電》,《興華》1917 年第 14 卷第 28 期。

3 陳獨秀:《復辟與尊孔》,《新青年》第 3 卷第 6 號,1917 年 8 月 1 日。

從國際體系的角度來看，列強"大國協調"的國際秩序，在一戰之中已經分裂了，在戰後也未能獲得有效重建，通過"立憲"來獲取列強承認為"文明國"的思路，現在已經找不到一個能夠全面控局的承認方。而與孫中山建立合作關係的蘇聯，恰恰是被戰後的凡爾賽體系排斥的力量，致力於改造而非融入既有的國際體系。列寧的《帝國主義是資本主義的最高階段》在極大程度上改變了對於西方列強的命名——戰前的"文明國"，現在被視為"帝國主義國家"。瞿秋白作於 1923 年的《東方文化與世界革命》集中體現了這種命名的倒轉："……東方諸國，其在政治上經濟上的發展既落後，及漸與先進（文明）國家相接觸，迎受西方文化——資本主義，遂不得不成為此等國家的殖民地；而西方'文明國'輸入資本主義的形式，就是帝國主義。"[1]瞿秋白尖銳地指出，帝國主義在侵略殖民地的時候，往往扶植當地的封建勢力。因而，對於中國而言，只有同時推進"反帝"與"反封建"，才能擺脫原有的被剝削與壓迫的狀態。但因此需要推進的正是"世界革命"，而非"立憲"。

一戰之前，"立憲"的形式本身就具有"文明等級論"的意義；在戰後，"立憲"形式本身的重要性顯著下降了，而憲法文本所規定的實質內容的重要性卻在上升。本書最後一章探討了"二十世紀之憲法"話語在中國的興起。一戰之後，無論是在歐洲還是中國都出現了一個制憲熱潮。梁啟超領導的"研究系"的重要代表人物張君勱翻譯介紹了德國《魏瑪憲法》，將其定位為

1　瞿秋白：《東方文化與世界革命》，《瞿秋白文集·政治理論編》（第二卷），北京：人民出版社 2013 年版，第 18 頁。

"二十世紀之憲法",並與所謂的"十九世紀之憲法"相對比,在當時中國的輿論界產生了很大的影響。"二十世紀之憲法"被認為具有社會主義色彩,關注勞動者的權益保護,而"十九世紀之憲法"的自由主義外表下掩蓋的是對有產者的保護。正如汪暉指出的那樣,在清末民初的中國,所謂"十九世紀"是在"二十世紀"的話語出現之後,才獲得追溯性命名的[1],這一點在當時的憲法論述中也表現得非常明顯:論者先產生了"二十世紀之憲法"的觀念,然後才出現了對"十九世紀之憲法"的追謚。在戰後中國的輿論界,一些論者甚至將兩個世紀的劃分用於對民初《天壇憲法草案》的反思,認為其體現的仍然是"十九世紀之憲法"的概念,重在保護有產者而非勞動者。二十世紀二十年代的一系列憲法草案都在不同程度上汲取了"二十世紀之憲法"的理念,並參考德國《魏瑪憲法》的創新,制定了一些相似條文。

然而,二十世紀二十年代初中國國內的制憲熱潮,其領導與推動力量要麼是北洋集團及其合作者,要麼是介於北洋集團與廣州政府之間的"聯省自治"力量,雖然"二十世紀之憲法"提出了如何保護佔人口絕大多數的工人與農民的權利問題,但北洋集團與非北洋的地方實力派真正依靠的力量仍然是軍隊、地方士紳與列強。在"聯省自治"中,一些真正希望發動基層民眾參與省域政治的人士遭到了挫敗。而國共兩黨在 1923 年啟動的合作,決定性地將憲法問題的重點從"憲定權"(constituted power)轉向了"制憲權"(constituent power)問題,亦即,必須先解決哪

1　汪暉:《世紀的誕生》,北京:生活·讀書·新知三聯書店 2020 年版。

些力量屬於"國民"或"人民"這個制憲權主體的問題，才能進一步規定憲法的形式。

於是，"二十世紀之憲法"的話語如同"渡河之舟"，國共兩黨繼續前行，形成了自身的憲法話語傳統。力主"二十世紀之憲法"觀念的張君勱參與了 1946 年《中華民國憲法》的制定，這部憲法在許多方面汲取了魏瑪民國憲法的規定，但立憲所依賴的"軍政 — 訓政 — 憲政"的三階段論以及"五權憲法"的基本話語，源於孫中山所奠定的憲法思想傳統。對於國民黨而言，"軍政"與"訓政"都是立憲之前的預備與過渡階段，此後將開始憲法正式長期統治的階段。而對共產黨人而言，在共產主義社會實現之前的社會形態都是過渡性的，所有憲法都需要根據社會形態的變化而與時俱進。二十世紀三十年代在中央蘇區的制憲，在很大程度上沿用了蘇聯的理論，尚未產生系統的本土憲法理論。但經過延安時期的馬克思主義中國化，中國共產黨人在憲法理論上也取得了新的突破，毛澤東於 1940 年發表《新民主主義論》，區分"資產階級專政的共和國"和"無產階級專政的共和國"，並提出"幾個革命階級聯合專政的共和國"[1]；1949 年發表的《論人民民主專政》進一步提出了"資產階級憲法"、"無產階級憲法"和"第三種共和國的憲法"這樣的憲法分類[2]，而"第三種共和國的憲法"成為《共同綱領》的理論基礎。

---

[1] 毛澤東：《新民主主義論》，《毛澤東選集》（第二卷），北京：人民出版社 1991 年版，第 675 頁。

[2] 毛澤東：《論人民民主專政》，《毛澤東選集》（第四卷），北京：人民出版社 1991 年版，第 1468—1482 頁。

　　"二十世紀之憲法"的名稱貌似從後續的歷史進程中消失了。但對於新中國的第一代領導集體而言，一戰結束之後的"覺醒年代"，正是他們思想的形塑期，當時輿論界關於憲法與時代精神的討論，對於他們思想的成熟起到了"催化劑"的作用。因而，重新認識"二十世紀之憲法"觀念的興起和後續命運，對於理解一戰之後革命與立憲的歷史進程，仍然具有極其重要的意義。

三、“文明”的話語與“中國式現代化”

　　在中國新民主主義與社會主義革命取得成功之後，十九世紀的“文明”話語在革命者的眼中究竟具有什麼樣的形象呢？1958年7月12日，毛澤東主席在會見黑非洲青年代表團的時候指出，西方帝國主義者自詡文明、高尚、衛生，將被壓迫者貶稱為野蠻，但他們侵略與佔領別人的土地，這本身就是野蠻的行徑。毛澤東主席指出：“我們中國過去、現在都沒有佔領別的國家，將來也不會去佔領美國、英國作殖民地。所以我們始終是文明國家，你們也是如此。”[1]

　　這是二十世紀中國革命所產生的“文／野”之別，它實際上與中國古代強調“文明”觀念是高度契合的，後者強調“修文德以來之”，而非基於一種“文明”的自負，將自己的主張強加於人。但我們只有把握殖民帝國的文明敘事的要害所在，才能深入理解並闡述這種契合性。殖民帝國的“文明”觀念要求對一個社會組織力的證明，而這種證明的關鍵場景就是戰爭。十九世紀歐洲戰爭的特徵是，即便在“文明國”的範圍內，它通常也不追問發動戰爭的理由是否符合正義，通常承認戰爭雙方都是正當的敵

1　中華人民共和國外交部、中共中央文獻研究室編：《毛澤東外交文選》，北京：中央文獻出版社／世界知識出版社1994年版，第319—321頁。

人，戰爭法主要用於規範戰爭的程序，如要求宣戰，規範中立地位和戰後條約的簽訂，等等。而"文明國"對"半文明國"乃至"野蠻"族群發動的戰爭，往往被論證為具有傳播"文明"的意涵，"捱打"的事實本身就證明了被打者的"落後"，因而證明"該打"。在中國古代強調"文德"的"文明"觀念中，這種殖民主義的"文明"觀念是相當野蠻的；而對於歷經千辛萬苦才贏得獨立自主的殖民地半殖民地國家來說，這種殖民主義的"文明"觀念，本身就是他們痛苦的根源之一。

當然，在弱小國家和民族抵抗殖民主義的過程之中，重組社會並加強其組織化是必不可少的。因為前工業化社會的組織形式是相當鬆散的，並不足以凝聚起足夠的力量，要對抗經歷過工業革命的列強，必須在社會組織形式上進行新的探索。因此，在新民主主義與社會主義革命的過程中，"文明"話語也經常被用於改造傳統秩序，如反對"封建壓迫"、"封建迷信"。但自從國民革命以來，那種通過"立憲"達到某種國際標準以獲取列強承認的心態，即便在主流輿論中也不再佔據主導地位。在第一次世界大戰之後，革命浪潮洶湧澎湃，即便是英、法、美等列強，也面臨著自身的法律是否符合二十世紀的時代精神的質問。

由此，我們可以理解，為何二十世紀中國最終選擇的道路從根本上不同於近代日本所走的道路。中國不是通過參照殖民帝國設定的"文明的標準"來自我改造，進而獲得加入所謂"文明國"俱樂部的承認，而是將一系列所謂"文明國"重新命名為"帝國主義國家"，從而在改造國內秩序的同時改造國際秩序。這是一條更為艱難的道路，但也是一條尋求獨立自主的道路，一條朝向

"自成體系，自建光榮"的道路。[1] 由此產生的"中國式現代化"，不僅沒有自詡"文明國"的殖民帝國固有的殖民主義原罪，而且富含反抗霸權與壓迫，通過自力更生和"自主性開放"發展自身的經驗，更能回應廣大殖民地半殖民地在獨立解放和發展過程中的種種問題，對於廣大發展中國家具有更大的借鑑意義。就此而言，當代中國並非列國中的普通一國，而完全可以成為一種新的現代化道路的"根據地"。

當然，在二十世紀的歷史過程中，全球霸權秩序中也產生了新的主導話語，對包括中國在內的諸多發展中國家造成了新的壓力，從而激發了新的尋求承認的行為。如果說"文明"的話語在一戰之後趨於衰落，二戰之後，以美國為首的一系列西方國家打造出了強有力的"現代化"話語，提出了一整套界定何謂"現代"的標準，極大地影響了社會科學研究的議程設置。而這套話語體系實質上樹立起了那些被認定為"現代"的國家在國際秩序中的"教化"權力。自從二十世紀八十年代以來，中國的許多改革與治理實踐都受到這套話語體系的影響，由此產生了種種"接軌"、"轉軌"的話語。就此而言，"鑄典宣化"作為弱者尋求強者承認的一種行為模式，具有相當的普遍性。當許多國家為了加入歐盟、北約、WTO，或為了獲得世界銀行和國際貨幣基金組織附條件的貸款，大規模修改自己的法律，以獲得一個俱樂部的入場券，我們都可以看到"鑄典宣化"在進行之中。

然而，中國又是一個具有一定特殊性的例子。她的超大規模

1　劉海波：《自成體系、自建光榮的自覺自信》，《國企》2012 年第 1 期。

的經濟體量與不斷升級的產業體系，使得掌握承認權的傳統列強望而生畏。近年來，中國尋求承認的努力遭遇到發達國家俱樂部越來越多的排斥，越來越清晰的是，哪怕是回到極其謙卑的姿態，也無法換來發達國家俱樂部的承認。與此同時，中國國力的不斷提升，也推動中國的道路自信和制度自信與日俱增，尤其是"中國式現代化"與"中華民族現代文明"概念的提出，體現了以主體的自覺積極參與"現代"標準設定的探索姿態，是向著"自成體系，自建光榮"大踏步前進。由此回望，之前一度流行的"接軌"、"轉軌"話語，完全可以被視為一個歷史過程的構成環節，回歸到"階段性探索"的位置上去。

毛澤東主席在二十世紀五十年代所說的"我們始終是文明國家"，在二十一世紀的今天，仍然餘音繞樑。走在"中國式現代化"道路上的當代中國，既是中國特色社會主義的擔當者，同時也是"中華民族現代文明"的擔當者。而中國的憲法，也需要反映這種文明的擔當。本書的標題"鑄典宣化"，因而不僅指向近代中國通過"立憲"來提升"文明等級"的探索的歷史局限性，更指向克服這種歷史局限性的二十世紀"舊邦新造"歷程及其在未來的綿延。如果說近代中國在對"鑄典宣化"的追求中，長期無法自主設定"化"的標準，當代中國已經具備了"自成體系，自建光榮"[1]的物質基礎與制度基礎，完全可以進一步思考自身如何對人類文明做出更大的貢獻。

在這一背景下，中國成文憲法制定與實施的歷史經驗，也完

1　劉海波：《自成體系、自建光榮的自覺自信》，《國企》2012 年第 1 期。

全可以通過“文明更新”和“文明綿延”的視角加以重新理解，從而在“創造人類文明新形態”的總體實踐之中，獲得自身恰當的定位。本書進行的不過是初步的準備性工作，期待同行者在這一方向上繼續前行，讓探索的足跡抵達更為遙遠的未知之域。

第一章

大國協調、文明等級論與立憲

在二十世紀初的中國，"立憲"被當時的中國政治與文化精英廣泛理解為一項提升本國在"文明等級"之中地位的事業。這一歷史現象是中國特有的嗎？它又是如何發生的？回答這些問題需要打破在國內統治者與被統治者關係之中探討"立憲"的窠臼，將目光投向內外關係。

殖民主義深刻塑造了近代中國所面臨的國際秩序，而"文明"在殖民帝國用以自我證成的"帝國理由"（raison d'empire）之中佔據樞紐地位。[1] 在十九世紀，"文明"的話語之所以能夠在全球廣泛流佈，一方面與工業革命後列強在組織化暴力方面的優越地位有關，另一方面也與列強相互之間的關係密切相關。從十九世紀拿破崙戰爭結束到一戰爆發的一個世紀裏，列強之間雖然存在很多矛盾，但仍然通過"大國協調"（concert of great

---

1　筆者參照"國家理由"（raison d'état）一詞，仿造了"帝國理由"（raison d'empire）這個術語，指稱殖民帝國為了擴張和維持自身的帝國統治而進行的正當化論證。在筆者之前，已有學者在對神聖羅馬帝國皇帝、西班牙國王查理五世的統治史的研究中使用了"帝國理由"一詞，Laurent Gerbier, *Les raisons de l'Empire: Les usages de l'idée impériale depuis Charles Quint*, Paris: Librairie philosophique J. Vrin, 2016。筆者對"帝國理由"的使用更聚焦於殖民帝國。

powers）**¹**，在全球範圍內共同維護了一個“文明”的神話，共同維護了“國際大家庭”與“文明國”的認同。而廣大殖民地半殖民地國家被告知，只有以列強為“文明”的典範來進行自我改造，才有希望從較低的“文明等級”上升到較高的地位。

隨著越來越多的西方列強制定成文憲法，“立憲”逐漸被視為“文明國”的重要標誌。為了獲得列強的承認，提升自身的國際地位，奧斯曼土耳其、日本等原本被視為“半文明國家”的非西方國家也模仿西方國家進行立憲。尤其是日本的立憲，對中國產生了極大的影響。將“立憲”視為“文明國”標誌的意識與主張，在二十世紀初到一戰爆發之間達到高潮，並深刻推動了晚清和民初的制憲實踐。

為闡明“立憲”與“文明”觀念之間的歷史性關聯，本章將首先分析維護和傳播“文明等級論”的十九世紀殖民帝國“大國協調”機制，進而探討十九世紀“文明”觀念的具體意涵以及傳入中國的過程，最後探討“立憲”何以與“文明”的觀念發生密切關聯。

1　龐中英教授主張將“大國協調”翻譯為“大國協和”，見龐中英：《“人類命運共同體”、國際協和與上合組織的未來》，《世界知識》2018 年 11 月。但考慮到“大國協調”譯法由來已久，並已被納入中共二十大報告，本書在此沿用這一表述。事實上，如果將“協調”中的“調”讀為第四聲，正與 concert 帶有的“協奏”之義高度接近。而“協調（tiáo）”則是一個用法更為寬泛的動詞。

一、維也納體系及其全球擴展

從 1814—1815 年維也納會議到 1914 年第一次世界大戰爆發期間的國際體系，在很大程度上是歐洲內部的維也納體系對外擴展的結果。隨著歐洲列強通過殖民主義擴張，支配了全球大部分地理空間，它們不僅能夠決定歐洲內部的事務，而且深刻塑造著全球的國際秩序，這種塑造不僅在物質層面，也在精神層面發生，體現為對於"文明等級論"的共同維護。

在 1814—1815 年的維也納會議上，共同打敗拿破崙的歐洲舊王朝列強創制了一個新的國際體系，"歐洲協調"是這個國際體系的關鍵特徵，它最初奉行的基本原則是維護舊王朝與世襲貴族的統治。由於王朝國家相互疑懼的"均勢"戰略有可能為共和革命提供機會，"歐洲協調"的倡導者希望通過主動的協商，化解或控制彼此之間的衝突，從而扼殺一切類似法國大革命的革命苗頭。為此，各王朝國家的決策者要經常召開會議（規格較高的 congress 或規格較低的 conference），通過協商，減弱彼此之間的衝突。此外，還有許多其他公開或者秘密的外交磋商渠道。維也納會議後不久，形成了英、俄、法、普、奧"五強共治"

（Pentarchy）的結構。[1]

　　當然，當迫在眉睫的共同威脅減弱，列強"事先協商"的動力就日益減退，經常發生的是在出現初步的衝突之後進行事後的協商，從而控制衝突的規模。在十九世紀上半葉，列強之間儘管有一些小規模衝突，但還是通過協調，鎮壓了西班牙的自由主義革命，解決了比利時獨立問題，平息了 1848 年革命，維持了傳統王朝在歐洲國際體系中的主導地位。1814—1914 年的一個世紀，在歐洲往往被稱為"百年和平"，雖然從全球範圍來說絕非如此。[2]

　　十九世紀的"歐洲協調"體系從意識形態上說是相當保守的。但它形成的協調機制卻為歐洲國際法的蓬勃發展提供了重要的外部環境條件，使得過去經常引發爭議的王朝繼承問題得以通過多邊協商方式解決，國際仲裁機制得以建立，本土戰爭的規模得到控制，許多跨國基礎設施（如電報）的標準得到統一，國際貿易規模不斷擴大。

　　然而，歐洲列強在歐洲本土大致保持和平的同時，卻將大量暴力傾瀉到歐洲邊緣與歐洲之外。歐洲國際法的適用以文明等級論為前提，只有"文明國家"才有資格具有完整的主權，而像中國、奧斯曼土耳其、日本、波斯等具有完整國家組織但不具備西方文明的很多特徵的國家，只能被視為"半文明國家"，並沒有

1　參見章永樂、魏磊傑編：《大國協調及其反抗者》，北京：北京大學出版社 2018年版。

2　章永樂、魏磊傑編：《大國協調及其反抗者》，北京：北京大學出版社，第 1—24頁；〔英〕卡爾．波蘭尼：《大轉型：我們時代的政治與經濟起源》，馮鋼、劉陽譯，杭州：浙江人民出版社 2007 年版，第 3—16 頁。

完整的國家主權。至於在非洲與澳洲的部落原住民，更是直接被歸入"野蠻"等級。殖民宗主國相互之間的"大國協調"被其理解為所謂"文明世界"內部的協調，受到完整的國際法規則的約束；但所謂"文明世界"之外的殖民地與半殖民地不具備按照完整的國際法規則與列強平等交往的資格。列強共同維持"文明等級論"的神話，將殖民主義包裝成為"文明教化"（mission civilisatrice）的使命，並給所謂"半文明國家"製造出這樣的幻覺：通過模仿西方的制度和行為進行自我改革，可以提升自身的文明程度，最終獲得與列強平等的國際地位。[1] 而日本通過明治維新躋身於所謂"文明國家"，在很大程度上增強了這種話語的吸引力。

但即便是在"文明國家"之間實施的國際法，其實也並不推崇儒家所倡導的"文德"。維也納體系下的戰爭法承認，只要經過一定的程序發動並依據既定規則進行戰爭行為，交戰雙方就是正當的敵人，他們彼此之間沒有法律上的過錯，對整個世界而言也沒有法律上的過錯，並不存在一方是正義使者，另一方是可恥的罪犯的情況。十九世紀的實證法學家們把戰爭視為道德上中立的現象。[2] 克勞斯維茨（Carl Von Clausewitz）在 1832 年出版的《戰爭論》（*Vom Kriege*）中稱戰爭是一種實行國家政策的工具，這一主張在十九世紀影響深遠。在這種戰爭觀下，

---

1 關於"文明等級論"與歐洲國際法的關係，見 Martti Koskenniemi, *Gentle Civilizer of Nations*, Cambridge: Cambridge University Press, 2001。

2 Kaspar Bluntschli, *Le Droit International Codifie*, trans. by M. C. Lardy, Paris: Guillaumin, 1870, p. 282.

"侵略"（aggression）不可能成為一個核心的法律概念。所謂的戰爭罪，針對的是戰爭期間一方違反戰爭法的行為（如攻擊平民、濫殺戰俘），但追究的並不是侵略戰爭的發動者；宣戰的程序尤為重要，因為它可以清晰地區分出中立國與敵國，使得中立（neutrality）成為可能。因為雙方都可以是正當的敵人，第三方的中立在道德上並不存在根本缺陷。[1]

在維也納體系形成後不久，英國對中國發動了第一次鴉片戰爭，攫取了一系列在華利益與特權，於是列強紛至沓來，通過簽訂不平等條約，獲得一系列類似的利益與特權。在列強侵華的過程中，清王朝做出了很多努力，試圖保持朝貢體系以及中國自身的完整性。一種常見的策略就是"以夷制夷"——這在冷戰時期"均勢"戰略的理論家和操盤手亨利·基辛格看來，實質上遵循了一種"均勢"的原理。在基辛格看來，魏源早在 1843 年刊行的《海國圖志·籌海篇》中就提出了符合歐洲"均勢"原理的主張："與其使英夷德之以廣其黨羽，曷若自我德之以收其指臂。"[2]魏源認為，與其讓英國"德色"，即通過散發從中國獲得的利益，獲得列強感激，從而增強其黨羽力量，還不如由我方來"德色"，主動將利益分配給列強，從而使其相互牽制。這一"均勢"戰略規劃的著眼點在於利用列強相互牽制贏得時機，從而推進內部改革，"師夷長技以制夷"。然而清廷在很長一段時間內缺乏改

1　Stephen C. Neff, *War and the Law of Nations: A General History*, New York: Cambridge University Press, 2005, pp. 117-118.
2　魏源：《籌海篇三：議戰》，《魏源全集》（第四卷），長沙：岳麓書社 2011 年版，第 35 頁。另參見〔美〕亨利·基辛格：《論中國》，胡利平等譯，中信出版社 2012 年版，第 56 頁。

革動力，甚至在對片面最惠國待遇缺乏深入理解的條件下，就向列強廣泛授予片面最惠國待遇[1]，實際上為列強在華建立"大國協調"關係提供了非常重要的共同利益基礎，從而使得"均勢"戰略落空。

"以夷制夷"是中原王朝古老的馭邊之術。在第一次鴉片戰爭時期，清政府就曾經故意讓美國商人接收原來給英國商人的生意，並允許美國商人繼續在廣州經商，意在讓美國來牽制英國。在第一次鴉片戰爭之後，清廷欽差大臣耆英上奏道光皇帝，認為僅以廣州作為對外貿易口岸已無法回應時勢，不如開放五口通商，將外國人的勢力分散到五個口岸，既便於朝廷駕馭，也可以使其他國家與英國相互競爭，從而收到"以夷制夷"的效果。伊里布所上的另一道奏摺對耆英的主張作出響應。道光皇帝最終接受"五口通商"。然而，英國在條約的談判過程中設計了"片面最惠國家待遇"。1843年簽訂的《五口通商附粘善後條款》（即《虎門條約》）第八條規定："如蒙大皇帝恩准，西洋各外國商人一體赴福州等四港口貿易，英國毫無靳惜。"英方在這一條款後加入一個"但書"："但各國既與英國無異，設將來大皇帝有新恩施及各國，亦准許英人一體均沾，以示平允。"這實際上就是片面最惠國待遇。耆英在這條"但書"後又加了一段"但書"："但英人及各國均不得藉有此條，任意妄有請求，以昭信守。"[2]但這

1　關於清廷對片面最惠國待遇理解上的滯後，參見郭衛東：《片面最惠國待遇在近代中國的確立》，《近代史研究》1996 年第 1 期，第 16 頁。

2　茅海建：《天朝的崩潰：鴉片戰爭再研究》，北京：生活・讀書・新知三聯書店2014 年版，第 508—509 頁。

段"但書"文義模糊，難以起到限制"片面最惠國待遇"的作用。

1843 年，美國派出以顧盛（Caleb Cushing）為特使的外交使團赴華，要求直接進入北京面見皇帝，而清朝官員更為看重如何阻止美國使團不合朝貢禮儀的行為，在談判過程中以其他利益來交換。中美雙方最後達成《中美五口通商章程》（即《望廈條約》），其第二條規定："如另有利益及於各國，合眾國民人應一體均沾，用昭平允。"[1]就這樣，美國沒有耗費多少資源，就成為繼英國之後第二個獲得片面最惠國待遇的國家，而《望廈條約》也因其法律技術上的精巧，而成為之後許多類似條約的範本。不久，法國（1844 年）、瑞典—挪威（1847 年）、俄國（1858 年）、丹麥（1863 年）、西班牙（1864 年）、比利時（1865 年）等國紛至沓來，從中國獲得片面最惠國待遇，甚至尚未形成統一國家的普魯士和德意志關稅同盟各邦、城也於 1861 年從中國獲得片面最惠國待遇。隨著時間的推移，片面最惠國待遇條款的適用範圍也從商業領域擴大到政治事項。這種片面最惠國待遇使得各國在面對清政府的時候有了共同的利益：只要一個國家從清政府獲得額外的利益，其他國家就能 "一體均沾"，這使得他們更有動力相互串通，對清政府施加壓力。這導致清政府的 "羈縻" 或 "以夷制夷" 很難起到實際作用。

列強在華的協調行為很快出現。在太平天國起義爆發之後，列強最初持觀望狀態，宣稱 "中立"、"不干涉"。1853 年，英國照會美、法、俄三國，向清廷提出 "修約" 要求，要求清政府同

1　褚德新、梁德編：《中外約章彙要（1689—1949）》，哈爾濱：黑龍江人民出版社 1991 年版，第 87 頁。

意列強"廣泛進入中華帝國的內地"、"揚子江的自由通航"、"實現鴉片貿易合法化"以及公使駐京等條件。1853 年至 1854 年，英國公使文翰、法國公使布爾布隆及美國公使麥蓮等西方外交官員打著"中立"、"友好"的旗幟，到天京"訪問"。在 1854 年天津談判中，英法威脅清廷，如果不滿足其要求，他們將與太平天國談判。但清政府並沒有滿足列強的要求。在 1853—1854 年，為了保護自己的殖民利益，英、法、美三國主動協助清軍，鎮壓了上海小刀會和廣州天地會起義。1856 年克里米亞戰爭結束，英法兩國得以從歐洲抽調資源回應中國局勢，而沙俄新敗後轉向中亞與遠東尋求補償，美國則積極向外擴張，勾結英、法。在此背景之下，爆發了 1856—1860 年的第二次鴉片戰爭，英法聯軍佔領北京。

在第二次鴉片戰爭期間的 1858 年 4 月中旬，美國公使列衛廉（William Bradford Reed）與英法俄等國公使共同北上，聯合向清政府提出包括公使駐京在內的種種要求，清政府則希望美國公使從中調停中英、中法衝突，甚至採取籠絡美俄兩國以制衡英法兩國的"以夷制夷"的策略。4 月 15 日，兩廣總督何桂清上奏稱，俄國致軍機處的照會，附在美國的照會之內，而未附入英國照會，可見"英、美之不相能，俄欲捨英而就美，已有明證"，並建議清廷在對四國的交涉中，"設法離間，以夷制夷，使之互相攜貳，漸行削弱"[1]。何桂清所奏得到咸豐皇帝的肯定。然而在後續交涉中，俄國不僅沒有發揮實質牽制英法的作用，反而

1　賈楨等編：《籌辦夷務始末·咸豐朝》卷二十，北京：中華書局 1964 年版，第 6—7 頁。

趁火打劫，提出了比英法更貪得無厭的領土訴求，通過 1858 年的《璦琿條約》割走中國大片領土。咸豐又試圖藉助美國力量來調停，但美國拒絕介入。清廷 "以夷制夷" 以消弭外患的策略遭遇徹底失敗。

第二次鴉片戰爭後，清廷改革原先的朝貢外交體制，各國公使獲准進駐北京，而清廷也於 1861 年建立了總理各國事務衙門，辦理外交事務。美國林肯政府的公使蒲安臣（Anson Burlingame）駐華期間，主張在避免與中國發生嚴重衝突的前提下夥同英、法、俄從中漁利。1862 年，蒲安臣向英法俄駐京公使提出對華 "合作政策"，主張在中國的一切重大問題上，英法美等國應協調合作，贊助清政府維持社會秩序的穩定，不在中國佔領租界，不用任何方式干涉中國的內政，不威脅中國的領土完整，等等。衛斐列（Frederick Wells Williams）直接將蒲安臣追認為 "門戶開放" 政策之父。[1] 蒲安臣贏得了清朝統治者的信任，負責外交的恭親王奕訢奏請朝廷，委託蒲安臣擔任清政府欽差大臣出使歐美各國。而這實際上又給美國提供了與其他列強進行政策協調的良機。

目睹西方列強在中國取得種種利益，1870 年，日本派遣使臣柳原前光來華試探簽訂條約，遭到總理衙門拒絕。柳原前光就以中日聯手勸誘新任直隸總督李鴻章："英美法諸國，強逼我國通商，我心不甘，而力難獨抗……唯念我國與中國最為鄰近，

---

1 Frederick Wells Williams, *Anson Burlingame and the First Chinese Mission to Foreign Powers*, New York: Charles Scribner's Sons, 1912, p. viii.

宜先通好，以冀同心合力。"[1]當時清政府正因"天津教案"而受到英法兩國壓力，柳原前光的措辭頗合李鴻章 "以夷制夷"之意，而在京的兩江總督曾國藩也被柳原前光說服。曾李二人推動總理衙門與日訂約。1870 年 10 月 31 日總理衙門照會日方，允許日本派員來華議約。但清廷此時已經充分意識到了片面最惠國待遇的危害。在第二年談判《中日修好條規》的時候，李鴻章拒絕 "約同西例"，拒絕給予日方片面最惠國待遇；《條規》也規定雙方給予對等互惠的領事裁判權。由於日本明治政府同樣也給予一系列西方列強以片面最惠國待遇，既然中日之間存在對等互惠的領事裁判權，日本政府就難以要求西方列強取消在日領事裁判權。這一狀況直到甲午戰爭之後才發生改變，通過 1895 年《馬關條約》，日本取得與西方列強一樣的在華片面最惠國待遇，並將對等互惠的領事裁判權變成了日本在華單方享有的領事裁判權。日本與歐美列強 "利益均沾"，這成為其加入 "大國協調"的重要基礎。

　　從鴉片戰爭到甲午戰爭，列強在華衝突烈度尚處於相對較低的程度。由於 "片面最惠國待遇"的存在，中國給予某個列強的額外特權，其他列強 "一體均沾"，這使得列強有動力相互協調，從清政府獲得進一步的利益。中國龐大的國土與國內市場，也使得列強可以有廣闊的空間來建立自己的勢力範圍，而不至於與其他列強在逼仄的空間裏狹路相逢。這一時期列強之間最大的衝突，正是英俄在中亞的 "大博弈"在中國新疆與西藏地區的延

1　王芸生：《六十年來中國與日本》（第一卷），北京：生活·讀書·新知三聯書店 1979 年版，第 31 頁。

伸——英國擔心俄國佔據中亞，最終會威脅到其印度殖民地，因此與俄國在中亞展開激烈的爭奪。清廷也部分利用了英俄之間的矛盾，打敗了阿古柏的“浩罕汗國”，重新收復新疆。但即便如此，在中英俄關於帕米爾的交涉中，中方希望英俄兩強相爭，“冀免二敵之並受”[1]，但英俄卻通過秘密協定，背著清政府私分了帕米爾高原。

列強的這種合謀關係不僅存在於中國本土事務上。1876 年日本強迫朝鮮簽訂《江華條約》後，李鴻章奉行“以夷制夷”政策，試圖藉助西方列強的力量來牽制日本在朝鮮的勢力。但是日本與其他西方列強在朝鮮都獲得了片面最惠國待遇，日本有動力通過與西方列強的協調，強調保障他們的既得利益，從而將總理衙門的“以夷制夷”策略化解為無形。其結果是，1894 年日本侵略朝鮮，西方列強並沒有發揮阻滯作用。

不僅是朝鮮，甚至太平洋島國夏威夷王國都深受列強之間的合謀關係之苦。1881 年，夏威夷國王卡拉卡瓦（Kalākaua）在訪問日本東京時，曾對明治天皇這樣抱怨西方國家的所作所為：“他們從不考慮他們可能給其他國家帶來什麼傷害，他們也不會考慮自己的行為會給其他人帶來多少災難。當他們需要與東方國家打交道時，這些國家傾向於聯合起來。而東方各國則相互孤立，互不相助。在和歐洲國家打交道時，這些東方國家缺乏應對策略。這就是為什麼現如今，歐洲國家掠奪了東方國家的許多權利與利益。因此，東方國家必須聯合起來，以維持現狀，以此來

1　許景澄：《許景澄集》（第一冊），杭州：浙江古籍出版社 2015 年版，第 236 頁。

反對歐洲國家。"[1] 卡拉卡瓦之抱怨，恰說明列強之間的合謀關係是多麼普遍。

列強在華利益衝突在甲午戰爭之後有所升級。1895 年，德、俄、法三國認為日本在《馬關條約》中獲益過多，影響到東亞的權力平衡，聯手干預，迫使日本將遼東半島還給中國，這便是所謂的"三國干涉還遼"。"三國干涉還遼"發生後，兩江總督劉坤一建議總理衙門"因勢利導，與之結歡，以讓便宜…… 在所不惜…… 庶可以制東西兩洋"[2]。1898 年，駐美公使伍廷芳上陳《奏請變通成法摺》，建議授予英美更多商業利益，尤其是憑藉美國力量牽制其他列強，形成有利於中方的均勢格局。[3] 1896 年，俄國誘迫中國簽訂密約，將中國東北變成自己的勢力範圍。1897年，德國出兵山東膠澳（今青島），進一步引發其他列強謀求"均勢"的行動，俄國佔領旅順，英國出兵威海，列強之間在中國的矛盾一時呈現激化之勢。嚴峻的國際局勢催生了清廷的"戊戌變法"，維新派官員中一度流行聯合英、美、日對抗德、俄兩國的主張，康有為甚至提出中英美日四國"合邦"的主張。[4] 但事實證明，列強之間的外交網絡發揮了作用，儘管並不存在協調在華利益的多邊會盟，列強仍然通過一系列雙邊外交渠道，協調自身在中國的利益邊界，並未發生軍事衝突。

---

1 Donald Keene, *Emperor of Japan: Meiji and His World, 1852-1912*, New York: Columbia University Press, 2002, pp. 347–348.

2 王彥威纂輯：《清季外交史料》（第 112 卷），北京：國家圖書館出版社 2015 年版，第 3 頁。

3 丁賢俊、喻作鳳編：《伍廷芳集》，北京：中華書局 1993 年版，第 48 頁。

4 康有為：《請速簡重臣結連與國以安社稷而救危亡摺》（代宋伯魯作），姜義華、張榮華編校：《康有為全集》（第四集），北京：中國人民大學出版社 2007 年版，第 450 頁。

　　1898 年，美國贏得美西戰爭，在亞洲佔領了菲律賓，開始進一步經營在亞洲的勢力範圍。1899 年，美國向其他列強發出“門戶開放”照會。在 1900 年八國聯軍佔領北京，中國有可能遭到瓜分的情況下，美國發出第二個“門戶開放”照會。用喬治·凱南（George Frost Kennan）的話說，兩個照會得到的是列強“勉強的、含糊其辭的或有條件的答覆”。[1] 首個照會集中關注列強的勢力範圍和租借地，第二個照會希望保持中國的“領土與行政完整”，希望保持中國市場的完整性，從而使美國資本獲得均等的商業機會。“門戶開放”照會也要求中國遵守不平等條約的各種規定。這是為了列強在中國維持“均勢”，最終有利於美國的商業擴張。

　　1900 年，在八國聯軍佔領北京的背景下，許多清廷官員擔心中國遭到列強瓜分。在俄利用鎮壓義和團的機會佔據中國東北時，李鴻章幾乎複製了他應對日本對朝鮮半島威脅的“以夷制夷”思路，提出將“門戶開放”適用於東北，引進日、美、英等國的力量，向俄國施加壓力。流亡海外的康有為也對時局憂心忡忡。在 1900 年 11 月至 12 月一封給李鴻章的書信中，康有為指出“……各國意見協和而公商，乃中國之大害也，瓜分之立至也”。[2] 1815 年維也納會議，正是俄、普、奧三國的協調，導致了波蘭的徹底瓜分。而土耳其和埃及也深受列強協調之害。因此，

1　〔美〕喬治·凱南：《美國外交》，葵陽等譯，北京：世界知識出版社 1989 年版，第 31 頁。

2　康有為：《致李鴻章書》，姜義華、張榮華編校：《康有為全集》（第五集），北京：中國人民大學出版社 2007 年版，第 320 頁。

當務之急在於找到列強相互之間的利益分裂，在其達成協調之前，儘早拋出自己的方案。而康有為提出，在“各國尚倡保全”時，應趁各國尚未協商時與各個列強分別簽訂條約；在“各國若欲分割”時，則拋出東三省，讓列強自己去爭奪。這與李鴻章提出的在東北實行“門戶開放”，藉助英美日的力量來制衡俄國的思路，在原理上是一致的。

但對於列強而言，要達成瓜分中國的“大國協調”具有巨大的難度。1900 年 10 月至 11 月，參與聯軍的八大列強以及西班牙、荷蘭、比利時代表在西班牙公館召集了十多次外交團會議，於 12 月 24 日向奕劻提出了十二條大綱，並說明不得更改，這成為《辛丑條約》的基礎。通過《辛丑條約》，列強索取巨額賠款，擴大在華特權，包括在京畿駐軍，但並沒有瓜分中國。中國未遭瓜分，與列強之間的利益糾葛有關：八國聯軍統帥瓦德西（Alfred Graf von Waldersee）在給德皇威廉二世的奏摺中對列強之間的矛盾作出如下分析：“英國極不願意法國進據雲南，日本佔領福建。日本方面對於德國之據有山東，則認為危險萬分。各國方面對於英人之壟斷長江，認為勢難坐視。至於美國方面，更早已決定，反對一切瓜分之舉。俄國方面若能聽其獨佔滿洲，毫不加以阻擾，則該國對於他國之實行瓜分中國，當可袖手旁觀，蓋彼固深信，各國對於此事，彼此之間必將發生無限糾葛故也。因此之故，急欲促現瓜分一事，實係毫無益處之舉。”[1] 這裏比較突出的是美國。1898 年剛將菲律賓變成殖民地的美國，在遠東

---

1 〔德〕瓦德西：《瓦德西拳亂筆記》，王光祈譯，上海：上海書店出版社 2000 年版，第 105 頁。

勢力大增，保持中國市場的統一和完整有利於美國利益，因此美國提出了"門戶開放、利益均沾"；而英國實際上也不希望自己從中國統一市場中獲得的利益被其他列強分割。

同時，義和團運動所表現出來的戰鬥精神也對列強產生了很大衝擊，使其認識到直接統治中國將面對高昂的統治成本。瓦德西評論，義和團運動讓他認識到中國民眾"尚含有無限蓬勃生機"，中國的前途並不悲觀："倘若中國方面將來產生一位聰明而有魄力之人物，為其領袖，更能利用世界各國貢獻與彼之近代文化方法，則余相信中國前途，尚有無窮希望。"[1]如果說維也納會議後的"歐洲協調"重在如何防止類似法國大革命這樣的共和革命，義和團運動之後，列強在華的"大國協調"將防止出現另一次義和團運動作為自己的重要目標，這種心理深刻影響了辛亥革命期間列強的對華政策。

1900－1901年的"大國協調"還產生了若干重要的制度成果：列強的駐京公使團之間的協調常態化，尤其形成了一國在華採取重大行動之前需要通告他國的慣例。列強不斷在對華問題上協調自身利益，以防止在中國土地上出現新的義和團運動。這一會議制度在後續的大國協調中還會不斷出場，尤其是在辛亥革命期間。

到了二十世紀初，列強在華金融和實業利益競爭比前一階段進一步升級。與此同時，由於全球形勢的演變，列強之間出現一系列雙邊結盟關係，進而形成一個複雜的"條約網絡"。首先是

1　〔德〕瓦德西：《瓦德西拳亂筆記》，王光祈譯，上海：上海書店出版社2000年版，第107頁。

1871 年德國的統一極大地改變了歐洲的均勢格局，對英、法、俄都形成了某種擠壓，而威廉二世也放棄了俾斯麥的多邊結盟政策，採取了咄咄逼人的外交攻勢，使得英、法、俄三國走近。但與此同時，英、俄之間在中亞和遠東又有著深刻的矛盾，英國試圖藉助日本的力量來牽制俄國。1902 年，英日締結同盟，這一同盟關係在 1907 年和 1911 年兩度續約。1902 年英法兩國簽訂了"摯誠協定"，消除了兩國在諸多事務上的摩擦，到 1904 年，英國、法國兩國進一步形成共同防德的協約，同時相互承認在華既得利益。

1905 年日俄戰爭結束後，在美國主持之下，日俄兩國簽訂了《樸茨茅斯條約》，日本取得俄國在中國東北南部的一系列特權。1907 年則集中湧現了三個雙邊協定：（1）法國與日本簽訂協議，日本承諾不侵佔法國在印度支那的利益，法國承認日本在華既得利益；（2）俄國、日本簽訂第一次密約，俄國承認日本在朝鮮半島的利益，日本承認俄國對蒙古的勢力範圍主張，並劃分了兩國在中國東北的勢力範圍；（3）英國與俄國簽訂條約，界定了兩國在波斯、阿富汗與中國西藏地區的勢力範圍，認定中國對西藏享有的是"宗主權"（Suzerainty）而非"主權"（Sovereignty），英俄兩國均不干涉西藏內部事務。至此，"條約網絡"正式形成，不僅英、法、俄圍繞反德結成協約，日本也通過英日同盟，間接參與協約國的諸多協調。

德國與美國兩個國家尚未被納入這個通過一系列雙邊協議結成的協調機制。德國在歐洲受到協約國的圍困，試圖以中國為切入點來分化列強，減少自身在世界上其他地方的外交與軍事壓力。未與協約國結成同盟關係的美國是德國的拉攏對象。
1907—1908 年，德皇威廉二世曾試圖謀求建立一個中、美、德
之間的同盟關係，並認為這個同盟關係可以更好地維持中國的獨
立與領土完整，但此時的清廷受制於八國聯軍侵華之後形成的列
強 "大國協調" 關係，已經不敢明目張膽地採取 "以夷制夷" 策
略，害怕與美、德結盟會招致其他列強的猜忌；美國也有類似
的考慮。最後，中美德同盟的構想並未被付諸實施。[1] 而在日美關
係方面，1905 年 7 月 29 日美國戰爭部長威廉・霍華德・塔夫脫
（William Howard Taft）和日本首相桂太郎會面，簽訂了一份秘
密備忘錄，日本承認美國對於菲律賓的既得利益，美國也承認日
本在朝鮮的既得利益。1909 年美國政府與日本政府進一步簽署
了《羅脫—高平換文》（*The Root-Takahira Agreement*），與日本
就太平洋秩序達成一系列協議，同時要求協議的第三款寫明：維
持中國之獨立及領土完整，及該國列強商業之機會均等。美國認
為在雙邊條約中獲取日本的承諾，比中美德同盟更為謹慎，不會
對其他列強產生更大衝擊。

　　在二十世紀初，英、法、俄、德因為歐洲內部矛盾的激化而
無暇過多關注中國事務，日本受到英日同盟和與其他列強的雙邊
關係的約束，同時忙於消化自身在朝鮮和中國東北南部的既得利
益，其結果是，日俄戰爭後的一段時間裏，列強對華最具 "進取
之心" 的就是美國。美國一度試圖收購南滿鐵路，後來又提出
"諾克斯計劃"（Knox Plan），試圖與日、俄在中國競爭。但當美
國將東北鐵路的國際共管方案照會列強尋求支持的時候，英、

1　李永勝：《1907—1908 年中德美聯盟問題研究》，《世界歷史》2011 年第 4 期。

俄、日都表示了反對，德國一開始支持，但懼於可能導致德國在歐洲更加孤立，選擇了放棄。美國在東北的計劃徒勞無功，反而促使感到威脅的日俄於 1910 年簽訂第二次日俄密約，不僅確認了 1907 年第一次密約劃定的勢力範圍，而且規定當兩國特殊利益受到威脅時，締約雙方將採取聯合行動或提出援助，從而使得這一盟約具有了軍事同盟的性質。

與此同時，美國在華中地區擴展自身的影響力，尋求與其他列強分享湖廣鐵路築路權。1908 年，清廷軍機大臣張之洞受命兼任粵漢鐵路及鄂境內川漢鐵路兩路督辦，試圖將民間士紳掌握的湖廣鐵路築路權收歸國有，並向列強借款，以加快鐵路的修築。受到協約國圍困的德國尋求在中國事務上突圍，在借款事務上佔得先機。然而英國獲悉消息之後，派遣滙豐銀行代表與張之洞接洽，要求加入。張之洞同意湖廣鐵路借款以英、德兩國銀行為共同債權人。法國獲悉消息之後，也要求加入。三國金融家在柏林召開會議，於 1909 年 5 月達成協議。1909 年 6 月，三國銀行團代表與張之洞的代表草簽借款合同。7 月 6 日，三國金融家正式締約成立三國銀行團，目的在於壟斷中國鐵路借款業務，排擠其他競爭者。

在三國銀行團形成之後，美國橫插一杠，要求參與共同借款。英、法、德三國政府表面上沒有反對。但在與三國金融代表談判的過程中，美國感覺獲得的利益份額過小，為此，塔夫脫總統違反外交慣例，於 1909 年 7 月 15 日直接致電清廷攝政王載灃，希望 "平等參與"，實質是迫使清廷放棄支持歐洲列強的主張。經過長時間的繼續談判，1910 年 5 月 23 日，四國金融代表終於在巴黎達成協議，英、法、德准許美國財團加入聯合組織，分享湖廣鐵路特權。至此，三國銀行團正式發展為四國銀行團。

　　如果說在湖廣借款問題上美國是硬擠進列強的銀行團，在幣制改革及滿洲實業貸款事務上，美國也領教了其他列強的競爭。清廷於 1910 年 10 月向美國提出借款，用於貨幣改革及振興滿洲實業，增強清廷對於東三省的控制力。但英、法、德三國獲悉該計劃後，也要求加入這一借款項目。在諾克斯計劃遭遇失敗之後，美國感覺到在東北單獨挑戰日俄既得利益無法成事，於是同意將獨家貸款變成四國銀行團聯合貸款。1911 年 4 月 15 日，四國銀行團與清政府簽訂了幣制改革及滿洲實業貸款合同。銀行團的業務範圍也就從長城以南擴展到長城以北日俄兩國的在華勢力範圍。這一擴展引起了日、俄兩國的不滿。不過，在清朝與民國政權過渡的過程中，列強之間的協調繼續推進，四國銀行團最終發展為六國銀行團。銀行團成員進行協調的核心平台，就是 "銀行團間會議"（Inter-Group Conference 或 Inter-Bank Conference），會議定期在巴黎、倫敦、柏林秘密進行，各國財團或銀行派員參加，會議除了商討對華借款項目和借款條件之外，還協調彼此之間的利益關係，解決銀行團內部以及銀行團與其他主體之間的糾紛。除指定的情況之外，銀行團不需要邀請中方代表與會，由此可見中方在銀行團之前的弱勢。

　　綜上所述，自 1840 年以來，一系列殖民帝國在中國取得 "片面最惠國待遇"，這一制度在很大程度上將列強連接為一個臨時的利益共同體，而清政府採取的 "以夷制夷" 的戰略低估了列強相互之間豐富多樣的協調機制，其籌劃經常落空。在二十世紀最後十年，列強在華矛盾衝突加劇，但協調機制也隨之進一步發展。1900—1901年，通過八國聯軍侵華與《辛丑條約》的簽訂，列強進行了一次大規模的“大國協調”，並留下了駐京公使團的協調機制。在二十世紀初，英法俄形成三國協約，英國又通過英日同盟將日本納入協調，而懸在這一協調機制之外的德、美兩國，加入了列強在華的銀行團機制。這樣，英、法、德、美、日、俄六強之間的條約網絡和銀行團，加上之前的駐京公使團的協調機制，成為列強通過“大國協調”共同支配半殖民地中國的制度機制。清政府的“以夷制夷”戰略，至今已經很難有施展的空間。

與“歐洲協調”體系相比，列強在中國的“大國協調”，很難說是“歐洲協調”在空間上的簡單擴展，而是出現了諸多新的特點：

一、不同於以鎮壓法國革命與拿破崙為基礎的“歐洲協調”，列強在中國進行的“大國協調”，是自詡“文明國家”的諸殖民帝國對於被視為“半文明國家”的半殖民地的“大國協調”。它所關注的焦點並不是政體問題，而是列強在殖民地半殖民地的利益分配問題。

二、列強在中國進行的“大國協調”，其參與者比“歐洲協調”更具區域多樣性，尤其是包含了美國與日本兩個非歐洲的列強。十九世紀上半葉的“歐洲協調”核心是英、俄、普、奧、法的“五強共治”。但在普奧戰爭與普法戰爭之後，新生的德意志第二帝國成為中歐的核心強國。在歐洲之外，美國在1823年提出了排斥歐洲列強干預美洲事務的“門羅主義”，尤其反對歐洲君主制國家改變美洲共和國的政體，英國專注於在拉丁美洲經營其“非正式帝國”（informal empire），這些因素導致“歐洲協調”體系長期以來無法覆蓋美洲事務。在內戰之後，美國加速崛起，在十九世紀末鞏固美洲區域霸權地位，並在 1898 年美西戰爭中擊敗西班牙，在亞洲取得了菲律賓。而日本經歷明治維新，在 1894 — 1895 年的甲午戰爭中打敗中國。日、美兩國參與了 1900 年八國聯軍侵華，以及 1901 年清政府與十一國簽訂的《辛丑條約》。在 1904 — 1905 年日俄戰爭之後，日本被西方列強承認為“國際大家庭”的一員，於是在華協調的頂級列強，穩定為英、俄、德、法、美、日六強。隨著日美兩國在華影響力的日益增長，列強對華協調機制的歐洲色彩進一步遭到稀釋。

　　與此類似的歐洲、美洲與亞洲列強在某個特定國家事務上的協調，在其他區域並沒有出現。比如說，在歐洲，歐洲列強雖然有很多協調行為，但美國因為“門羅主義”對歐洲本土事務保持距離，而新崛起的日本在歐洲本土仍缺乏切身相關的利益。英、法、奧、德、俄等歐洲列強於 1898 年組成一個國際金融委員會，監督希臘財政收支[1]，但美國與日本沒有參加這一協調。在中亞與西亞，與中國同屬半殖民地的波斯處於英、俄的“大博弈”之下，在奧斯曼土耳其帝國境內競逐的主要是歐洲列強，但日本與美國缺乏實質性的介入；在非洲，歐洲列強一度激烈競逐，以至於 1884 年德國首相俾斯麥召集柏林會議予以協調，但美國除

1　Michael Waibel, "Echoes of History: The International Financial Commission in Greece", in Christoph G. Paulus (eds.), *A Debt Restructuring Mechanism for Sovereigns-Do We Need a Legal Procedure?* München: Verlag C.H. Beck, 2014, pp. 3-19.

了對美國黑人建立的利比里亞（Liberia）有特殊關注，對於非洲事務介入極其有限，日本在非洲更是缺乏介入的動機。只有在中國，英、法、俄、日、德都獲得了勢力範圍，而美國儘管沒有在華獲得與其他列強類似的勢力範圍，卻渴望在中國市場獲益。十九世紀末二十世紀初，唯一能夠讓六強同時魂牽夢繞的地理空間，就是中國。

三、如果說在"歐洲協調"體系裏，俄、普、奧三個奉行王朝正統主義的王朝國家組成的"神聖同盟"曾經起到原則引領作用，在華"大國協調"的倡導者則主要是英國與美國兩個政體原則迥異的列強。英國最早用炮艦打開中國國門，對於中國保持為統一市場具有既得利益。而美國在十九世紀未能在中國獲得"勢力範圍"，同時又急於向中國輸出商品與資本。尤其在十九世紀九十年代以來，日、俄兩個鄰近中國的列強表現出了強烈的在華進取心，對英國的既得利益和美國的預期利益造成了衝擊。十九世紀末二十世紀初的英國面臨德國的挑戰，又在非洲經歷了代價慘重的布爾戰爭，其對華政策傾向於保守現狀，防止日、俄兩個鄰近中國的列強通過"瓜分中國"侵蝕其勢力範圍。美國於 1898 年贏得美西戰爭，獲得了菲律賓作為在亞洲擴張的根據地，在 1899 年與 1900 年兩次提出"門戶開放"照會，要求其他列強保持中國領土和行政完整，為美國商品與資本提供均等的准入機會。在二十世紀初，英美兩國還試圖以日本來牽制俄國，在 1904—1905 年的日俄戰爭中投資日本一方。而在它們發現日本在華實力不斷膨脹的時候，也採取了某些平衡措施。

四、西方列強在華的"大國協調"與他們在歐洲事務上的立場並不必然保持同步。比如說，1853 — 1856 年的克里米亞戰爭並未導致英法與沙俄在對華政策上截然敵對。不僅如此，歐洲內部衝突的加劇，甚至有可能反而促使列強在華保持謹慎。在十九世紀的歐洲本土，隨著王朝正統主義原則與民族國家原則的此消彼長，相互聯姻的歐洲各國君主紛紛將自己裝扮成為所統治的民族的代表；1871 年德國統一從根本上改變了中歐的地緣政治環境，列強之間的協調性正在減退，其相互之間的衝突不斷加劇。但在中國這個規模巨大的半殖民地，歐洲列強相互之間的衝突強度遠弱於其在歐洲本土的衝突強度，並能夠接受美、日兩個非歐洲列強參與協調。在一戰前夕，當歐美列強在歐洲的衝突加劇的時候，隨著其在中國資源投入減少，在外交政策上反而變得更加謹慎，小心翼翼地防止中國成為新的戰爭策源地。1911 年武昌起義爆發後的列強 "大國協調" 尤其體現了這一態勢。當協約國與德國在北非和巴爾幹半島劍拔弩張之時，在中國反而保持了協調關係，而英、法、美、德共同參與的 "四國銀行團" 機制，起到了重要的協調平台作用。[1]

　　正由於從十九世紀末到一戰爆發之前，列強在中國形成了相當牢固的 "大國協調" 系統，對於許多中國精英而言，短期內很難看到改變國際體系規則的希望。於是其追求就變成了如何在既有的國際體系中避免被 "瓜分"，並通過內部改革，推動中國國家地位的上升。

---

[1]　章永樂：《"大國協調" 與 "大妥協"：條約網絡、銀行團與辛亥革命的路徑》，《學術月刊》2018 年第 10 期；章永樂：《"大國協調" 的重負與近代中國的 "舊邦新造"》，《學術月刊》2023 年第 3 期。

二、殖民秩序與"文明等級論"的引入

　　"文明等級論"是殖民主義"大國協調"體制所輸出的核心意識形態。通過把不同國家和族群劃分為不同的"文明等級"，殖民帝國一方面確立對自身道路、制度與文化的自信，另一方面將自身對外部世界的支配正當化，並釋放這樣的信號：只有仿效殖民宗主國所示範的"文明"，不斷進行自我改造，才能夠實現"文明等級"的提升。

　　"文明等級論"按照生產方式和社會組織化程度來劃分文明等級，如將社會劃分為漁獵社會、遊牧社會、農耕社會、工商社會。前兩種社會形態通常被歸入"野蠻"等級，而已進入農耕社會、具有完整國家組織的中國、日本、奧斯曼土耳其、波斯則被歸入"半文明"等級，而西方列強將自己歸入"文明等級"。進入十九世紀，"文明等級"不斷附加新的特徵。比如，隨著奴隸制在西方的廢除，是否廢除奴隸制很快成為是否躋身"文明"等級的重要特徵。隨著越來越多的西方國家在刑法中廢除酷刑，是否保留酷刑也成為"文明"與否的標準。隨著代議制政府在西方的興起，建立代議制政府也成為"文明"的重要特徵，而究竟實現共和制還是君主制尚在其次。是否應該制定成文憲法也是類似的，在十九世紀早期，只有少數列強制定了成文憲法，因而成文

憲法並不被視為"文明"的標誌。但隨著越來越多的列強制定成文憲法，立憲日益與"文明"的觀念關聯起來。無論是廢除奴隸制，廢除酷刑，還是制定成文憲法，大部分西方列強獲得這些新的特徵均為時不長，但毫不猶豫地將其用於對全球不同族群和國家的評判。

十九世紀的歐洲國際法與"文明等級論"息息相關。從觀念上說，更早的"萬民法"（ius gentium）在理論上可以覆蓋一切族群，但十八世紀末新生的"國際法"概念帶來了一個重要的斷裂[1]，"國際法"不再是適用於一切國家與族群的法，而是日益被視為僅僅適用於"文明國家"之間的法。[2] 擁有主權的"文明國家"與不具備完整主權的"半文明國家"、"野蠻國家"之間，不能完整適用平等主權國家之間的國際法規則。所謂"文明國家"將自身的主權性權力延伸到其他區域，將此視為文明教化的必由之途。至於"半文明國家"與"野蠻國家"所在的區域在列強入侵之前通行的國際規則，更不會被列強承認為有效的法律。比如說，以中國為中心的朝貢體系的基本規則，在列強看來就不是真正的法。西方列強在接觸朝鮮、琉球與越南的時候，都刻意忽略了它們與中國的朝貢關係，將它們視為獨立的國家，進而將其納入歐洲國際法的主導之下。

在"文明等級論"之下，晚清中國不斷與列強簽訂不平等條

1　英國思想家邊沁於 1789 年出版的著作中首創"國際法"這個概念。Jeremy Bentham, *An Introduction to the Principles of Morals and Legislation*, Kitchener: Batoche Books, 2000, p. 10.

2　See Jennifer Pitts, *Boundaries of the International: Law and Empire*, Oxford: Oxford University Press, 2018.

約，列強在華不斷獲得領事裁判權和片面最惠國待遇。而領事裁判權的行使正是基於這樣的假設：中國的法律沒有達到列強的文明程度，因而讓"文明國家"的臣民來遵守這樣的法律是不正當的，他們應當接受的是本國領事而非中國官員的審判。至於列強在自己的租界裏，更是直接建立法院進行審判。在公共租界，則由中外法官聯合組成的會審公廨來進行審判，但實質的權力掌握在外國法官的手中。

殖民主義"文明等級論"對於法律實踐的影響深遠。它不僅體現在領事裁判權、片面最惠國待遇等條約規定中，也與衝突法（Conflict of Laws）的實踐關聯在一起。比如說，寫作《英憲精義》（Introduction to the Study of the Law of the Constitution）的英國法學家戴雪（A.V. Dicey）的《衝突法》梳理總結了英格蘭普通法院的大量司法判決，這些判決嚴格區分"文明國家"（civilised countries）與"非文明國家"（uncivilised countries），前者包括了歐洲基督教國家，以及它們殖民或統治的國家，至少是由這些歐洲基督教國家認可的原則統治的國家。如此，英國、法國、墨西哥、美國與英屬印度都被視為"文明國家"，而土耳其與中國則被排斥在外。[1]這種區分在衝突法上具有重要的意義。比如說，即便一個英國人居住在中國上海，英格蘭普通法院也會認定，他在法律上的住所地（domicil）仍然是英國的住所地。如

---

1 A.V. Dicey, *A Digest of the Law of England with Reference to the Conflict of Laws*, London: Stevens and Sons, Sweet & Maxwell, 1908, p. 30. 值得一提的是，中文譯本《戴西和莫里斯衝突法》並非對戴雪源初版本的翻譯，莫里斯（J. H. C. Morris）系統修改了戴雪的源初版本，刪改掉了那些具有明顯"文明等級論"痕跡的表述。

果一個英國臣民與一個意大利人在中國結婚，他們的婚姻能力將根據法定住所地（尤其是丈夫的住所地）的法律來判斷，但無論如何都會排除中國法的適用。就合同的簽訂而言，雙方簽訂合同的能力根據法定住所地的法律來判斷，如果後者認定其缺乏相應能力，那麼在中國簽訂的合同，將不能在英格蘭法庭獲得強制執行。[1] 在這個衝突法的世界裏，所謂"非文明國家"的國內法，幾乎就像影子一樣缺乏存在感。

　　傳教士在華傳教時，大量運用了"文明等級論"的話語。美國傳教士林樂知（Young John Allen）在 1876 年發表於其創辦的《萬國公報》的一篇文章中將人類劃分為"野人"、"牧人"、"有耕田鑿井而謀稼穡之事者"、"規矩中人"、"明道之人"五個等級，"明道之人"居於最高等級，為"操教化之權者"，林樂知主張，如果任何人像"野人"與"牧人"那樣對抗"操教化之權者"，必將"逆者終亡"。[2] 各國的國運有起有落，林樂知將其原因概括為"受教化者生，不受教化滅"。[3] 德國新教傳教士花之安（Ernst Faber）區分"制度文章彬彬郁郁"之國與"草昧未開榛榛狉狉"的人群，將"教與不教"作為區分標準。[4] 英國傳教士李提摩太（Timothy Richard）在 1876 年發表於《萬國公報》的一篇文章中，將人類分為"文雅之國"與"粗陋之邦"，但無論是

1　A.V. Dicey, *A Digest of the Law of England with Reference to the Conflict of Laws*, London: Stevens and Sons, Sweet & Maxwell, 1908, p. 724-726.

2　林樂知：《中西關係略論》，《萬國公報》，第 383 卷，1876 年 4 月 15 日，第 2281 頁。

3　林樂知：《教化論》，《萬國公報》，第 551 卷，1879 年 8 月 9 日，第 6576 頁。

4　花之安：《教化議序》，《萬國公報》，第 386 卷，1876 年 5 月 6 日，第 2378 頁。

何種邦國，最終都將以"耶穌教"的教化為尊。[1]

這些傳教士所強調的"教"，其核心是接受並信奉基督教。在 1879 年所作的《教化論》中，林樂知認為"論理有三，上為天理，中為人理，下為物理"，各宗教之中，只有"耶穌教"完全覆蓋了三個維度，印度教、回教只談神倫，儒教只談人倫，均有欠缺。[2] 基督教"如明星之燭照，若不遵之，其國永不能鞏固，永不能滋長"。[3] 李提摩太與林樂知共享這一見解，將人分為三等："有未受教者，為下等；已受教者，為中等；有多受教者，為上等。"[4] 1883 年《萬國公報》還曾刊文，認為"崇耶穌之國"在萬國之中居於最高等級，在宗教教化上，萬國無一能與"崇耶穌之國"相提並論，從國家富足、人才智識的程度上，也無一可與"崇耶穌之國"比肩。[5] 從《萬國公報》作者群的常見用法來看，他們對三個等級的劃分，與當時的國際法學家們對於國際秩序中三個等級的劃分，保持了高度一致：最高等為信奉基督教的"教化隆盛之國"，中等為已有一定教化，但不奉行基督教的國家，如土耳其、中國、日本以及印度、埃及、秘魯、墨西哥等已經衰敗的古國；第三等為非洲、澳洲和美洲未受教化的野蠻土著。

在晚清傳統士大夫的傳統觀念中，世界本身就是有等級的，存在著"夷"與"夏"之分，"以夏變夷"符合天理，只是"夏"

1 李提摩太、鄭雨人：《救世當然之理》，《萬國公報》，第 301 卷，1874 年 9 月 5 日，第 28 頁。

2 林樂知：《續教化論》，《萬國公報》，第 552 卷，1879 年 8 月 23 日，第 6595 頁。

3 同上，第 6666 頁。

4 李提摩太：《五洲教務問答》，《萬國公報》，第 40 冊，1892 年 5 月，第 12805 頁。

5 真信子手錄：《論聖書由神以教化為證》，《萬國公報》，第 749 卷，1883 年 7 月 21 日，第 10083 頁。

對於治理化外之民往往沒有什麼興趣，因此往往 "從俗"、"從宜"，這與以 "文明" 為旗幟的殖民主義存在根本的區別。清朝士大夫原來將西方人歸入 "蠻夷" 行列，然而清廷所遭遇的一系列軍事和外交失敗，迫使士大夫反思固有的 "夷夏之別" 在多大程度上適用於西方人。王韜指出："自世有內華外夷之說，人遂謂中國為華，而中國以外統謂之夷，此大謬不然者也⋯⋯華夷之辨，其不在地之內外，而繫於禮之有無也明矣。苟有禮也，夷可進為華，苟無禮也，華則變為夷，豈可沾沾自大，厚己以薄人哉？"[1] 王韜實際上主張，西洋各國已具有高度的 "禮樂政教"，不宜歸入 "蠻夷" 行列。清廷後來將西洋各國之人稱為 "洋人"，即與這一認識的普及有很大關係。

而清廷駐英公使郭嵩燾在理學的視野中來理解當時世界的文明等級，在對西方的態度上，甚至可以說比同時代日本作者福澤諭吉的《文明論概略》走得更遠。他在 1878 年 3 月 5 日的《倫敦與巴黎日記》中介紹了當時歐洲流行的三個文明等級的劃分："蓋西洋言政教修明之國曰色維來意斯德（civilized），歐洲諸國皆名之。其餘中國及土耳其及波斯，曰哈甫色維來意斯德（half-civilized）。哈甫者，譯言得半也。意謂一半有教化，一半無之。其名阿非利加諸回國曰巴爾比里安（barbarian），猶中國夷狄之稱也，西洋謂之無教化。" 郭嵩燾甚至提出了一種翻轉的 "華夷之辨"，認為 "三代以前，獨中國有教化耳，故有要服、荒服之名，一皆遠之於中國而名曰夷狄。自漢以來，中國教化日益微

---

[1] 王韜：《弢園文錄外編》，北京：中華書局 1959 年版，第 296 頁。

滅，而政教風俗，歐洲各國乃獨擅其勝。其視中國，亦猶三代盛時之視夷狄也。中國士大夫知此義者尚無其人，傷哉。"[1] 英國正是"色維來意斯德"的代表，其治理接近中國的"三代之治"。不僅如此，英國對於殖民地的統治，在郭嵩燾看來是合乎天道的，不僅是被殖民者，甚至中國也需要"大順"於英國所代表的歷史運會。[2] 在甲午戰爭之前，朝貢體系雖受衝擊，仍未傾覆，士大夫主流仍有"天朝上國"的優越感，於是郭嵩燾對西洋文明的推崇，時人多不以為然。

1894 年，中日甲午戰爭爆發。福澤諭吉、內村鑑三、陸羯南、德富蘇峰等人紛紛撰文，宣傳這是一場"文明"對"野蠻"的戰爭，日本代表著"文明"，中國代表著"野蠻"。[3] 戰後不久，一本英國月刊《布萊克伍德的愛丁堡雜誌》(*Blackwood's Edinburgh Magazine*) 刊文，揭露了日本對於歐洲的宣傳策略："日本人從戰爭開始就希望抓住歐洲媒體來展示自己，在這方面，就像他們在戰場上那樣憑藉其令人欽佩的遠見和組織而取得了成功。他們宣揚自己從事的是一場討伐黑暗和野蠻的戰爭，正在傳播光明——他們被基督教國家照亮的那種光明，這樣他們

1　郭嵩燾：《郭嵩燾日記》（第三冊），長沙：湖南人民出版社 1982 年版，第 439 頁。中國晚清士大夫對"文明"與"文化"概念的使用，可參見黃興濤：《晚清民初現代"文明"和"文化"概念的形成及其歷史實踐》，《近代史研究》2006 年第 6 期。

2　郭嵩燾：《禮記質疑》，《續修四庫全書》經部，第 106 卷，上海：上海古籍出版社，2002 年，第 352 頁。筆者對郭嵩燾的認識，得益於高波：《晚清理學視野下的英國殖民秩序——以〈禮記質疑〉與〈倫敦與巴黎日記〉為中心的探討》，《社會科學戰綫》2017 年第 4 期。

3　李永晶：《分身：新日本論》，北京：北京聯合出版公司 2020 年版，第 168—169 頁；賴駿楠：《十九世紀的"文明"與"野蠻"——從國際法視角重新看待甲午戰爭》，《北大法律評論》第 12 卷第 1 輯，北京：北京大學出版社 2011 年版。

首先消除了非議。在這種第一印象消失之前,他們又以軍事勝利塑造了一個新印象。"[1] 在中國國內,《萬國公報》的作者群也對甲午戰爭多有評論,對中國的文明評價進一步下降。威妥瑪(Thomas Francis Wade)認為"中國素稱為文明之國",但是民眾"至愚極拙",未受教化。[2] 林樂知認為中國的教化在唐宋之後陷入千年的停滯,經甲午一役,中國的教化地位將進一步下降:"以久著榮名之古國,下濟於未諳教化之番人。"[3] 許多中國士大夫在甲午戰爭之後才意識到"天朝上國"在列強眼中的真實地位,原有的驕傲一下子被擊得粉碎。

康有為及其門人密切關注林樂知創辦的《萬國公報》的論述。1896 年維新派在上海創辦的《時務報》發表的文章之中,使用與"Civilisation"對應的"文明"次數達到上百次。[4] 梁啟超在 1896 年所作的《論中國宜講求法律之學》中稱:"以今日之中國視泰西,中國固為野蠻矣。以今之中國視苗、黎、獞、猺及非洲之黑奴,墨洲之紅人,巫來由之棕色人,則中國固文明也。"[5] 譚嗣同在 1896—1897 年寫成的《仁學》中警示:中國"不聞一新理,不睹一新法,則二千年由三代之文化降而今日之土番野

1　"The Japanese Imbroglio," *Blackwood's Edinburgh Magazine*, Vol.158, Sept. 1895, p. 313.

2　林樂知譯、葉尊聞記:《英前使華威妥瑪大臣答東方時局問》,《萬國公報》,第 73 冊,1895 年 2 月,第 14984 頁。

3　林樂知撰、葉尊聞譯:《滿招損謙受益時乃天道論》,《萬國公報》,第 72 冊,1895 年 1 月,第 14905—14909 頁。

4　戴銀風:《civilisation 與"文明"——以〈時務報〉為例分析"文明"一詞的使用》,《貴州師範大學學報》2002 年第 3 期。

5　張品興編:《梁啟超全集》,北京:北京出版社 1999 年版,第 60 頁。

蠻者，再二千年，將由今日之土番野蠻降而猿狄，而犬豕，而蛙蚌，而生理殄絕，惟餘荒荒大陸，若未始生人生物之沙漠而已"。[1] 康有為於 1898 年 1 月向清廷上奏的《外釁危迫宜及時發奮革舊圖新呈》（即《上清帝第五書》）對時局做了沉痛的分析，體現出其對於國際體系中的三個等級的理解："……昔視我為半教之國者，今等我於非洲黑奴矣……按其公法均勢保護諸例，只為文明之國，不為野蠻，且謂剪滅無政教之野蠻，為救民水火。"[2] 康有為擔心中國正在從"半教之國"墜落為國際秩序中的底層，即非洲的黑人土著部落。而維新變法，也被康有為視為維繫中國在文明等級中的地位的必要之舉。

正是在深重的生存焦慮之下，嚴復於 1898 年刻印出版的譯著《天演論》[3] 一時洛陽紙貴，"物競天擇"、"適者生存"、"優勝劣敗"成為晚清知識界共享的政論話語[4]，其影響力甚至下沉到中學校園。胡適在上海澄衷學堂讀中學時，用名胡洪騂，字希疆，他在國文教師楊千里的影響下讀了《天演論》，遂以"胡適"為

---

1 蔡尚思、方行編：《譚嗣同全集》，北京：中華書局 1981 年版，第 344 頁。

2 康有為：《上清帝第五書》，姜義華、張榮華編校：《康有為全集》（第四集），北京：中國人民大學出版社 2007 年版，第 2 頁。

3 嚴復最早以《天演論懸疏》之名，於 1897 年 12 月開始在天津出版的《國聞彙編》第 2、4、5、6 期連載發表部分譯稿，連載持續到 1898 年 2 月 15 日，因《國聞彙編》停刊而中止。《天演論》最早的刻本是 1898 年 6 月湖北沔陽盧氏慎始基齋刻本，1898 年 12 月又有福建侯官嗜奇精舍石印本，1901 年上海富文書局推出石印本，1902 年成都書局翻刻刊印。1905 年商務印書館推出鉛印本，至 1927 年共印行 32 版。

4 日本漢學家小野川秀美認為："優勝劣敗、適者生存，是嚴復《天演論》中所沒有的成語，這些成語之所以在中國盛傳，主要是梁啟超從日本譯傳過來的。"小野川秀美：《晚清政治思想研究》，林明德、黃福慶譯，台北：時報文化出版事業公司 1982 年版，第 295 頁。

筆名，到 1910 年官派留學時正式以"胡適"為名。他後來反思認為，當時《天演論》的讀者"很少能了解赫胥黎在科學史和思想史上的貢獻"，"能了解的只是那'優勝劣敗'的公式在國際政治上的意義"[1]。這可以說是晚清知識界閱讀《天演論》最為典型的反應。嚴復對於赫胥黎的"翻譯"其實是大刀闊斧的改寫，弱化了赫胥黎對於將自然界的進化規則適用於人類社會的疑慮。但絕大部分讀者並不關心嚴復對於赫胥黎的改寫。中國古代的儒、道、佛均不尚"爭"，但甲午戰爭之後對於"大爭之世"的感知和由此產生的巨大的生存焦慮，使得"爭"的觀念逐漸被視為正面。嚴譯《天演論》的觀念流播的結果，是一種去道德化的"文明"論述的進一步流行。

在嚴復出版譯著《天演論》的同時，義和團運動在北方蓬勃興起。曾參與鎮壓太平軍並隨左宗棠收復新疆的湘軍將領周漢力主闢洋教，捍衛孔孟之道，在兩湖地區製作和廣為散佈反洋教宣傳品。而當時的湖南維新派對此持警惕態度。《湘報》組織一系列文章，其中有文章標題即為"論湖南風氣尚未進於文明"，內容是批評周漢代表的排外現象。[2] 南學會會長、公羊學家皮錫瑞認為"歐洲重公法，待野蠻無教化之國，與待文明有教化之國不同"，對於前者，"殺其人不為不仁，奪其地不為不義"。[3] 時務學堂總理熊希齡則主張湖南應當利用當下西人尚未侵入的窗口期，

1　胡適：《胡適自傳》，合肥：黃山書社 1986 年版，第 46—47 頁。
2　張翼雲：《論湖南風氣尚未進於文明》，《湘報》第 57 號。
3　皮錫瑞：《師伏堂未刊日記》戊戌閏三月二十九日，《湖南歷史資料》1959 年第 1 期，第 111 頁。

抓緊改革，"將來諸事辦成，民智開通，或可冀其不來，即來而我屬文明之國，不至受其魚肉"。[1] 這就是期待中國能夠通過維新變法，被列強承認為"文明之國"，從而能夠平等適用"公法"（國際法），避免受到列強壓迫。正是在這樣的期待下，湖南維新派十分警惕民間出現的"排外"傾向，視之為對提升文明程度的干擾。

隨著義和團運動的激化，1900 年八國聯軍侵華，掀起了列強對華使用"文明等級論"話語的高潮。在列強的宣傳中，義和團和清政府都被妖魔化，作為"野蠻"的代表。林樂知撰文主張八國聯軍的勝利證明了西方教化的優越性："教也者，泰西立國之根本，以文明易獷悍之樞機也。"[2] 認為"中國人之性質，真所謂文明其外而野蠻其中也"，強調以中國的文明程度，絕無參加"萬國公會"（如海牙和平會議）之資格[3]，而八國聯軍對於義和團的剿殺，是"文明大國之人剿滅出草之溪蠻峒蜑"的正義之舉。[4] 親歷義和團運動的丁韙良則稱自己本來想通過翻譯《萬國公法》推動中國的進步，不料中國出現了倒退，掀起"排外"運動，令其倍感失望："……豈料政府諸謬種，頗享公法之益，而不願

---

1 皮錫瑞：《師伏堂未刊日記》戊戌三月初四日，《湖南歷史資料》1958 年第 4 期，第 125 頁。

2 林樂知作、蔡爾康述：《十九周季年天下三大事記》，《萬國公報》，第 144 冊，1901 年 1 月，第 19852 頁。

3 林樂知：《論中國善後要策》，《萬國公報》，第 141 冊，1900 年 10 月，第 19615 頁。

4 林樂知述意、蔡爾康紀言：《有實無名論》，《萬國公報》，第 143 冊，1900 年 12 月，第 19781 頁。

遵公法中公平、誠實、純正之道，遂致欲進而反退。"[1]朝野亦多有將義和團視為"野蠻"的言論。康有為弟子麥孟華撰文批判義和團"毀人租界，殺人人民，戕人公使，誠快彼排外之野心矣，然使外人日罵我為野蠻，日辱我為狂種，我四萬萬人遂無顏復對外人"，"野蠻之舉，聞所未聞"。[2]不過，梁啟超主持的《清議報》也刊文《人道乎？抑人道之賊乎？》，追問"義和團其果為文明之公敵乎？"，指出八國聯軍攻陷北京時的燒殺擄掠，為害之烈，甚於《嘉定屠城記略》、《揚州十日記》中的相關記錄，作者痛陳："惟強者斯能受文明之名，而文明亦為強者所私有矣。"[3]

　　1901 年，清政府最終與列強簽訂《辛丑條約》，中國喪失大量利權。八國聯軍侵華事件留下的陰影是長期的。許多地方士紳恐懼爆發第二次義和團運動，從而引發列強的干涉，導致中國被瓜分，於是在抵制列強的運動中提出"文明排外"，以與義和團運動體現的所謂"野蠻排外"相區別。[4]在 1905 年由抵制美國華工禁令引發的抵制美貨運動之中，"文明排外"即為重要的口號，在上海、武漢、無錫等地，地方紳商成立了"文明拒約社"等組織。[5]泉漳會館提出的抵制美約辦法，主張"凡遇美人，仍須禮待

1　林樂知、任廷旭同譯：《丁君韙良演說北京使館被圍事略》，《萬國公報》，第 142
　　冊，1900 年 11 月，第 19687—19689 頁。

2　麥孟華：《論義民與亂民之異》，《論今日疆臣之責任》，《清議報全編》卷三，第
　　99、91 頁。

3　佚名：《人道乎？抑人道之賊乎？》，《清議報》第 66 冊，1900 年 12 月 12 日，第
　　4185 頁。

4　紹炎：《勸直隸人普及軍國民教育》，《直隸白話報》第 1 年第 8 期，1905 年 5 月
　　18 日，第 5—8 頁。君劍：《文明的排外與野蠻的排外》，《競業旬報》第 5 期，
　　1906 年 12 月 6 日，第 1—4 頁。

5　《文明拒約社集議抵制禁約》，《申報》1905 年 7 月 30 日，第 1 版。

以昭文明；除不買美貨外，餘事一概不涉"[1]。"文明排外"目的在於證明自己不會違反中國在國際公法之下的條約義務，從而避免給清政府帶來麻煩。在 1911 年四川爆發"保路運動"後，立憲派再三要求群眾不要超出"文明保路"的範圍，如攻擊官府和教堂、抗捐稅等，在宣傳策略上避免直接與朝廷對抗，而是以光緒的上諭來抵制宣統的聖旨。[2]朱叔癡等在致新任川督岑春煊的書信中，還特別強調保路同志會"宗旨極為純正，辦法極為文明"[3]。而另一方面，列強始終恐懼中國爆發類似義和團運動那樣的民眾反抗，這種心理甚至延續到了辛亥革命期間。部分出於對中國民眾反抗的恐懼，列強迅速進行了"大國協調"，不給南北雙方任何一方以金融上的支持，並扶植當年鎮壓義和團甚為得力的袁世凱上台，收割革命的勝利果實。

八國聯軍侵華留下的另一重要影響是，在二十世紀初立憲派與革命派之間的政治辯論中，立憲派批評革命派的革命行動可能會導致列強的干涉，進而使得中國被瓜分；而革命派的自我辯解方式是將自己與義和團運動作區分，認為自己嚴格遵循國際法，保護列強在華利益，並不會導致列強的干涉與中國被瓜分。汪精衛辯解說："革命之目的，排滿也，非排外也。建國以後，其對於外國及外國人，於國際法上以國家平等為原則，於國際私法上

1　《泉漳會館重議實行抵制美約辦法》，《申報》1905 年 8 月 14 日，第 3 版。
2　唐宗堯等：《立憲派和四川諮議局的成立》，四川省政協文史資料委員會編：《四川文史資料集粹·第 1 卷：政治軍事編》，成都：四川人民出版社，第 129—130 頁。
3　《四川公民朱叔癡等為保路風潮致新任川督岑春煊書》，隗瀛濤、趙清主編：《四川辛亥革命史料》，成都：四川人民出版社 1981 年版，第 376 頁。

以內外人同等為原則，盡文明國之義務，享文明國之權利，此各國之通例也。"因此，需要對"自然的暴動"，以民族主義、國民主義加以改良，"以喚醒國民之責任，使知負擔文明之權利義務……"[1]。"國際法"為適用於"文明國"之間的法，正是十九世紀歐洲國際法學家的標準立場。[2]汪精衛迴避了列強對於中國是否有資格完整適用國際法的看法，認為只要和義和團相區分，主動遵守國際法，列強就沒有干涉中國的理由。革命派不僅在與立憲派的論戰中訴諸國際法，內部也非常關注列強的觀感。如 1908 年孫中山就在一封函件中關注香港英文版的《南清早報》對於革命派軍事行動的報道，稱其"盛稱吾黨之文明"[3]。正是由於革命派對於革命不會招致瓜分這一觀點的反覆宣傳，在 1911 年武昌起義爆發後，被迫參加革命的黎元洪在與袁世凱代表的談判中也特別強調"各國皆文明之邦，以遵守公法為第一要義。微論必不干涉……"[4]。

　　而 1904—1905 年的日俄戰爭帶來了中國輿論界對十九世紀主流"文明"話語的進一步內化。在戰爭過程中，日本進一步將自己包裝成為遵循歐洲國際法的模範，導致著名國際法學家拉薩‧奧本海默認定，日本已經獲得"民族國家大家庭"正式成員

1　精衛：《駁革命可以召瓜分說》，《民報》第 6 號，1906 年 7 月 25 日。另參見漢民（胡漢民）：《排外與國際法》，《民報》第 4 期，1906 年 5 月；胡漢民：《駁〈總彙報〉懼革命召瓜分說》，《中興日報》1908 年 8 月 19 日—22 日。

2　Lassa Oppenheim, *International Law*, London: Longmans, Green and Co., 1905, p. 3.

3　孫中山：《致鄭澤如黃心持函》，《孫中山全集》（第一卷），北京：中華書局 1981 年版，第 368 頁。

4　郭孝成：《議和始末》，中國史學會編輯：《辛亥革命》，上海：上海人民出版社 1957 年版，第 66 頁。

資格。[1]中國國土雖淪為列強的戰場，中國主流輿論界卻歡慶日本的勝利，稱"立憲國"打敗了"專制國"。梁啟超 1905 年在《新民叢報》撰文認為"自此次戰役，為專制國與自由國優劣之試驗場，其刺激於頑固之眼簾者，未始不有力也"[2]《東方雜誌》1904年 8 月刊文《專制國之募兵難》，認為專制國的士兵為一家一姓打仗，而立憲國國民為國為民打仗，故前者不肯自我犧牲，後者"以不得隸籍軍人為恥"。作者認為"二十世紀之戰爭，專制國之必敗於立憲國者，實為天演之公例"[3]《東方雜誌》1905 年 7 月刊文《論日勝為憲政之兆》稱："而橫覽全球，凡稱富強之國，非立憲，即共和，無專制者。"[4]在福澤諭吉 1869 年出版的《掌中萬國一覽》中，俄國與美英法德並列為"開化文明"，但福澤諭吉同時做了限制性說明："縉紳貴族獨極盡窮奢，小民則多苦於苛政、無智識，畢生不得嘗自由之味。"[5]簡而言之，俄國是"勉強"被列入一等國的，但在日俄戰爭落敗後，俄國在輿論中被歸入與"立憲國"相對的"專制國"，其"一等國"更受質疑。

面對十九世紀主流的"文明"論述，晚清士大夫的反應是多樣的。郭嵩燾從理學的理論脈絡出發，主張"大順"於西方列強

---

1 〔德〕烏爾斯・馬提亞斯・扎克曼：《國際法在近代日本的繼受與運用：1853—1945 年》，魏磊傑編：《國際法秩序：亞洲視野》，北京：當代世界出版社 2020 年版，第 114 頁。

2 張品興編：《梁啟超全集》，北京：北京出版社 1999 年版，第 1700 頁。

3 《專制國之難募兵》，《東方雜誌》第 1 卷第 6 期（1904 年 8 月 6 日），第 35 頁。

4 《論日勝為憲政之兆》（錄乙巳四月十八〈中外日報〉），《東方雜誌》第 2 卷第 6 期（1905），第 115 頁。

5 〔日〕福澤諭吉：《掌中萬國一覽》，《福澤諭吉全集》，第 2 卷，東京：岩波書店 1959 年版，第 464 頁。

代表的"天道"；倭仁等"清流"堅持正統理學立場，嚴守夷夏大防；張之洞改造理學，主張"中體西用"，堅持綱常名教的重要性，同時在"用"的層面重視西學；而辜鴻銘嚴厲批判尚"智"而不重"德"的西方主流文明，並強烈堅持儒家的綱常名教，但其內在的理論脈絡，卻是基於歐洲內部的浪漫主義，而非儒家理學本身；章太炎則具有更豐富的道佛兩家的理論資源，針對社會達爾文主義提出"俱分進化論"，並對國家、政黨、地方自治等一系列十九世紀文明論的要素展開批評。[1]但更普遍的回應，還是一方面大體上接納"文明"話語，另一方面希望通過遵循列強的"文明標準"進行自我變革，從而在國際體系中實現自身地位的上升。

康有為代表著將"文明"話語納入今文經學"三世說"框架，從而拯救儒家思想普遍性的方向。與福澤諭吉堅定的反儒教立場不同，康有為尋求的是革新而非徹底顛覆儒教，其方法是將儒教視為整全的、適應於各個時代的思想體系。他奉孔子為"大地教主"，認為即便泰西各國，亦行孔子之道，從而消解了張之洞理論體系中的"中學"、"西學"之對立。康有為引入春秋公羊學中的"據亂世"、"昇平世"、"太平世"來解釋世界歷史，將福澤諭吉視若圭臬的西方文明解釋為有待被超越的"競爭之世"的文明。在全球範圍內，西方列強在競爭中佔據了主導地位，然而貫穿其內外的競爭邏輯，給人類帶來了極大痛苦。康有為1904年在《德國遊記》中直斥道："競爭之世豈有所謂文明哉？但見為

1　王銳：《革命儒生》，桂林：廣西師範大學出版社2022年版。

武明耳。"[1] 同年所作的《物質救國論》論及日俄戰爭，評論道："號稱為文明，使人敬之重之者，兵也"、"兵乎兵乎，人身之衣也，營壘之壁也，文明之標幟也，土地文明之運取器也"。[2] 這可以說是對十九世紀西方"文明的標準"話語背後的帝國主義政治邏輯的直接揭示和批判。

康有為設想，人類最終將通過向"大同"的過渡，實現對"國競"時代治理邏輯的超越。然而，這個過渡將花費較長的時間，至少在晚近的數十年中，"國競"的邏輯仍將佔據主導地位，這意味著作為弱國的中國將不得不遵循列強設定的遊戲規則。同時，要削弱"國競"的邏輯，就需要推進列國的整合，而那些最善於"國競"的國家，將成為推進列國整合的擔當者。正是在這一視野中，康有為將德國視為最適應於"國競"之世的典範國家，中國改革的楷模。康有為的理想是超越"國競"，但其推動的現實政策，卻是最為激烈的"國競"。

而康有為的弟子梁啟超雖然長期與康有為在保皇會運營與推進君主立憲事務上保持合作，但在知識路徑上已經出現了很大的分歧。梁啟超不僅放棄了經學的路徑，放棄維持儒家普遍性的追求，而且更為直接地汲取了十九世紀主流的"文明等級論"思想。受到加藤弘之等日本作者的深刻影響，二十世紀初的梁啟超在社會達爾文主義的視野中來理解"文明"的概念，認為十九世紀的"民族主義"（Nationalism）在二十世紀進一步發展為"民

1　康有為：《德國遊記》，姜義華、張榮華編校：《康有為全集》（第七集），北京：中國人民大學出版社 2007 年版，第 433 頁。

2　康有為：《物質救國論》，姜義華、張榮華編校：《康有為全集》（第八集），北京：中國人民大學出版社 2007 年版，第 74 頁。

族帝國主義"（National Imperialism）[1]，列強之間的劇烈競爭將是新世紀的主題，自由主義已經不符合新世紀的時代精神。梁啟超認為，競爭促成文明的進步，而"大一統"將通過消滅競爭帶來文明的停滯。通過這一方式，梁啟超否定了康有為的"大同"追求，同時也否定了中國古代的"大一統"。

梁啟超認為，國家是最高的社會組織單位，其內部的組織力體現了"文明"的程度，而像盎格魯—薩克遜人那樣開疆拓土，建起一個舉世無雙的大帝國，正說明其"文明"程度之高。在作於 1902 年的《張博望班定遠合傳》中，梁啟超稱張騫、班超"二傑者實我民族帝國主義絕好模範之人格也"，其開拓精神不亞於哥倫布、麥哲倫等人，然而中國歷代君主重虛榮，不能組織殖民而保持土地，中國國民也缺乏自主精神，不能像英國國民前往新大陸那樣"擇地以自殖"[2]，從而使得今日中國受制於列強。將張騫、班超描述為中國自身的"民族帝國主義"先驅，充分體現了梁啟超在當時對於列強的"文明標準"的內化。當然，梁啟超的訴求與郭嵩燾不同，他主張的並不是"大順"於盎格魯—薩克遜人代表的"天道"，而是通過學習後者所代表的"文明"之道，實現本國組織力的提升，最終與列強並駕齊驅。

1　梁啟超關於"民族帝國主義"的思想萌芽出現於發表在《清議報》第 30 冊的《論近世國民競爭之大勢及中國前途》一文中，系統闡述可見發表於《新民叢報》第 2—5 號的《論民族競爭之大勢》。石川禎浩指出，梁啟超的論述參考了浮田和民的《日本帝國主義》、《帝國主義之理想》，以及日本人"獨醒居士"改寫芮恩施（Paul S. Reinsch）的 *World Politics at the End of the Nineteenth Century* 和基丁格斯（Franklin Henry Giddings）的 *Democracy and Empire* 而形成的《帝國主義》一文。參見石川禎浩：《梁啟超與文明的觀點》，狹間直樹編：《梁啟超‧明治日本‧西方》，北京：社會科學文獻出版社 2001 年版，第 114—116 頁。

2　張品興編：《梁啟超全集》，北京：北京出版社 1999 年版，第 806、808 頁。

　　創刊於上海的《大陸》雜誌第 1 期刊文《淘汰篇》，不僅直接談"競爭"促進"文明"進步，甚至認為"淘汰"是"文明"的基礎，文章指出："昔者野蠻與文明戰而野蠻勝，今則文明與野蠻戰而文明勝。文明之所以勝者，蓋野蠻由淘汰而日盡，文明由淘汰而日新，而文明又不得不勝之道存焉故也。"將這一原理用於解釋為何君主專制日益式微，其邏輯是，民眾經過淘汰之後，"其智日進、其力日強，故竭盡智力以與之爭"；而貴族統治之所以式微，是因為"賤者"經過淘汰之後，智與力都進步了；男女之所以趨於平等，是因為女子經過淘汰之後，競爭能力變得更強了。概而言之，文明"皆由各人淘汰之後，遂合眾人之淘汰以成為世界之淘汰，而因以進步者也"。作者濃墨重彩地討論人種之淘汰，並提到馬爾薩斯的《人口論》，稱野蠻淘汰和文明淘汰的差別在人口問題上，不過是"有形之淘汰"與"無形之淘汰"的差別。[1]

　　革命派高旭等人主持的《覺民》雜誌刊登《天演大同辨》一文，擬制了贊同"天演"的甲與贊同"大同"的乙之間的辯論。甲認為"優勝劣敗"是"世界之所以日即文明"的根源，劣者歸於消滅，於是"優者乃得展其文明之施設"。乙則舉出白起坑殺降卒、沙俄哥薩克兵屠殺黑龍江人的例子，認為這是"犧牲多數之血淚，易此少數之文明"。如果文野之別最終在於是否善於殺人，那麼"實則文明即野蠻之變相耳！"這看起來像是康有為《大同書》中對於競爭的激烈批判。而甲則認為，乙的悲天憫人非常危險，中國當下的衰弱源於競爭思想的不發達，應當以天演

---

1 《淘汰篇》，《大陸》第 1 期，1902 年。

學說作為"警夢之錘",拯救蒼生。而作者"君平"則作調停之姿態,稱今日世界不足以語大同,但"究不可不以大同思想為之竟"。換而言之,必須知道大同的理想不可實行於今日,但不可無此理想。"君平"看似對兩種思想進行了"調和",實際上偏向於"競爭"的"天演",認為即便是千萬年後,"文明達於極軌",物競天擇的道理也不會失效,因為如果競爭暫時停止,地球上將佈滿人類,於是競爭將不得不重新開始。[1]

甚至連婦女刊物也訴諸基於"競爭"的"文明"觀念,論證男女平等。1904年革命派婦女刊物《女子世界》刊文《論鑄造國民母》,樹立"文明國"之榜樣:"試考察世界文明國中,無論王黨、政黨、溫和黨、進步黨、革命黨、虛無黨、無政府黨,一切社會任務,無不有驚天動地之女傑,以扶助其間。"不同於中國女子僅以家庭身份而存在,這些都是以國民的身份所為。作者又引用當時流傳的斯巴達女子箴言"惟斯巴達女子能生男兒,惟斯巴達女子能支配男兒",將其解釋為:"國無國民母,則國民安生?國無國民母所生之國民,則國將不國。故欲鍛造國民,必先鑄造國民母始。"[2]而斯巴達正是梁啟超在二十世紀初廣為傳播的"民族帝國主義"精神符號。在梁啟超看來,西方列強在十九世紀憑藉雅典精神完成內部的政治建設,進而在二十世紀藉助斯巴達精神來對外擴張。[3]因而,婦女解放被賦予了"鍛造國民",進而在與"文明國"的競爭中救亡圖存的意義。

1　君平:《天演大同辨》,《覺民》第9—10期合刊本,1904年7月。

2　亞特:《論鑄造國民母》,《女子世界》第7期,1904年。

3　梁啟超:《斯巴達小志》,《新民叢報》第12號,1902年7月19日,第27頁。

三、立憲與"文明"

那麼，立憲究竟是如何與"文明"的觀念發生關聯的呢？在日本、中國、土耳其、波斯等被西方列強視為"半文明"的國家，首先掀起的是軍事、司法、行政等領域的改革，"立憲"是在改革進入"深水區"之後，才真正提上日程的。

奧斯曼土耳其帝國部分領土位於歐洲，早在十九世紀上半葉就深深感受到了通過改革證明自己為"文明國家"的壓力。土耳其從 1839 年開始展開了坦志麥特（Tanzimat）改革，1840 年即頒佈了新的刑法典，法律改革的目的即是為了證明奧斯曼的法律符合列強的"文明"標準，希望列強廢除在土的領事裁判權。奧斯曼帝國遵循了歐洲的一系列外交規則與國際法，也在 1853—1856 年克里米亞戰爭後被名義上接納為"國際大家庭"的一員，但列強仍然在奧斯曼帝國保留並擴展自己的特權。而這迫使奧斯曼帝國繼續深化自身的改革，其高潮是在 1876 年頒佈一部欽定憲法。

與此同時，土耳其的外交官們面對歐洲列強開展了宣傳攻勢，認為歐洲"文明國家"通常都有成文憲法，土耳其制定了成文憲法，證明土耳其是"文明國家"。比如說，1876 年 12 月 26 日，奧斯曼帝國駐英國公使穆蘇魯斯帕夏（Musurus Pasha）致

信英國外交大臣德比勳爵（Lord Derby）提出："立憲政體被除
俄國之外的所有歐洲國家所採用。"[1]這個觀點代表了奧斯曼土耳
其對俄羅斯的基本態度：奧斯曼人認為俄羅斯比他們自己的帝國
更落後。穆蘇魯斯帕夏認為，即便是瓦拉幾亞—摩爾多瓦和塞
爾維亞這些"在文明上遠不如帝國其他省份先進"的地方，都採
用了立憲政體，這說明立憲已經是歐洲的常態。同時，他提到俄
國要在兩個地方建立立憲政體，一是保加利亞——"帝國最落後
的省份"，二是波斯尼亞——"這裏的一半人口都是穆斯林"。這
位外交官顯然認為土耳其要比保加利亞文明程度更高，而擁有多
數的穆斯林人口，絲毫不影響奧斯曼帝國擁有一部憲法。在此基
礎上，穆蘇魯斯帕夏提出這樣的問題："為什麼奧斯曼帝國會被
認為還沒有成熟到可以擁有憲法呢？"[2]

　　距離歐洲更遠的清政府並不像奧斯曼帝國一樣，很早就感受
到了需要通過立憲來證明自己的文明程度的壓力。毋寧說，清政
府首先是在 1895 年甲午戰敗後，感受到了"變法"的巨大壓力，
但 1898 年戊戌變法的議程並不包含"立憲"。經歷過 1900 年的
八國聯軍侵華以及 1904—1905 年的日俄戰爭，中國面臨的民族
危機變得更加嚴重。正是在這一背景下，日本的立憲起到了巨大
的示範作用。

　　明治時期的日本以西方列強為典範，推行了一系列改革：積
極保護西方人的生命、自由與財產；從地方自治開始，逐步建立
代議制政府；根據列強的外交制度，發展與列強的關係；學習列

1　Musurus to Safvet Pasha, December 26, 1876, SYS 1864/1, HR, BOA.
2　同上。

強的法律，改造本國國內法，宣示遵守國際法。1889 年明治憲法的頒佈，是明治維新的高潮時刻。這部憲法一方面確認天皇"萬世一系"、"神聖不可侵犯"、"總攬統治權"的地位，另一方面也賦予民眾一系列憲法權利。在日本超過 4000 萬的人口中，25 歲以上繳納一定稅賦的男子擁有投票權，佔人口比例略高於 1%，大約 45 萬人擁有選舉權。男性普選權在 1925 年實現，而女性直到二戰之後，即 1947 年才獲得投票權。明治憲法規定國民享有宗教信仰自由，有免於被任意逮捕的自由，有權接受司法審判，法官表現良好即免於被解職，國民還享有私有財產權、請願權、言論自由、遷徙自由，以及在法律允許範圍內的寫作、結社自由。雖然存在高於普通臣民的皇族與華族，憲法第 19 條規定"日本臣民，按照法律命令所定之資格，均得充任文武官吏及就任其他公務"[1]。

與 1889 年憲法同時頒佈的還有《日本帝國憲法義解》，該書以"長州五傑"之一伊藤博文的名義出版，共 160 多頁，隨後被翻譯成了英文與法文，但其內容基本上是由伊藤博文的助手井上毅[2]起草的。《日本帝國憲法義解》刻意強調了日本天皇的核心地位及其所代表的"萬世一系"的意義。這是伊藤博文考察普魯士憲法與德意志第二帝國憲法所獲得的認識成果。1882 年，伊藤

---

1 《大日本帝國憲法》，楊孝臣著：《日本政治現代化》，長春：東北師範大學出版社 1998 年版，第 348 頁。

2 伊藤博文門生、助手井上毅參加過戊辰戰爭，曾訪問過德國和法國，還親自將 1831 年的比利時憲法和 1850 年的普魯士憲法翻譯成日文；他對中國、儒家思想、日本自己的法律傳統以及他認為在日本的宗教信仰與政治實踐之間存在的聯繫深感興趣。

博文專程考察歐洲各國的憲制，在柏林停留了六個月時間，向德國著名法學家魯道夫・馮・格耐斯特（Rudolf von Gneist）學習。馮・格耐斯特認為，憲法並非一份簡單的法律文件，而是體現了國家的精神與能力。之後，伊藤博文一行又在維也納停留了 11 個星期，請教洛倫茲・馮・施泰因（Lorenz von Stein）等憲法學者。作為法學家、經濟學家，施泰因曾先後在丹麥、法國、德國以及奧地利工作過。

1871 年的德意志第二帝國憲法確認皇帝有權在國際上代表德意志帝國，有權宣戰、媾和，召集議會開會、休會，德意志皇帝是德國軍隊的總司令，有權組織、建設軍隊，所有德國武裝部隊都必須宣誓無條件服從皇帝的命令。1850 年的普魯士憲法和 1871 年的德國憲法也規定了徵兵制。日本明治憲法大量參考了德國憲法中的規定。日本憲法也規定天皇有權指揮軍隊，並規定所有年齡在 17 歲至 40 歲之間的日本男性都有義務服兵役。在這部憲法頒佈後，日本政府財政汲取能力急劇上升——當然，這也意味著日本民眾的稅收負擔大大加重。

在明治憲法頒佈後不久，日本於 1895 年打敗中國，1905 年打敗俄國，在兩次戰爭中，日本都開動宣傳機器，向西方展示自己如何遵守歐洲國際法。日本國際法專家高橋作衛還撰寫英文著作宣傳日本對於國際法的尊重與遵守。[1] 這一切都給西方輿論界留下了深刻印象。日本被接納為所謂"文明國家"，同時也打造

1　Sakuye Takahashi, *Cases on International Law During the Chino-Japanese War*, Cambridge: Cambridge University Press, 1899.

了一個"立憲國打敗專制國"的神話。[1]對於諸多非西方、非基督教、非白人的國家和民族而言，日本證明了可以通過自己的努力，制定和實施一部適應本土政治與文化傳統的成文憲法，進而實現自身國際地位的提升，以至於與西方列強並駕齊驅。時人紛紛在明治憲法的頒佈和日本國際地位的提升之間建立某種因果關係，儘管很少有人深入探究其中的機制。

俄國在日俄戰爭後的走向，進一步加固了當時輿論中的"立憲國打敗專制國"的印象。俄國戰敗引發了 1905 年革命，在革命壓力之下，沙皇頒佈《整頓國家秩序宣言》，宣佈推行君主立憲。1906 年，俄國頒佈了《俄羅斯帝國基本法》，還組建了選舉產生的代議制機構杜馬。這也被輿論界廣泛視為總結日俄戰爭教訓，改革專制政體的舉措。1906 年，聖彼得堡一家日報記者對日俄戰爭進行了這樣的分析："通過日俄戰爭，東方人意識到，他們可以追上歐洲的腳步，走向文明，實現繁榮，他們同時也意識到，除非建立憲制國家來取代先前的專制壓迫，否則他們無法跟上歐洲的步伐。他們開始將日本在短時間內取得的進步歸功於議會與憲制，正因為如此，中國人、印度人、菲律賓人都要求他們的政府制定憲法。"[2]

在明治政府開始變法後不久，就有一些信息渠道向中國介紹日本維新的信息。美國傳教士林樂知創辦的《萬國公報》對日

1　林樂知在甲午戰爭後翻譯森有禮的《文學興國策》，在序言中認為中日兩國存在鮮明對比，"日本崇尚新學，其興也勃焉；中國拘守舊法，其滯也久矣"。林樂知：《文學興國策序》，《萬國公報》，第 88 冊，1898 年 5 月，第 16012 頁。

2　Renée Worringer, *Comparing Perceptions: Japan as Archetype for Ottoman Modernity, 1876-1918*, University of Chicago PhD dissertation, 2001, p. 37.

本法律改革的介紹，可以追溯到 1878 年前後。1878 年 5 月 18
日，《萬國公報》就登載"大日本國事"，介紹日本人"習學律例"
的經驗；1879 年 7 月 26 日，《萬國公報》第 549 期刊文介紹日
本"廣求西法"；1893 年 11 月，英國傳教士李提摩太在《萬國
公報》上刊文《三十一國志要（續）》，評價了日本的變法成效：
"日本明治皇帝以匡扶為己任，遂盡削大將軍權，且改封建為郡
縣，國政悉歸君主，而又酷慕新法，凡有益於國計民生者，無論
與舊日向例合符與否，即日從速興辦，……於二十四年前僻在
東瀛之一小國，無權無勢，今則西法遍佈於民間，國運日盛，竟
儼然列於大國之林矣！夫以數千年之間弱而忽強，貧而忽富，若
此其變更也，吾見亦罕矣。"[1] 甲午戰爭之後，《萬國公報》更是
宣傳學習日本的重要陣地。1898 年，《萬國公報》刊登李提摩太
譯文《美國總管學校大臣海理士覆函》，呼籲中國向日本學習：
"日本三十年來，已將舊法改變，泰西所有善政，均極意仿行。
中國欲變法，即查東洋如何設施，亦可以照樣興舉，雖有不能盡
學之處，不過大同小異而已。"[2]

　　甲午之後，士大夫中議論變法者，往往以日本為榜樣。《馬
關條約》簽訂後，發生了"三國干涉還遼"，日本受到西方列強
很大壓力。1896 年，中俄結盟以牽制日本，1897 年德國又佔領
中國山東膠澳。在這一背景下，日本自感勢單力薄，朝野都將目

---

1 〔英〕李提摩太：《三十一國志要（續）》，《萬國公報》1893 年 11 月，第 13994—
13995 頁。
2 〔英〕李提摩太譯：《美國總管學校大臣海理士覆函》，《萬國公報》1898 年 12 月，
第 18130—18131 頁。

光投向中國，在甲午戰爭前後沉寂下去的"中日提攜論"重新上升。日本官民都積極展開對華遊說工作。日本官方"聯華派"的兩大代表是外務省與軍方的參謀本部，前者努力接觸清廷決策層與康梁、嚴復等維新派。後者重點遊說清政府的地方實力派，但也與一批中國留學生保持著密切聯繫；民間，同文會與東亞會兩大團體在中國積極活動。康有為門下弟子徐勤當時正在主持日本橫濱大同學校，被日本聯華組織吸收，同時在 1897 年左右，日本公使矢野文雄已與康有為接觸。1897、1898 年之交，參謀本部更是派出了神尾光臣、梶川重太郎、宇都宮太郎三人前來中國遊說，接觸了張之洞、劉坤一等地方實力派以及維新派的譚嗣同、唐才常等人。同期赴華遊說張之洞的日本新聞記者西村天囚還在上海會見了康有為的弟弟康廣仁以及學生歐榘甲。[1] 日本聯華人士的遊說工作相當成功，張之洞、劉坤一等原傾向於"聯俄拒日"的督撫都轉向主張聯英、日拒俄。

於是，在 1898 年戊戌變法中，日本理所當然地成為了中國戊戌變法仿效的對象。康有為等人甚至積極運作，希望光緒能夠聘請日本卸任首相伊藤博文為客卿，推進變法改革。在戊戌政變發動之後，慈禧太后再次"垂簾聽政"。然而 1900 年的八國聯軍侵華以及之後的《辛丑條約》，給了慈禧很深的刺激，清廷上下呼籲改革的聲音也日益壯大。1905 年，清廷派遣五大臣出洋考察。同年，科舉制度廢除，留學日本的風氣也達到了一個高潮。僅在 1905 年，中國留日人數就從 1904 年 11 月的 2557 人猛增至

---

1 參見丘濤、鄭匡民：《戊戌政變前的日中結盟活動》，《近代史研究》2010 年第1 期。

8000 餘人。[1] 在此背景之下，一系列極其重要的思想爭論在旅日中國精英群體之中展開。立憲派與革命派圍繞著是否應當仿效日本明治憲法推行君主立憲，在日本展開了論戰，而如何提升中國的 "文明等級"，是兩派共同的焦慮所在。1906 年 9 月，清廷下詔宣佈預備立憲。日本的《東京日日新聞》發表評論《論中國立憲之適宜》，認為清廷宣佈立憲是恰當地汲取了日俄戰爭所展示的專制國打敗立憲國的經驗，稱宣佈預備立憲是中國人 "爭向文明進化之大道，邁往無前之第一步"[2]。因而，不僅立憲派與革命派以 "文明" 話語來辯論救國之道，就連日本輿論界也有論者以 "文明" 的話語對中國的立憲運動做出了回應。"文明" 話語流佈之廣，影響之深，由此可見一斑。

1　董守義：《清代留學運動史》，瀋陽：遼寧人民出版社 1985 年版，第 196 頁。
2　《憲政初綱・外論選譯》，《東方雜誌》光緒三十二年十二月臨時增刊。

四、餘論

近代殖民主義深刻塑造了國際體系。殖民主義列強以 "文明等級論" 為話語武器,將自己的殖民與征服包裝成為傳播 "文明" 的事業。列強通過戰爭,展示了自己強大的運用組織化暴力的能力。而 "文明" 的概念則指向其社會的組織力和動員力。通過 "文明" 的概念,列強將全球的國家和族群劃分為不同的等級,賦予其不同的法律地位。而嚴格意義上的歐洲國際法,只能完整地適用於所謂 "文明國家" 之間。所謂 "文明國家" 與其他國家的地位落差,一方面打擊了其他國家的自信心,另一方面也激發了一些國家精英的鬥志,他們試圖通過自己的努力,改變自身在國際體系中的地位。但列強亦為這個上升的過程設置了種種限制,從而使得這種自下而上的奮鬥,始終是對列強設置的 "文明" 標準的再次強化。

通過明治維新,日本從國際體系中的 "半文明國家" 上升為 "文明國家",最終在 1911 年廢除了所有不平等條約,尤其是領事裁判權。日本通過自我變革而躋身於列強,這在非西方國家中引發了廣泛的關注。晚清的立憲派主張模仿日本,推行君主立憲;清廷在內外壓力之下,也決定對明治政府的改革與立憲展開系統的考察和學習。然而反滿革命派並不希望清廷立憲取得成功，激烈反對清廷模仿日本推行君主立憲，但他們中的大多數人對於日本通過自我變革躋身於列強仍然充滿敬佩。透過雙方的激辯，我們仍然可以發現，十九世紀歐洲列強的"文明等級制"思想為他們的論述提供了基本的視野乃至詞彙。

第二章

激辯明治憲法：
立憲作為提升 "文明等級"
之策略

　　1905 年，清廷模仿日本 1871 年岩倉具視使節團，派遣載澤、端方、戴鴻慈、李盛鐸、尚其亨五大臣出洋考察各國憲制。其中載澤、李盛鐸、尚其亨一行於 1906 年 1 月抵達日本。他們參觀了日本的學校、工廠、銀行等現代化基礎設施，還聆聽了日本憲法專家的講課。

　　日方為載澤考察團安排的第一堂課是在正月初三（1906 年 1 月 27 日），由日本法學博士穗積八束授課，其論述重點為皇權在日本憲法體系中的主體地位。穗積八束認為 "明治維新，雖採用立憲制度，君主主權，初無所損"，主張明治憲法的精神是 "凡統治一國之權，皆隸屬於皇位"，進而論述統治權的分類與擔當的機關。[1] 第二天，伊藤博文來訪。據載澤《考察政治日記》，伊藤博文向他贈送了氏著《皇室典範義解》與《憲法義解》。載澤問："敝國考察各國政治，銳意圖強，當以何者為綱領？" 伊藤博文回答說："貴國欲變法自強，必以立憲為先務。" 載澤接著問："立憲當以法何國為宜？" 伊藤博文說："各國憲政有二種，有君主立憲國，有民主立憲國。貴國數千年來為君主之國，主

1　載澤：《考察政治日記》，鍾叔河主編：《走向世界叢書》第 9 冊，長沙：岳麓書社 2008 年版，第 575 頁。

權在君而不在民，實與日本相同，似宜參用日本政體。”[1] 載澤又問：“立憲後於君主國政體有無窒礙？”伊藤博文答：“並無窒礙。貴國為君主國，主權必集於君主，不可旁落於臣民。日本憲法第三四條，天皇神聖不可侵犯，天皇為國之元首，總攬統治權云云，即此意也。”伊藤博文強調，相關改革必須穩妥推進：“政府必宣佈一定之主意，一國方有所率從。若漫無秩序，朝令夕更，非徒無益，反失故步。”[2]

　　在慈禧太后聽取了出洋大臣們的彙報和御前會議的討論後，1906 年 9 月 1 日，清廷以光緒皇帝名義發佈上諭，宣佈“預備立憲”。對此，國內外立憲派歡欣鼓舞。《東方雜誌》推出“臨時增刊”《憲政初綱》，彙編了關於立憲的官方文件和中外言論，其中收錄了袁世凱建立的“天津自治研究所”所編的《立憲綱要》，該著陳述立憲的預期收益如下：“立憲利益，更仆難數。……一則利於國內也。從前國是未定，或憤外患之日逼，或憾內政之不修，日暮途窮，遂生異說。今既宣佈立憲，則同舟共濟，黨派調融，與其鷸蚌相爭，何如兄弟急難。苟利於國，苟利於民，萬眾一心，萬矢一的，大同團體肇於斯矣。一則利於國外也，外人自稱文明者，以有憲法故，其視吾國不文明者，以無憲法故。憲法成則國與國同等，彼既為文明先進自由之國，自必樂觀其成。且自近世以來，各國倡均權之說，因我法與彼法異致，故甲權與乙權不均，與其權不均而煩彼之為代謀，何如我自謀之，而行所無

<hr>

1　載澤：《考察政治日記》，鍾叔河主編：《走向世界叢書》第 9 冊，長沙：岳麓書社 2008 年版，第 579—583 頁。
2　同上。

事；與其法不一而令彼之多不便，何如我自便之，而且無煩言。
若利人之危以圖其私，曾謂文明諸國而為之乎？必不然矣。"[1]袁
世凱推動編寫的這一立憲宣傳文本，可謂濃縮了立憲派對於通過
立憲提升"文明等級"的最為美好的想象，認為中國之所以不被
列入"文明諸國"，是因為缺乏憲法，一旦主動立憲，中國就可
以與"文明諸國"平起平坐，而後者因為自身的"文明"性質，
對於中國的立憲與文明等級提升，也將樂觀其成。這些論述當然
具有很強的宣傳造勢的色彩，我們不能確定言說者是否真正相信
自己的言辭。但是，這些話語在清廷和民間輿論界廣為流通的事
實卻可以告訴我們，當時中國的政界與輿論界形成了一種何等急
切的呼籲立憲的氣氛。

　　但在此時，立憲派已經碰到了強勁的對手。1905 年，革命
派在東京建立了同盟會，以推翻清廷為自己的使命。在二十世紀
初的若干年內，革命派與立憲派圍繞著中國是否應該學習日本明
治憲法的範例進行立憲，展開了激烈辯論。立憲派推崇日本的立
憲範例。而革命派則從兩個方面提出質疑和反對，一是認為日本
的憲法仍然是專制的，二是從單一民族主義的歐洲國家建設與立
憲經驗出發，認定中國由於民族構成的複雜性，根本不可能模仿
日本的立憲。不過，雖然革命派與立憲派對於中國是否應該模仿
日本進行君主立憲改革存在很大的分歧，他們的主流對於"立
憲"能夠提升國家在"文明等級"中的地位，以及在國家實現
富強之後應該做什麼，卻具有極大的共識。多數論述者都受到當

1　天津自治研究所編：《立憲綱要》，《東方雜誌》光緒三十二年十二月臨時增刊《憲
　政初綱》。

時流行的社會達爾文主義的深刻影響，認同一種建立在競爭之上的文明觀，認同在"立憲"強國之後，中國將與其他列強並駕齊驅，一起奉行"民族帝國主義"。簡而言之，他們的"立憲"觀念，仍然鑲嵌在十九世紀"文明等級論"的語境之中。

一、為何以日為師：梁啟超的理由

　　1906 年，應熊希齡和楊度之邀，梁啟超參與了"五大臣出洋"後相關奏摺的起草。而這正是梁啟超最深地受到"文明等級論"影響的階段，他對於"立憲"與"文明"之間關係的思考，集中體現在《立憲法議》、《新民說》、《大政治學家伯倫知理之學說》、《開明專制論》等文本之中。梁啟超反對將日式君主立憲模式視為最終的理想模式，但對於日本立憲的成功經驗傾注了極大的熱情。

　　作於 1900 年的《立憲法議》奠定了梁啟超學習日本立憲經驗的基調。《立憲法議》將全世界政體分為君主專制、君主立憲、民主立憲三種，稱列強之中除俄國為君主專制，其餘均為立憲國家。在三種政體之中，梁啟超認為民主立憲國政府變易太快，選舉競爭太激烈；君主專制國家朝廷與民眾離心離德，君主與大臣受到人民的嫉恨，處於危險之中，"如彼俄羅者，雖有虎狼之威於一時，而其國中實杌隉而不可終日也"[1]。因而君主立憲是最佳政體。值得一提的是，劃分三種政體，並將俄國作為君主專制的典範，這一做法並不是梁啟超的發明。在更早的時候，駐英公使

1　張品興編：《梁啟超全集》，北京：北京出版社 1999 年版，第 405 頁。

薛福成就曾比較過"君主之國"、"民主之國"、"君民共主之國"，並以"君民共主"為中道，他曾這樣批評君主專制："君主之國，主權甚重，操縱伸縮，擇利而行，其柄在上，莫有能旁撓者。苟得賢聖之主，其功德豈有涯哉！然其弊在上重下輕，或役民如牛馬，俾無安樂自得之趣，如俄國之政俗是也。而況輿情不通，公論不伸，一人之精神不能貫注於通國，則諸務有墮壞於冥冥之中者矣。"[1] 權力過於集中既導致上下不通，君主個人也難以處理諸多事務，於是導致治理的敗壞。而梁啟超進一步渲染了君主與大臣受到人民嫉恨所帶來的巨大的風險。

梁啟超將憲法界定為"萬世不易之憲典，而一國之人，無論為君主為官吏為人民皆共守之者也，為國家一切法度之根源，此後無論出何令，更何法，百變而不許離其宗也"。又稱憲法為一國之"元氣"。而立憲政體則為限權之政體，同限君、官、民之權。梁啟超又指出，限制君權是中國固有的思想，中國古代對於君權，有"以天為限"，亦有"以祖為限"，但這兩種限權的方式存在內在局限性，因而現在需要引入憲法來限制君權。而目前，"內有愛民如子、勵精圖治之君，外有文明先導可師可法之國"[2]，立憲條件已經具備。

比較全球狀況，梁啟超指出，歐洲國家除了土耳其，均已立憲，而土耳其也正處於被列強瓜分的邊緣。在亞洲，"日本得風氣之先，趨善若渴，元氣一立，遂以稱強"。而中國經過甲午戰爭、德國佔領膠澳、俄國佔領旅順、義和團運動等事件，國家元

1　丁鳳麟、王欣之編：《薛福成選集》，上海：上海人民出版社 1987 年版，第 605 頁。
2　張品興編：《梁啟超全集》，北京：北京出版社 1999 年版，第 405 頁。

氣大傷，"蓋今日實中國立憲之時機已到矣……中國究竟必與地球文明國同歸於立憲，無可疑也"[1]。

但如何立憲呢？梁啟超主張，立憲只有在"民智稍開"之後才能夠推行。而日本提供了很好的範例，從明治初年到最終實施憲法，花了二十年時間，中國最快也需要十到十五年。梁啟超主張參考日本經驗，推進六項議程：第一是下詔宣佈立憲——這其實類似於慶應四年三月十四（即 1868 年 4 月 6 日）明治天皇在京都紫宸殿宣佈維新政權的五條基本方針[2]，其中並沒有明確使用"立憲"的說法，而梁啟超在此主張明確宣佈立憲；第二是模仿日本於 1871 年 12 月派出岩倉具視使團，派朝廷重臣出洋考察立憲；第三是在考察之後，在宮中建立立法局，草擬憲法；第四是立法局翻譯各國憲法原文和解釋憲法的名著，頒行天下；第五是公佈憲法草案，供全國士民討論，反覆改善形成定本；第六，從下詔定政體開始，以二十年為過渡期。[3]

在接下來的幾年之中，梁啟超堅持其仿效日本進行立憲的立場，甚至進一步研究日本所模仿的普魯士以及普魯士建構的德意志第二帝國。當然，就具體的立憲模式而言，梁啟超仍然希望逐漸過渡到英國式的虛君制和責任內閣制。但德日模式是操作程序

1　張品興編：《梁啟超全集》，北京：北京出版社 1999 年版，第 407 頁。

2　1868 年 4 月 6 日，明治天皇在京都紫宸殿率領公家、大名、百官，以向天地神明宣誓的形式發表維新政權的基本方針："一、廣興會議，萬機決於公論；二、上下一心，大展經綸；三、公卿與武家同心，以至於庶民，須使各遂其志，人心不倦；四、破歷來之陋習，立基於天地之公道；五、求知識於世界，大振皇基。茲欲行我國前所未有之變革，朕當身先率眾誓於天地神明，以大定國是，立保全萬民之道。爾等亦須本斯旨趣齊心致力！"

3　張品興編：《梁啟超全集》，北京：北京出版社 1999 年版，第 408 頁。

層面的首要模仿和借鑑對象。梁啟超為仿效德日提供的理由，相當詳細和深入。在今天回顧這些理由，可以看到梁啟超的“立憲”觀念背後的“文明”觀念。

首先值得考察的是梁啟超的《新民說》系列文章。在《新民說》中，梁啟超將“國家”作為自己研究的核心對象，並將其與“文明”的觀念緊密關聯在一起。他提出：“國也者，私愛之本位，而博愛之極點，不及焉者野蠻也。過焉者亦野蠻也。”既然“不及焉者”、“過焉者”都是野蠻，那麼“國家”本身就是“文明”的集中體現。將文明與國家相綁定，這其實也體現了梁啟超所受到的福澤諭吉的影響。在《文明論概略》第二章中，福澤諭吉將“文明”界定為“擺脫野蠻狀態而逐步前進的東西”，它的基礎是人的交際活動，其對應的英文詞“Civilisation”則源於拉丁文詞彙“Civitas”（福澤諭吉誤寫成“Civilidas”），福澤諭吉認為“文明這個詞，是表示人類交際活動逐漸改進的意思，它和野蠻無法的孤立完全相反，是形成一個國家體制的意思”。[1]

那麼，梁啟超為何反對發展比國家更高的組織呢？這與他對“文明”的界定密切相關。《新民說》提出：

> 夫競爭者，文明之母也。競爭一日停，則文明之進步立止，由一人之競爭而為一家，由一家而為一鄉族，由一鄉族而為一國。一國者，團體之最大圈，而競爭之最高潮也。若曰並國界而破之，無論其事之不可成，即成矣，而競爭絕，毋乃文明亦與之

---

[1] 〔日〕福澤諭吉：《文明論概略》，北京編譯社譯，北京：商務印書館 1982 年版，第 30 頁。

俱絕乎！[1]

這種基於競爭的文明觀，是受到當時流行的社會達爾文主義影響的結果。在嚴復翻譯《天演論》之後，在中國瀕臨被列強瓜分邊緣的逼仄國際環境下，"物競天擇，優勝劣敗"成為晚清士大夫探討國際事務的公共話語。在加藤弘之等日本作者的影響之下，梁啟超高舉進化論話語，主張"競爭為進化之母，此義殆既成鐵案矣"，將"競爭"視為推進文明進步的力量；認為國家源於族群競爭，是一族與外族相競爭的產物："循物競天擇天之公例，則人與人不能不衝突，國與國不能不衝突，國家之名，立之以應他群者也。"[2]

而從一原理出發，梁啟超認定歐洲的列國並立與競爭推進了歐洲文明的進步："泰西當希臘列國之時，政學皆稱極盛。泊羅馬分裂，散為諸國，復成近世之治，以迄於今，皆競爭之明效也。夫列國林立，不競爭則無以自存。其所競者，非徒在國家也，而兼在個人，非徒在強力也，而尤在德智。分途並趨，人自為戰，而進化遂沛然莫之能禦……此實進步之原動力所生也。"[3]而相比之下，中國的局面就更為複雜："中國惟春秋戰國數百年間，分立之運最久，而群治之進，實以彼時為極點。自秦以後，一統局成，而為退化之狀者，千餘年於今矣，豈有他哉，競爭力

1 梁啟超：《新民說》，北京：商務印書館 2016 年版，第 57 頁。
2 同上，第 56 頁。
3 同上，第 122—123 頁。

銷乏使然也。"[1] 以歐洲文明為視角，只有春秋戰國時期的中國才符合"列國競爭促進文明進步"這一規律，而秦漢以下，中國文明即陷入停滯。

　　梁啟超所述"其所競爭者……尤在德智"，這一表述同樣體現出福澤諭吉的影響，後者在《文明論概略》中區分"德"（morality）與"智"（intellect），並將"智"視為進步的動力。但這一區分，實際上又來自英國歷史學家巴克爾（Henry Thomas Buckle）的《英國文明史》（*History of Civilization in England*）。巴克爾受到孔德的實證主義的深刻影響，主張借鑑自然科學的方法來研究歷史，尋找歷史進步的規律。人類的行為遵循物理法則與精神法則，而後者又分為道德與理智兩方面。巴克爾認為："因為道德的真理是靜止的，理智的真理是進步的，因而將社會的進步歸因於道德知識而非理智知識，是很不確切的，道德知識在很多世紀都保持原樣，而理智的知識在許多世紀中不間斷地進步。"[2] 在巴克爾的影響下，福澤諭吉在《文明論概略》中認為，"道德問題自古以來就是固定不變的"、"道德是依靠智慧的作用，而擴大其領域和發揚光大的"[3]。通過將"智"提高到比"德"更高的地位，福澤諭吉試圖削弱儒家傳統在日本的影響。

　　康有為在 1904 年的《物質救國論》中同樣論證"文明"的界定乃是"就外形而觀之，非就內心而論之"。如果以道德來論

1　梁啟超：《新民說》，北京：商務印書館 2016 年版，第 123 頁。

2　Henry Thomas Buckle, *History of Civilization in England*, Vol.1, Toronto: Rose-Belford, 1878, pp. 227-228.

3　〔日〕福澤諭吉：《文明論概略》，北京編譯社譯，北京：商務印書館 1982 年版，第 81 頁。

文明，在康有為看來印度"為萬國第一也"，然而物慾橫流、犯罪肆虐的美國反而被視為"文明"，可見"文明"的界定，重點不在道德。[1]康有為對這樣的"文明"一方面是不滿，另一方面又認為只有首先適應它，才能最終超越它，因而他將在當時看起來最善於競爭的德國設定為中國學習的榜樣。對於"文明"的這種理解，顯然不符合中國古代推崇"文德"的文明觀。在十九世紀，卡萊爾（Thomas Carlyle）等歐洲的浪漫主義者已經對這種尚"智"而不重"德"的文明觀提出嚴厲批判，並試圖從歐洲古老的宗教傳統中尋找重建道德的可能性。卡萊爾的中國學生辜鴻銘繼承了卡萊爾的浪漫主義觀念，批判十九世紀主流的文明觀，主張文明的關鍵在於培養有道德的人。但在晚清中國屢戰屢敗的背景下，中國思想者最容易看到的是"智"的進步所帶來的堅船利炮，而看不到崇尚文德的傳統教導有多少富國強兵的功效。於是從巴克爾到福澤諭吉、康有為、梁啟超對於"文明"的界定，成為主流的"文明"觀。

受到浮田和民的《日本帝國主義》、《帝國主義之理想》，以及日本人"獨醒居士"對芮恩施（Paul S. Reinsch）的 *World Politics at the End of the Nineteenth Century* 和基丁格斯（Franklin Henry Giddings）的 *Democracy and Empire* 兩書的改寫的影響，梁啟超將"民族帝國主義"作為自己的標識性概念之一。[2]梁啟超

---

1 康有為：《物質救國論》，姜義華、張榮華編校：《康有為全集》（第八集），北京：中國人民大學出版社 2007 年版，第 67 頁。

2 參見〔日〕石川禎浩：《梁啟超與文明的觀點》，狹間直樹編：《梁啟超·明治日本·西方》，北京：社會科學文獻出版社 2001 年版，第 114—116 頁。

指出，中國生活在一個從 "民族主義" 走向 "民族帝國主義" 的時代。前者出現得較早："自十六世紀以來（約四百年前），歐洲所以發達，世界所以進步，皆由民族主義（Nationalism）所磅礴衝激而成。民族主義者何？各地同種族、同言語、同宗教、同習俗之人，相視如同胞，務獨立自治，組織完備之政府，以謀公益而禦他族是也。" 而民族主義的發展帶來民族帝國主義的發達："此主義發達既極，馴至十九世紀之末（近二三十年），乃更進而為民族帝國主義（National Imperialism）。民族帝國主義者何？其國民之實力，充於內而不得不溢於外，於是汲汲焉求擴張權力於他地，以為我尾閭。其下手也，或以兵力，或以商務，或以工業，或以教會，而一用政策以指揮調護之是也。" 有鑑於此，梁啟超認為，要抵抗列強的民族帝國主義，只有發揚中國的民族主義："……故今日欲抵當列強之民族帝國主義，以挽浩劫而拯生靈，惟有我行我民族主義之一策。而欲實行民族主義於中國，捨新民末由。"[1]

在探討 "民族帝國主義" 的時候，梁啟超從社會達爾文主義原理出發，將在競爭之中的優勝者視為優越。首先，在各人種中，白人居於優越地位："白人之優於他種人者何也？他種人保守，白種人進取，他種人好靜，白種人好動，他種人狃於和平，白種人不辭競爭。故他種人只能發生文明，白種人則能傳播文明。發生文明者，恃天然也。傳播文明者，恃人事也。"[2] 白人之

1　梁啟超：《新民說》，北京：商務印書館 2016 年版，第 6—7 頁。

2　同上，第 14 頁。當然，梁啟超的這一判斷在 1904—1905 年日俄戰爭之後有所變化，後者被廣泛理解為 "黃種人戰勝白種人"。

中，條頓人又居於優越地位："條頓人政治能力甚強，非他族所能及也。"[1] 而條頓人之中，盎格魯—撒克遜人又居於優越地位，其能夠建構一個領土位於全球，控制"五洲四海衝要咽喉之地"的大帝國，正證明了其"民族之優勝"，比如說，富有獨立自主的精神，紀律觀念突出，常識豐富，權利思想強，體力強壯，尚實業不尚虛榮，同時也具有保守的精神，"常能因時勢，鑑外群，以發揮光大其固有之本性"。英國人能以極少的人數征服北美、南洋群島、印度，並控制中國十八行省，證明其為"世界中最富於自治力之民族"，相比之下，許多被殖民的族群如同"一盤散沙"，根本無法抵禦英國人的支配。[2] 梁啟超將殖民統治者視為較高文明程度的代表，恰恰證明其在當時逼仄的國際局勢下慌不擇路，進而在很大程度上內化了十九世紀西方"文明等級論"。

梁啟超在《新民說》中主張，政府與人民的關係，類似於溫度計與氣溫的關係，"其度必相均，而絲毫不容假借"。由於政府與人民程度之間的對應關係，"國民之文明程度低者，雖得明主賢相以代治之，及其人亡則其政息焉，譬猶嚴冬之際置表於沸水中，雖其度驟升，水一冷而墜如故矣"。反之，"國民之文明程度高者，雖偶有暴君污吏虐劉一時，而其民力自能補救之而整頓之，譬猶溽暑之時置表於冰塊上，雖其度忽落，不俄頃則冰消而漲如故矣"。精英人士能發揮多大作用，從根本上是國民的文明程度所決定的。這一分析與福澤諭吉《文明論概略》對於英

1　梁啟超：《新民說》，北京：商務印書館 2016 年版，第 14 頁。
2　同上，第 15—16 頁。

雄豪傑與民眾智德水平關係的討論高度相似。[1]對梁啟超而言，如果能夠 "新民"，從根本上提升國民的文明程度，後面的一切將會水到渠成："然則苟有新民，何患無新制度？無新政府？無新國家？"[2]而中國變法之所以未見成效，關鍵在於沒有行 "新民"之道。

不過，在 1900 — 1902 年，梁啟超尚持有一種 "國者積民而成，捨民之外，則無有國"[3]的政治觀，這種觀念甚至體現出某種共和主義的色彩。1903 年，梁啟超訪問了美國，他訪問了華人社區，發現即便移民美國數十年，華人仍然缺乏自下而上的組織力來抵抗美國的排華浪潮；他接觸了美國的托拉斯財閥，發現了後者巨大的行動力和支配力。這一切都打消了他對共和主義的玫瑰色想象，促使他更為重視民族國家之間的競爭與帝國主義的壓力。而他之前所接觸的瑞士法學家伯倫知理（Johann Kaspar Bluntchli）的國家學說，在他的思想中變得日益重要。

梁啟超實際上是通過間接的方式接觸到伯倫知理的思想的。伯倫知理於 1874 年撰寫簡本《為文化人的德國國家學說》（Deutsche Staatslehre für Gebildete），他的日本學生平田東助將該書第一部分 "一般國家學說" 翻譯成日文。梁啟超在 1899 年出版的《清議報》上連續選載了吾妻兵治轉譯的漢文本。加藤弘之對進化論與社會有機體論的解釋，也深刻地影響了梁啟超對伯

1　〔日〕福澤諭吉：《文明論概略》，北京編譯社譯，北京：商務印書館 1982 年版，第 49 — 57 頁。

2　梁啟超：《新民說》，北京：商務印書館 2016 年版，第 4 頁。

3　張品興編：《梁啟超全集》，北京：北京出版社 1999 年版，第 309 頁。

倫知理的認知。在 1902 年發表的《論學術之勢力左右世界》一文中，梁啟超將伯倫知理歸入培根、哥白尼、笛卡兒、盧梭、亞當·斯密、孟德斯鳩、達爾文等先賢之列，甚至將其稱為"二十世紀之母"："伯倫知理之學說，與盧梭正相反對者也。雖然，盧氏立於十八世紀，而為十九世紀之母，伯氏立於十九世紀，而為二十世紀之母。自伯氏出，然後定國家之界說，知國家之性質，精神作用為何物，於是國家主義乃大興，前之所謂國家為人民而生者，今則轉而云人民為國家而生焉，使國民皆以愛國為第一之義務，而盛強之國乃立。而自今以往，此義愈益為各國之原力，無可疑也。"[1]

在 1903 年所作的《政治學大家伯倫知理之學說》中，梁啟超進一步確認了以上一判斷，稱歷史中存在干涉與放任的週期，到十九世紀末，物質文明發達，地球上數十民族短兵相接，於是帝國主義興起，結果是十六七世紀的干涉論復活，而十八九世紀的盧梭、穆勒、斯賓塞等人被邊緣化。甚至最主張自由的美國也在加強中央集權。梁啟超再次主張："若謂盧梭為十九世紀之母，則伯倫知理其亦二十世紀之母焉矣。"[2] 在這篇文章中，梁啟超反思了自己一度持有的"國者積民而成"的政治觀。根據他所介紹的伯倫知理學說，國家並非"積人而成"的機械物，而是具有自身意志與人格的"有機體"。

梁啟超接受了伯倫知理對於"社會"與"國家"的區分——前者是變動不居的私人的集合體，並不具有統一的政治意志，而

---

[1] 張品興編：《梁啟超全集》，北京：北京出版社 1999 年版，第 558 頁。
[2] 同上，第 1076 頁。

後者則是達到了政治意志自覺的存在，是“一定不動之全體”[1]。這一區分與伯倫知理對“Nation”和“Volk”的區分相對應。在德語中，因血緣、文化與風俗相近的人的集合體，可以稱為“Nation”，但其意義與英語、法語中的“Nation”意義恰好相反，前者具有民族學—人類學意義，但從政治上是渙散的，並未形成一個有機的整體：“……故夫民族者，有同一之言語風俗，有同一之精神性質，其公同心漸因以發達，是固建國之階梯也。但當其未聯合以創一國之時，則終不能為人格，為法團，故只能謂之民族，不能謂之國民。”[2] 梁啟超將之稱為“部民”，可謂恰如其分。缺乏政治意志的“部民”（德語 Nation）向具有政治意志資格的“法團”的關鍵飛躍階段，就是建國。通過建國，“部民”成為具有單一法律人格、具有“法團”地位的“國民”（Volk）。梁啟超這樣概括國家與國民的關係：“有國民即有國家，無國家亦無國民，二者實同物而異名耳。”[3]

在此可以對比伯倫知理原著中對“國家”（Staat）與“國民”（Volk）的基本看法：“我們通常將國民理解為在國家中聯合和組織起來的所有國家成員所組成的社會。國民隨著國家的創建而形成。”[4] 梁啟超的理解大致與伯倫知理的意思吻合。但梁啟超的“無國家亦無國民”在表述上有不準確之處，因為在伯倫知理這裏，國家除了人的要素之外，還有土地的要素。在特殊情況下，

---

1 梁啟超：《論國家思想》，張品興編：《梁啟超全集》，北京：北京出版社 1999 年版，第 1066 頁。

2 同上，第 1068 頁。

3 同上。

4 Johann Kaspar Bluntschli, *The Theory of the State*, Ontario: Kitchener, 2000, p. 82.

有可能出現一個業已形成的"Volk"通過獲得土地而成為"Staat"
的情況，如摩西領導的以色列人，在出埃及的過程中即形成了
"Volk"，因為在摩西的領導下，他們獲得了創建國家生活的強烈
衝動，而且其嚴密的組織形式也為建國做好了準備。[1]

在盧梭這裏，通過社會契約產生的、具有政治意志資格的主
權者共同體——相當於法國大革命期間所標舉的"Nation"[2]，就
是國家（État）的別名。"主權者"與"國家"是對同一個實體
的能動狀態和被動狀態的不同命名。[3]鑑於《社會契約論》第一卷
第六章中的"國家"並沒有提到土地的要素，梁啟超概括的"有
國民即有國家，無國家亦無國民"對盧梭來說也是成立的。值得
注意的是，在盧梭這裏，"國家"人民主權的被動狀態，真正處
於能動地位的是由平等的個人結合而成的人民主權，一旦人民
主權出場開會，"最渺小的公民的身份便和最高級行政官的身份
是同樣的神聖不可侵犯"[4]。而在伯倫知理／梁啟超看來，盧梭通
過社會契約形成主權者的設想根本不具有現實性。梁啟超轉述了
伯倫知理對盧梭的理解："一曰：其國民皆可各自離析，隨其所

1　Johann Kaspar Bluntschli, *The Theory of the State*, Ontario: Kitchener, 2000, p. 82.

2　盧梭《社會契約論》將主權者共同體稱為人民，但在論述人民在時間中的存在形態時，偶爾也使用"nation"。直接將主權者稱為"nation"，很大程度上是西耶斯等革命理論家理論發展的結果。參見〔法〕西耶斯：《論特權．第三等級是什麼？》，馮棠譯，北京：商務印書館1990年版。

3　〔法〕盧梭：《社會契約論》，何兆武譯，北京：商務印書館1997年版，第26頁。正如卡爾．施米特敏銳地指出，在盧梭那裏，社會契約並不是作為根本大法的憲法：社會契約產生的是一個制憲權主體，然後再由這一制憲權主體（即nation）產生憲法。參見〔德〕卡爾．施米特：《憲法學說》，劉鋒譯，上海：上海人民出版社2005年版，第69頁。

4　〔法〕盧梭：《社會契約論》，何兆武譯，北京：商務印書館1997年版，第122頁。

欲，以進退生息於此國中也。不爾，則是強之使人，非合意之契約，不得為民約也 …… 二曰：其國民必悉立於平等之地位也。不爾，則是有命令者，有受命者，不得為民約也 …… 三曰，其國民必須全數畫諾也。苟有一人不畫諾，則終不能冒全國民意之名，不得謂之民約也 ……"[1]。

在今天來看，伯倫知理對盧梭的第一個批評失於偏頗。他將盧梭的社會契約理解為一個私法上的契約，個人想立就立，想散就散，因此指責盧梭不區分 "社會" 與 "國家"，將一個變動不居的私人的集合當成了國民（Volk）。但盧梭的社會契約實際上是個 "身份契約"，一旦形成了主權者的共同體，該共同體就具有了獨立於個體的意志，個體就不能隨便脫離整體，否則全體可以迫使他服從 "公意"[2]。即便人民想解散自身，也需要經過一次集會，做出正式的表決。第三個理解也是不準確的，在盧梭這裏，需要全體同意的只是原初的社會契約，但主權者共同體一旦形成，其隨後的立法行為並不需要 "全數畫諾"，因為個人在結成社會契約的時候，就已經默示地同意了多數表決的規則。在十九世紀的德意志地區，對於盧梭理論的這種誤解，其實非常常見。

具有實質意義的是第二個批評。在伯倫知理來看，如果要締結契約的話，就需要人人處於平等地位。但歷史中的建國往往 "必賴有一二人，威德巍巍，超越儕類，眾皆服從，而國礎

1　張品興編：《梁啟超全集》，北京：北京出版社 1999 年版，第 1065 頁。

2　參見〔法〕盧梭：《社會契約論》，何兆武譯，北京：商務印書館 1997 年版，第 28—29 頁。

始立"。這種領導者是無法與他人平等訂立契約的。[1] 實際上，盧梭也非常憂慮人民缺乏足夠的智慧，因此設想了一個智慧高超的"立法者"來為人民立法，但根據《社會契約論》，"立法者"並不掌握立法權或行政權，甚至根本不是主權者的成員，而只是個建議者，最終還是要由作為主權者的人民來決定是否採納他的法律。如盧梭自己就曾經為波蘭與科西嘉撰寫憲法，當然最終都沒有發揮作用。但如果他起草的憲法真的獲得採納，盧梭扮演的就可以說是這樣的一個"立法者"的角色。不過，這種設想仍無法覆蓋伯倫知理所指出的由少數偉大人物通過直接行動聚合人群並創立國家的經驗。

在刨除伯倫知理／梁啟超對盧梭的種種誤解之後，我們可以看到伯倫知理／梁啟超的實質性擔憂：那些被假設處於平等地位的個體，是否有能力通過締結社會契約來建國，並在建國之後，以主權者的身份站在憲法和政府身後，實行有效的自治？盧梭的"人民主權論"成立的條件是作為主權者的"人民"從事實上的確構成一個具有自治能力、能夠在日常政治中形成共識的共同體。但這一條件，在伯倫知理／梁啟超看來是不可能的。從私人生活驟然進入政治的眾多渙散的個人根本沒有能力結合成為一個有自治能力的主權者，個人的意見很難統一，同時又很容易發生變動，實際上處於渙散狀態，這導致主權很容易被少數人竊取，造成政治悲劇："夫謂主權不在主治者而在公民全體，公民全體之意見，既終不可齊，終不可睹，是主權終無著也，而因以盜竊

---

[1] 張品興編：《梁啟超全集》，北京：北京出版社 1999 年版，第 1065 頁。

主權，此大革命之禍所由起也。公民之意向，屢遷而無定，又妄曰吾之意即全體之意也，而因以攻擊主權，此大革命之禍所由繼續也。”[1]

要進一步理解梁啟超對“人民主權”的擔憂，就不能不探討《政治學大家伯倫知理之學說》一文同時穿插的另一德國公法學家波倫哈克（Conrad Bornhak）的國家觀。波倫哈克和伯倫知理一樣，對人民能夠自發地結成一個具有自治能力的共同體表示深刻懷疑，只是波倫哈克從衝突論的角度，對這種不可能性作了更深入的闡發：“夫無論何國，其社會上、宗教上、民族上及其他種種關係，莫不錯綜分歧。此之所利，或彼之所害。利益抵觸，而必有衝突。此等衝突，即由人民本體而發生者也。以本體所發生之衝突，而還欲以本體調和之，是無異使兩造之鬥訟者，而自理曲直也。天下困難之事，孰過於此？”[2]

簡而言之，在波倫哈克看來，缺乏同質性的民眾本身就是紛爭的來源，需要一個第三方來裁決他們的紛爭。而共和制以人民為主權者，強調統治者與被統治者的同一性，就等於讓訴訟的當事人自己審判自己的案子，勢必進一步加強紛爭。這個視角同樣預設了“國家”與“社會”的區分，將“社會”視為衝突的來源，並以國家為終極仲裁者。按照波氏的看法，只有那些民眾同質性極高的小邦國才能實行真正意義上的自治。梁啟超對此表示贊同。而對美國身上表現出來的遼闊疆域與共和國體的兼容，梁啟超的解釋是，這之所以可能，是因為美國實行了聯邦制，“其

1　張品興編：《梁啟超全集》，北京：北京出版社 1999 年版，第 1075 頁。
2　同上，第 1072 頁。另參見《開明專制論》，載同上書，第 1471 頁。

根柢全在各州也"[1]——這樣來看,伯倫知理、波倫哈克與梁啟超都從經驗上認識到了民眾缺乏同一性所帶來的自治的困難,只是未對此作深入的理論闡發。[2]

梁啟超對於未經組織化的"部民"行動能力的擔憂,與其對中國的思考緊密關聯在一起:"深察祖國之大患,莫痛乎有部民資格,而無國民資格。"而要將"部民"塑造成"國民",關鍵在於打造"有機之統一與有力之秩序",至於自由平等尚在其次。在梁啟超看來,塑造中國"國民"的一大障礙在於家族制度。歐美各國個人直接隸屬於國家,而在中國則有家族橫亙於個人與國家之間,這導致即便在中國推行地方自治,也只能夠適應家族制度,以家族長老為首領,而這導致中國的地方自治就很難做到"尚賢",無法培養政治能力。反觀西方的地方自治,"市民之長尚賢,其任之也以投票選舉",因而有助於培養政治能力。

在伯倫知理看來,法國大革命所造成的政治動盪與雅各賓派專政已宣告了盧梭的"主權在民論"的失敗。但博丹(Jean Bodin)的"主權在君論"在他看來也並不可取,他認為博丹混同了國家的首長與國家整體,很容易導向專制。梁啟超認同伯倫知理的這一看法。在作於 1905 年的《開明專制論》中,梁啟超又進一步將博丹的學說視為造成"野蠻專制"的路易十六統治的

1 張品興編:《梁啟超全集》,北京:北京出版社 1999 年版,第 1073 頁。

2 完成這一工作的是卡爾·施米特——他明確指出,盧梭的民主觀假定了高度同質性的人民的存在。參見〔德〕卡爾·施米特:《當今議會制的思想史狀況》,卡爾·施米特:《政治的浪漫派》,馮克利譯,上海:上海人民出版社 2004 年版,第 165 頁。

理論根源。[1] 既然 "主權在君" 或 "主權在民" 都不合理，《政治學大家伯倫知理之學說》宣佈，主權的恰當歸屬就只有一個："國家現存及其所制定之憲法。"[2] 不過，閱讀伯倫知理原文可以發現，伯倫知理其實並不完全抵制 "國民主權" 這樣的用法，只要 "國民" 被理解為一個在現有國家形態中組織起來的、具有單一法律人格的有機體，他完全可以接受 "國民主權"。但因為 "Nation" 在德語中的意思是缺乏政治自覺的 "部民"，而 "Volk" 也容易被錯誤地理解為一堆個人的簡單加總，為了避免引起理解上的混淆，伯倫知理才採用了 "國家主權"（Staatssouveränität）這樣一個較強的表述。[3]

那麼，為什麼需要倡導君主立憲而非共和立憲呢？梁啟超概括了伯倫知理對共和國的五種優點的陳述："（一）養成國民之自覺心，使人自知其權利義務，且重名譽也。（二）使人民知人道之可貴，互相尊重其人格也。（三）以選舉良法，使秀俊之士，能各因其材以得高等之地位，而因以獎厲公民之競爭心也。（四）凡有材能者，不論貧富貴賤，皆得自致通顯，參掌政權，以致力於國家也。（五）利導人生之善性，使國民知識，可以自由發達，而幸福日增也。以故苟為國民者，能於共和所不可缺之諸德，具足圓滿，則行此政體，實足以培養愛國心，獎厲民智。馴至下等社會之眾民，其政治思想，亦日發達，以進於高尚，美哉共和！" 但與此同時，梁啟超歷數了共和制的各種弊端。他引

1　張品興編：《梁啟超全集》，北京：北京出版社 1999 年版，第 1458 頁。

2　同上，第 1075 頁。

3　Johann Kaspar Bluntschli, *The Theory of the State*, Ontario: Kitchener, 2000, p. 393.

入波倫哈克的觀點：以人民的權威難以解決人民內部的衝突，容易導致革命。換而言之，共和國是一種社會與國家分化並不充分的國體，因而人民內部的衝突容易導致國家的波動乃至顛覆。梁啟超又指出，共和國只適合小國家，大國行共和制，容易出現下層階級與上層階級的對抗，最終從民主中產生專制。即便在共和運作得最好的美國，共和治理也存在著諸多的弊病，如白人歧視有色人種，普通人嫉妒傑出人才，高尚事業不發達，由於黨派政治，政府更替頻繁，缺乏有機體的連續性；共和國用民兵作戰，不如常備軍能征善戰。但梁啟超也承認，近期帝國主義在美國的發展，已經改變了這一點。

基於以上分析，梁啟超認為人民主權理論容易導致這樣的問題："夫謂主權不在主治者而在公民全體，公民全體之意見，既終不可齊，終不可睹，是主權終無著也。"最終導致一部分人以人民的名義建立專制。而要避免這一弊端，就必須同時超越"君主主權"與"人民主權"理論，認定"主權既不獨屬君主，亦不獨屬社會，不在國家之上，亦不出國家之外。國家現存及其所制定之憲法，即主權所從出也"。這一主張，梁啟超稱之為"主權在國"。

那麼，誰是建設強有力的"國家主權"的擔綱者呢？在1905年發表在《新民叢報》2月4日的《新民說・論政治能力》（後收入《新民說》）一文中，梁啟超進一步展開"中等社會"論述，認為養成國民能力的主體，"不在強有力之當道，不在大多數之小民，而在既有思想之中等社會……國民所以無能力，則由中等社會之無能力……"[1]。"中等社會"是日本思想界與輿論界早已使用的概念，如福澤諭吉很早就主張造就"有智有財有力的中等社會"[2]。梁啟超早在 1902 年底就已經使用這一概念。[3] 他論述"中等社會"作為養成國民能力的主體地位，重要的出發點在於對下等社會權力的警覺。1905 年梁啟超《開明專制論》分析指出，共和革命的黨派"大率屬於無資產之下等社會，其所舉措，往往不利於上流。作始尤簡，將畢乃巨，其力既無所限制，自必走於極端，而遂取滅亡"。他認為古代羅馬和法國都產生了民主專制，當為今日所戒。

梁啟超的這些論述在當時的中國看來頗多新穎之處，但在十九世紀的歐洲，卻是相當主流的論述，須知歐洲維也納體系本身就是建立在鎮壓法國大革命的基礎之上，以維護君主王朝統治為目的的國際體系，對於下層社會的反抗，始終保持著警惕的態度。無獨有偶，楊度在 1907 年《金鐵主義說》中也提出"中流社會"的重要性："世界上之所謂國民，無論其在專制國家與立憲國，亦無論其在君主立憲國與民主立憲國，其社會上一切事業之原動力，常在中流社會……故欲論人民程度者，但宜據中流社會之少數者以立論，而不必及於全國多數之人民。"[4] 楊度和梁啟超一樣主張，要提高全體人民的文明程度，關鍵在於"中流社會"如何發揮自身的作用。

---

1 梁啟超：《新民說》，北京：商務印書館 2016 年版，第 71 頁。
2 〔日〕福澤諭吉：《日本國會緣起》，《福澤諭吉全集》第 12 卷，東京：岩波書店 1960 年版，第 42 頁。
3 梁啟超：《論生利分利》，《新民叢報》第 20 號，1902 年 11 月 14 日。
4 劉晴波編：《楊度集》，長沙：湖南人民出版社 1986 年版，第 335 頁。

　　梁啟超對於革命派跳過君主立憲，一步到位實現共和的主張，深不以為然。他指出，將君主立憲視為"粗惡"，將共和視為改良，前提本來就不正確。即便退一步，認為二者皆為可行之制，只是共和優於君主立憲，也並非值得推崇的學說。梁啟超在此訴諸伯倫知理的國家有機體論，將革命派的主張稱為"國家器械說"，稱其在本質上是十七八世紀的主張。梁啟超嘲笑，在"號稱文明社會之學界"宣講這一理論，恰恰表明"我文明社會之程度，抑一何可哀也！"[1]在此，梁啟超已將立憲派與革命派的論戰，上升到"文明"與"野蠻"的對峙之高度。在後續論戰中，這一論斷引起了革命派的關注，有文章批評"至是梁氏村嫗之口角盡出矣"[2]。可見以文野之別來對論辯對象進行定性，對當時輿論場的兩派而言，都具有極強的政治敏感性。

1　張品興編：《梁啟超全集》，北京：北京出版社 1999 年版，第 1475 頁。
2　辨奸：《斥〈新民叢報〉之謬妄》，《民報》第 5 號，1906 年 6 月 26 日。

二、出洋考察大臣奏摺中的 "立憲" 與 "文明"

　　在旅日精英之中，清廷的出洋考察大臣極具特殊性。清廷先後派遣了兩批官員考察日本，載澤和端方參加了第一批考察，而達壽等人參加了第二批補充考察。滿人官員的思想，在很大程度上受到當時旅日精英的主流輿論的影響。這種影響的直接渠道就是梁啟超、楊度代擬奏摺。如前所述，1906 年 1 月，熊希齡隨載澤等五大臣出洋考察，通過楊度，邀請梁啟超起草考察報告。在 1906 年 6 月至 7 月間，梁啟超為端方與戴鴻慈代擬《請定國是以安大計摺》、《請改定官制以為立憲預備摺》、《請定外交政策密摺》、《請設財政調查局摺》與《請設立中央女學院摺》五篇奏稿。[1] 楊度則撰寫了《憲政大綱應吸收各國之所長》、《實施憲政程序》兩篇報告。其結果是，出洋考察大臣的奏摺之中，出現了大量旅日立憲派中流行的話語，立憲與 "文明"、"民族帝國主義" 之間的關係，尤為密切。

　　1906 年 8 月 26 日，端方向慈禧太后進呈《請定國是以安大計摺》，此摺由梁啟超起草，因而也集中體現了梁啟超的思想，但端方接受梁啟超的草案，也表明對梁啟超諸多思想的認

1　夏曉虹：《梁啟超代擬憲政摺稿考》，陳平原編：《現代中國》（第 11 輯），北京：北京大學出版社 2008 年版，第 28 — 30 頁。

可。《請定國是以安大計摺》先陳述本次出洋，受到華人華僑熱烈歡迎，見到各國國君、官吏，"亦莫不謂中國自此以後當可實行改革，日進文明，而頌我皇太后、皇上之仁聖"。在此，端方將"日進文明"作為改革的目標。接下來，端方系統闡發了"立憲富強論"。他區分立憲政體與專制政體，稱"專制之國，任人而不任法，故其國易危；立憲之國，任法而不任人，故其國易安"。在端方／梁啟超看來，專制國之所以容易危險，是因為國家大事悉由君主裁斷，而君主只有委任官吏，才能夠完成重任。但如果官吏沒有辦好事情，民眾就會怨及君主。因為官吏中賢者本來就是少數，因此民眾怨官吏的始終會比較多，同時也會將怨氣發泄到君主身上，導致君主的危險，"君主既危，則國事愈以難治，官吏愈無忠實之心，人民愈有離散之勢"。端方所舉出的專制政體的例子，就是俄國。俄國的前任君主曾遭遇炸彈刺殺，而現任君主"實不失為中主"，然而受到人民怨恨的程度與前任君主相似。端方說："其所以至此者，亦官吏使之然，而非俄皇之咎也，且亦非官吏之咎，特專制政體之結果必如此也。何也？專制之國，任人而不任法，人之不能盡必其善者，此無待論。而欲恃此以修內政，何可得也。"[1]

端方接下來探討專制政體的對外表現，認為日俄戰爭證明專制政體不能強兵，"以俄國土地之廣，人民之眾，幾為世界之冠。而以言乎兵強，則軍事之競爭，曾不足敵一新起之日本……"，至於"富國"，俄國在經濟上與歐美列強的差距更大。

---

[1] 夏新華等編：《近代中國憲政歷程史料薈萃》，北京：中國政法大學出版社 2004 年版，第 43 頁。

端方進一步指出，俄國正在反思戰敗的原因，"方日汲汲然謀改為立憲政體，各國中將無復有專制政體之存餘"。端方指出，百年前的歐美各國與二十年前的日本都是專制政體，"與我同也"。這就將清王朝置於"專制政體"的範疇之中。各國之所以改專制而立憲，都是因為"其君與國常危而不安"，因而變"任人而不任法者"為"任法而不任人"[1]。"任法而不任人"是君主立憲與民主立憲的共同特徵，因此，關鍵不在於是君主還是民主，而在於是否立憲。而立憲與專制的區別，關鍵在於是否有憲法。奏摺主張："所謂憲法者，即一國中根本之法律。取夫組織國家之重要事件，一一具載於憲法之中，不可搖動，不易更改，其餘一切法律、命令皆不能出範圍之中。自國主以至人民皆當遵由此憲法，而不可違反。此君主立憲國與民主立憲國之所同也。其所異者，雖不一端，而君主立憲國之所以位置君主者，則其君主無責任必明載於憲法之中。"[2]立憲政體保障君主安全的方式，就是在憲法裏寫明君主無責任，那麼即便官吏有不善之政，人民也難以怪罪君主，因此君主可以處於安全的境地。而君主無責任的關鍵，是設立責任內閣，讓大臣代君主負責任，如果出現失政，可以撤換大臣。憲法同時載明君主神聖不可侵犯之權。

　　而只有君主與內政安全，國家才能夠國富兵強。端方指出："俄國以專制政體之故，故無憲法，因無憲法，故無責任內閣及議會等制度。雖有地方自治之制，實亦甚不完全。以內政之不

1　夏新華等編：《近代中國憲政歷程史料薈萃》，北京：中國政法大學出版社 2004 年版，第 43—44 頁。

2　同上，第 44 頁。

修，故為日本所勝。而日本則為君主立憲政體，與俄相反，故能敗俄。此立憲與否之原因，即為兵強國富與否之原因，可以確見而無容疑義者也。"[1] 日俄戰爭證明了專制政體不敵立憲政體。這一點也特別反映代筆者梁啟超的觀點。如前所述，梁啟超早在 1900 年的《立憲法議》中即認俄國為列強之中唯一一個專制政體，朝廷與民眾離心離德，君主與官吏受到民眾嫉恨，處於不安全的境地。而楊度也在 1907 年的《金鐵主義說》中指出，當今世界最野蠻之國首推俄國，俄國看似居於優勝地位，但在日俄戰爭中一敗塗地，原因在於"彼之國內組織不文明，宗教上、政治上、種族上階級至多，人無平等自由之樂，其治內力既如此之弱，其對外力絕不能強者，此自然之理也"[2]。

　　《請定國是以安大計摺》進而比較中國與俄國，認為中國的各種失敗，與俄國的失敗具有同樣的政體根源。端方進而提出一個思想實驗：假如西方各國與日本仍然實行專制政體，那麼如果僅僅以土地和人口作為國力的衡量尺度，世界上最強的國家應該就是俄國與中國，即便東西洋各國合力對付中國，中國也仍然能夠相匹敵。端方以此推出，正是因為列強實現了政體的變革，因而提升了社會的組織力，進而實現了國富兵強，從而對中國構成了顯著的優勢。

　　那麼，如果國家無法做到國富兵強，是否可以"各自立國，兩不相妨"呢？《請定國是以安大計摺》對這種"閉關鎖國"的

1　夏新華等編：《近代中國憲政歷程史料薈萃》，北京：中國政法大學出版社 2004 年版，第 46 頁。
2　劉晴波編：《楊度集》，長沙：湖南人民出版社 1986 年版，第 220 頁。

方案給出了否定的答案。端方指出："凡此世界之上，無論何洲何國，苟有內政不修，國貧兵弱者，即為彼等投資本、殖人民、擴勢力、爭國土之地，西人謂此為 '帝國主義'。帝國主義者，即霸國主義，攘奪人之所有，以為己有者也。百年以來，歐洲各國之勢力既皆以此主義而漲出於外，若美洲，若澳洲，若非洲，幾於無一尺寸之地，而非列強之所有。五洲之中，已有其四。" 在亞洲，安南、朝鮮等國，"本皆吾之屬國，彼雖內政不修，國貧兵弱，然與列強固無惡也，而法蘭西、日本竟取之以為己有矣。其所以如此者，亦由其國力膨脹，迫於不得不然，與其以此責法與日之橫強，不如責安南、朝鮮之自取滅亡也"。此論具有很強的社會達爾文主義色彩，將帝國主義擴張視為自然之物，不譴責法國、日本殖民安南、朝鮮，反要求安南、朝鮮等受害者自我反思。這恰好反映了代筆者梁啟超的視角——在作於 1900 年的《立憲法議》中，梁啟超曾主張印度、安南諸國 "君民皆不知立憲之美，舉國昏蒙，百政廢弛，遂為他族夷而滅之"，這更是明確地將滅國的責任歸之於弱國本身 [1]，反映了 "物競天擇，優勝劣敗" 的社會達爾文主義信念。

　　端方進一步論述，針對中國，列強割台灣，租借膠州灣、廣州灣、威海衛、旅順口等，把持海關稅務等等，"凡此者，皆他人以國富兵強，勢力膨脹於外，對於他國不能不競爭此種權利，以擴張其國力。所謂霸國主義之結果，固如此也"。這一分析集中體現了代筆人梁啟超將 "民族帝國主義" 視為 "民族主義" 自

1　張品興編：《梁啟超全集》，北京：北京出版社 1999 年版，第 407 頁。

然發展之結果的判斷。在"民族帝國主義"壓力之下,"貧弱之國立於今世,即欲不與人爭,而但求自守,亦不可得。不能自存,即將就亡;不能奪人,即將為人所奪。斷無苟且偷安而可圖生存者"。而中國正是列強"商戰"與"兵戰"的關鍵空間,"苟內政不修,專制政體不改,立憲政體不成,則富強之效將永無所望"。商戰依靠民智,兵戰依靠民力,如果持續實行專制政體,那麼就會南轅北轍。端方認為,要富國強兵,除了採用立憲政體,別無他途。而要推進立憲,又需要經過若干年的預備,培養全國上下奉行憲法的能力。而日本提供了一個成功的範例。端方指出,日本立憲的預備時期,包括了自明治元年"以五事誓於國中"到明治二十三年的時段,其做法值得清廷參考:"我皇太后、皇上如欲使中國列入於世界各文明國,而採其立憲之政體,則日本所行預定立憲之年,而先下定國是之詔,使官吏、人民預為之備者,乃至良甚美之方法,可以採而仿行之者也。"[1]而在預備時期,端方參考日本經驗,建議推進六個方面的改革:

1."舉國臣民立於同等法制之下,以破除一切畛域",即推進民族平等。

2."國事採決於公論",即設中央議會與地方議會。

3."集中外之所長,以謀國家與人民之安全發達"。

4."明宮府之體制",區分皇室與政府,二者經費分開。

1　夏新華等編:《近代中國憲政歷程史料薈萃》,北京:中國政法大學出版社 2004 年版,第 48 頁。

5. “定中央與地方之權限”，央地分權，地方自治。

6. “公佈國用及諸政務”，尤其是建立預算決算制度。

第三個方面“集中外之所長”，同樣參考了日本的經驗。日本維新之初，歐化主義流行，造成很多亂象，因而有國粹保存論的出現，作為平衡。端方指出中國“固有之文明實已深厚博大，於世界本有甚高之價值”，“而況我之文明本所自有，非日本得於他人之比，於此而輕棄之，尤為不祥矣”。

端方建議就上述六個方面降旨，以十五至二十年為預備期，頒佈憲法，召開國會，全面推行立憲制度。之所以要定這麼長的預備期，是因為“中國數千年來無憲制之習慣，且地方遼闊，交通不便，文化普及非可驟幾”，在此期間需要推進改官制、定法律、設獨立裁判所、與地方自治、調查戶口、整理財政、改革幣制、分劃選舉區域及徵兵區域等事務，如果操之過急，預備不周，到時候憲法不能實行，“反為阻文明之進步矣”。在正式立憲之前，預備立憲的論旨效力等於憲法，“令舉國臣民皆為立憲之預備，庶幾國是既定，人心大安，自此以往一二十年後，中國轉危而為安，轉弱而為強，亦能奮然崛起，為世界第一等國，則舉國臣民其沐我皇太后、皇上之福者，將亙億萬年而無窮矣”[1]。

而在預備立憲期，清朝的君權與官制將是何種形態呢？在進呈《請定國是以安大計摺》之前，端方與戴鴻慈就已經聯名進呈了梁啟超代擬的《奏請改定全國官制以為立憲預備摺》，其中對

1　夏新華等編：《近代中國憲政歷程史料薈萃》，北京：中國政法大學出版社 2004 年版，第 50—51 頁。

中央官制作了這樣的設計："以軍機處歸併內閣,而置總理大臣一人兼充大學士,為其首長,以平章內外政事,任國政責成。置左右副大臣各一人,兼充協辦大學士,為其輔佐,以協同平章政事,共任國政責成。其原有之大學士,則仍帶各殿閣之名銜,簡為樞密院顧問大臣,以示優崇之意。而令各部尚書皆列於閣臣。此三大臣者,常與各部尚書入閣會議,以圖政事之統一,會議既決,奏請聖裁。及其施行,仍由總理大臣、左右大臣及該部尚書副署,使職權既專而無所掣肘,責任負重而無所諉卸,如此則行政之大本立矣。"[1]按照這個方案,內閣大臣來自軍機處和各部尚書,仍由君主任命。奏摺還建議把都察院改為集議院,作為預備議會,擁有建議權而非立法權。因此,此內閣實際上是對君主負責,而非對議會負責。

　　梁啟超為端方與戴鴻慈代擬的《奏請改定全國官制以為立憲預備摺》,在很大程度上反映了他的"開明專制"主張。梁啟超作於1905年的《開明專制論》主張,應當以"開明專制"為"立憲之預備"。在1906年致蔣觀雲的信中,梁啟超更明確地主張:"弟所謂開明專制,……謂立憲過渡民選議院未成立之時代云爾。"[2]在這一時期,雖然有責任內閣代君主承擔責任,但君主本身仍掌握大權,政治整合仍主要通過君權及其領導的行政體系來完成。當"預備立憲"階段結束之後,又將實現何種制度呢?《請

1　戴鴻慈、端方:《出使各國考察政治大臣戴鴻慈等奏請改定全國官制以為立憲預備摺》,《清末籌備立憲檔案史料》(上冊),第367—369頁。
2　丁文江、趙豐田編:《梁啟超年譜長編》,上海:上海人民出版社1983年版,第366頁。

定國是以安大計摺》的設想，是閣臣"皆代君主而對於人民負其責任也"，而人民又由議會來代表。[1] 這一模式其實更像是英式君憲模式，而非日式或德式君憲模式。[2] 但毫無疑問的是，在"預備立憲"或"開明專制"的階段，政權組織模式更接近日本或德國模式。

　　不過，在當時的輿論界，還存在更為顯白的搶在"立憲"之前將"專制"的力量用足的主張。1905 年 5 月《東方雜誌》發表《利用中國之政教論》，該文認為近來"歐美文明，遞相輸灌"，中國輿論界產生了共和與君憲兩種主張，但均不如先以專制之力破除改革障礙，推行義務教育、官制改革、推進工礦業建設等改革，"其不適於生存者，一以專制之力劃絕之，其有合於強國者，一以專制之力提倡之"[3]。這依然是以進化論的話語，陳述"開明專制"的主張。

　　值得深入分析的第二個奏摺是達壽於 1908 年 8 月進呈的《考察憲政大臣達壽奏考察日本憲政情況摺》。此摺以達壽一行八人從 1907 年 11 月開始的對日本的補充考察為基礎，穗積八束、清水澄、有賀長雄為考察團授課。在講課中，穗積八束進一步闡

1　夏新華等編：《近代中國憲政歷程史料薈萃》，北京：中國政法大學出版社 2004 年版，第 45 頁。

2　在 1911 年辛亥革命爆發之前所作的《責任內閣釋義》一文中，梁啟超曾撰文討論責任內閣的組織原則，並特別探討了責任內閣的負責對象。在他看來，內閣真正的負責對象是國家，而非君主或國會。國家是一個法人，而君主與國會都不過是國家的機關而已。張品興編：《梁啟超全集》，北京：北京出版社 1999 年版，第2426 頁。如此，即便是英國以議會─政黨為基礎的政治整合模式，也是"主權在國"的一種模式。

3　穀生：《利用中國之政教論》，《東方雜誌》第 2 年第 4 期，1905 年 5 月 28 日。

發了其"國體論",並獲得了達壽等人的贊同。此摺並非由梁啟超代擬,但其中同樣出現了梁啟超在世紀初引入輿論界的一系列思想。

《考察憲政大臣達壽奏考察日本憲政情況摺》首先區分了"政體"與"國體",前者分為君主或民主,後者分為立憲和專制:"國體根於歷史以為斷,不因政體之變革而相妨。政體視乎時勢以轉移,非如國體之固定而難改。"達壽強調日本與中國都是君主國體,只要國體穩定,政體的變動並不會帶來大權的旁落。"世或以政體之變更,而憂國體之搖撼,於是視立憲為君權下移之漸,疑國會為民權上逼之階,猶豫狐疑,色同談虎,此皆大誤者也。"[1]以穗積八束的"國體論"為基礎,達壽試圖打消清廷決策者關於政體的變革會帶來國體的顛覆的疑慮。

接下來,達壽考察了歐洲憲法的淵源,將其歸納為兩個方面,第一是歷史之沿革,在這一部分回顧了英、法、德等國的立憲史;第二是學說之闡明,奏摺在此回顧了十八世紀的歐洲新學,尤其是孟德斯鳩與盧梭的學說。接下來是對日本立憲的考察,從明治維新的發生,到天皇派遣大臣出洋考察,再到預備立憲,最後頒佈憲法和開國會。達壽總結:"蓋自伊藤博文等考察憲政歸朝以來,相距不及七年耳。於是一戰而勝,再戰而勝,名譽隆於全球,位次躋於頭等,非小國能戰勝於大國,實立憲能戰勝於專制也。"[2]

---

1 夏新華等編:《近代中國憲政歷程史料薈萃》,北京:中國政法大學出版社 2004 年版,第 56 頁。

2 同上,第 58 頁。

　　達壽以日本為例，闡明"立憲可以固國體"這一主張。而他更深入的理論闡述，是通過引入"民族帝國主義"的視野而展開的。達壽指出："今天下一國際競爭之天下也。國際競爭者，非甲國之君與乙國之君競爭，實甲國之民與乙國之民競爭也。故凡欲立國於現世界之上者，非先厚其國民之競爭力不可。"國民的競爭力又分為"戰鬥之競爭力"、"財富之競爭力"、"文化之競爭力"三方面。第一種競爭力體現為軍國主義，第二種競爭力體現在殖民政策、勢力範圍、門戶開放、關稅同盟等方面，第三種競爭力體現為宗教、語言與風俗習慣的對外傳播。達壽指出："大抵欲行帝國主義者，咸以財富、文化為先鋒，而以戰鬥為後盾。"而立憲的意義是什麼呢？達壽明確地認為："立憲政體者，所以厚國民之競爭力，使國家能進而行帝國主義者也。"[1]在此，"帝國主義"被作為一個正面的詞彙來討論。而 1906 年載澤向慈禧進呈的《籲請立憲摺》更是直接將"立憲"與"帝國主義"連接起來，稱"明治變法，採用立憲帝國主義，行之三十年而治定功成，蔚為強國矣"[2]。

　　而立憲國家如何才能增強國民的競爭力呢？達壽列出了若干機制，一是在軍事方面，臣民以納稅、當兵的義務來交換參政的權利，"君主得彼之二義務，則權利可以發展，國家得此一權

1　夏新華等編：《近代中國憲政歷程史料薈萃》，北京：中國政法大學出版社 2004 年版，第 58 頁。

2　載澤：《籲請立憲摺》，胡繩武主編：《清末立憲運動史料叢刊·清廷的仿行立憲》（第一卷），太原：山西人民出版社 2020 年版，第 26 頁。

利，則國家思想可以養成"[1]。在達壽看來，君主頒佈憲法，保障臣民權利，臣民又以國會來協贊君主的立法，並監督國家財政，在戰爭之時就可以做到君臣上下一心。二是在財富方面，君主平時"藉國力以獎勵其殖民，保護其貿易"，戰時則以國家信用發行國債，人民以其財產來支持國家的緊急需要，財富方面就會比較充裕；在教育方面，鼓勵地方以財力支持教育，中央進行監督和獎勵，義務教育推廣之後，就可以發揮文學、宗教、道德、風俗、言論各方面作用，"聖學逐漸以昌明，異端無庸於置喙"，傳播到全國、藩服、本洲乃至"四海"。

達壽指出，不立憲，則無法在戰鬥、財富、文化三方面推進"帝國主義"的建設，根本原因在於："不立憲，則其國家之機關不完，其在上也，不能謀國民之發達，而下之國民，亦因被上之拘束，不能自謀其發達。夫國民之不能發達，則其競爭力不厚，競爭力不厚，則不足以立於國際競爭之場，而於此獨謂能行其國家主義者，此地球之上未曾有也。"[2]達壽舉例稱，奧地利因為長期以專制立國，所以先敗於意大利，再敗於普魯士；俄國因為長期行專制，所以敗於日本；普魯士打敗奧地利與法國，俾斯麥的做法則是迅速頒佈德意志帝國憲法，可見對立憲的重視。而對於日本的案例，達壽認為，日本明治維新成功地實現了中央集權，如果沒有國際競爭，也不會有立憲的動力，正是因為日本精英目光長遠，及時立憲，所以不必重蹈歐洲各國流血革命的覆轍。達

1 夏新華等編：《近代中國憲政歷程史料薈萃》，北京：中國政法大學出版社 2004 年版，第 59 頁。

2 同上。

壽指出，日本立憲二十年，東亞國際秩序已經處於高度緊張之中，如果中國現在立憲，到二十年之後，國際局勢或許比日本當下面臨的更為緊張。因此，立憲宜早不宜遲。

接下來，達壽進入到具體的立憲細節討論。其基本的方向，是以日本明治憲法作為範本，參考其他國家的一些具體規定。但其關注點，在於如何鞏固皇權：“非欽定憲法，無以固國本而安皇室，亦無以存國體而鞏主權。大權政治，不可不仿行，皇室典章，不可不並重。”[1] 與端方《請定國是以安大計摺》中的方案相比，達壽方案並無經過德日式立憲方案過渡最終抵達英式方案的漸進設計。日式方案不僅是過渡時期的參考對象，更是正式立憲時期的典範。

在《考察憲政大臣達壽奏考察日本憲政情況摺》中，“文明”的概念並不突出，“帝國主義”的概念居於核心地位。在當時的歷史語境之下，二者之間即便不是畫等號，也存在本質性的關聯：既然居於“文明”地位的國家基本上都是對外擴張的殖民帝國，成為“文明國家”也就意味著通過改善自我組織，形成對外擴張的能力；立憲被視為關鍵的中介環節，被寄予富國強兵的厚望。而載澤在 1906 年進呈的《鎮國公載奏請宣佈立憲密摺》中如此陳述立憲的預期效果：“今日外人之侮我，雖由我國勢之弱，亦由我政體之殊，故謂為專制，謂為半開化，而不以同等之國相待。一旦改行憲政，則鄙我者轉而敬我，將變其侵略之政策為和平之邦交。”載澤呼籲：“非行憲法不足以靖人心，非重君

1　夏新華等編：《近代中國憲政歷程史料薈萃》，北京：中國政法大學出版社 2004 年版，第 66 頁。

權不足以一眾志。"[1]

　　不僅滿人出洋考察大臣表現出了對當時留日立憲派的主流話語的吸納，留日滿人學生也是如此。旗人宗室留日學生烏澤聲在《大同報》上發表的《論開國會之利》中指出："夫處於今日物競天擇、優勝劣敗之世界，不有內政治安之原因，絕不能收外部優勝之結果。變詞言之，不有民權發達之原因，絕不能收國權擴張之結果，是亦天演之公例，而莫能逃者。"[2]在"天演"的視野中，立憲具有提升國際地位的意義："使今日開國會以改造責任政府乎，則中國匪特不亡，與列強相逞，雄飛世界，又易如反掌矣。"[3]當時中國在國際體系的弱勢地位，對漢、滿精英造成的共通的心理壓力，由此可見一斑。

1　載澤：《鎮國公載奏請宣佈立憲密摺》，胡繩武主編：《清末立憲運動史料叢刊‧清廷的仿行立憲》（第一卷），太原：山西人民出版社 2020 年版，第 29 頁。
2　烏澤聲：《論開國會之利》，《大同報》第 4 號，1907 年 11 月 10 日。
3　烏澤聲：《論開國會之利》，《大同報》第 2 號，1907 年 8 月 3 日。

三、立憲、革命與文明：革命派的論述

　　1906 年 6 月，汪精衛從日本法政大學速成科畢業，成績在 260 名學生中名列第二。兩年之前，與他政見對立的楊度曾經同樣在法政大學速成科學習。汪精衛在課上認真學習了日本專家講述的日本明治制憲的經驗，而這成為他與立憲派論戰的重要知識基礎。1906 年 1 月 27—28 日，載澤、尚其亨、李盛鐸等清廷大臣在東京芝離宮聆聽穗積八束、伊藤博文講演日本立憲經驗，引起旅日精英的廣泛關注。在 4 月—6 月，汪精衛在《民報》上發表《希望滿洲立憲者盍聽諸》，論證清廷立憲是不可能成功、也不值得期待的事業。[1] 與立憲派對日本明治憲法的推崇不同，汪精衛的論述中出現了對明治憲法的尖銳批評。

　　汪精衛提出，伊藤博文對於載澤等人的演講聚焦於日本的君權，伊藤博文介紹了日本憲法中十七條關於君主大權的規定，向載澤等指出："貴國為君主國，以上所論種種大權，將來施行憲法之時，必須歸之君主，而不可旁落者也。" 汪精衛將日本君權

1　精衛：《希望滿洲立憲者盍聽諸》，《民報》1906 年第 3 號、第 5 號（1906 年 4 月 5 日，6 月 26 日），胡繩武主編：《清末立憲運動史料叢刊‧立憲派與革命派的論戰》，太原：山西人民出版社 2020 年版，第 114—141 頁。

與其他國家總統或君主相較，認為"蓋無若其重者"。[1]

汪精衛首先對日本天皇的權力與美國、法國等共和國的總統權力做了比較：君主出於世襲，總統出於選舉，這是第一個差異。其次，美國總統僅有對法案的否決權，不能召集和解散議會。法國總統可召集議會，但議會也每年定期自行集會。而日本天皇有召集和解散議會的大權，議會不能自行召集。與英國君主和普魯士君主比較，日本天皇的權力也更勝一籌：英國法律以國會名義發佈，而普魯士君主所發佈的命令只能執行法律，必須有法律依據；相比之下，日本天皇可獨立發佈命令，決定預算，制定憲法修正案，等等。汪精衛認為，明治憲法缺乏對君權的限制，人民自由被視為政府的賜予，這些都是其深刻的局限性。

汪精衛特別強調，伊藤博文告知載澤"民主國以平等為主義，大統領退職之後，與平民無異。君主之國，必有幾種階級，以表異於齊民，故爵位、勳章、其他封典之授與，其權必操諸君主"，其依據是日本憲法第十五條對爵位、勳章、榮典等的規定。與此同時，《日本憲法》第十九條規定"國民皆平等"，但是還存在皇族、華族，所以並不能說日本無階級。汪精衛指出，如果清廷效法日本的做法，將等級制寫入憲法，那麼滿人將是貴族，蒙古、漢軍在其次，而他的立憲派論敵根本不可能獲得想要的平等。汪精衛對立憲派擁戴滿人君主進行了嘲諷："且日本天皇萬世一系，民之戴之，猶可自解，公等宗祖不武，為外族所制服，二百六十年於茲，今乃謀永久推戴，以醺然冀少餞其餘，吾

---

[1] 胡繩武主編：《清末立憲運動史料叢刊·立憲派與革命派的論戰》，太原：山西人民出版社 2020 年版，第 116 頁。

實為公等羞之。"[1]

　　汪精衛從伊藤博文對日本憲法的介紹入手，對日本憲法本身進行了批評："……日本君權之重，幾同專制，所異者，專制時代，其宰制純乎自由，有憲法後，則當據憲法而活動耳。"[2]而根據這樣的憲法，立憲派根本不可能達到自己的立憲目的。汪精衛認為，"憲法之制定率由於人民之力"。民權與君權的角力，產生了不同類型的憲法："其民權銳進而君權萎縮以至於盡者，佛蘭西也；其民權銳進，君權銳退，遂以相安，於是民權之區域長而君權之區域蹙者，英吉利也；其民權銳進，而君權力禦之，卒乃稍示讓步，以求相安，於是君權之區域長，而民權之區域蹙者，普魯士、日本也。"君權不會平白無故地限制自己，因而不應該期待君主自己良心發現，只有張民權，才能限君權："是故聞因有民權而有憲法者矣，未聞因有憲法而有民權者也。何也？以民權能製造憲法，憲法不能產出民權也。"[3]

　　而"無民權而有憲法者"的例子，在汪精衛看來，主要是土耳其："彼慕文明之名而工牢籠之術，故樂於為此，然國法學者、政治學者咸曰：土耳其特有憲法之條文耳，仍不失為專制政體。"[4]在此汪精衛評論的是奧斯曼帝國的 1876 年立憲，這一憲法很快被土耳其蘇丹束之高閣。汪精衛追問，滿洲之立憲，究竟是類似於英國、普魯士、日本，還是與土耳其相似？他尖刻地

1　胡繩武主編：《清末立憲運動史料叢刊·立憲派與革命派的論戰》，太原：山西人民出版社 2020 年版，第 117 頁。

2　同上，第 116 頁。

3　同上，第 121 頁。

4　同上。

指出，立憲派希望清廷立憲，實際上類似於埃及人希望土耳其立憲。埃及人與土耳其人屬於不同的民族，而漢人與滿人也屬於不同的民族。英人、法人、普人、日本人爭取民權的前提是，他們與自己的君主屬於同一個民族。但土耳其的立憲和滿洲立憲，則屬於不同的類型。

汪精衛指出，羅馬帝國瓦解後，民族主義代世界主義而興，英法兩國都大力推進民族主義事業，驅除或同化"糅雜之民族"，進而從民族主義轉變為民族帝國主義："民族主義所以固其本族者也，民族帝國主義則由本族既固，乃廣收他族，以求膨脹。"英、德、法等廣泛開拓殖民地，吸收異種，實為在國界之外兼容並包，而非在一國之內不同族群爭奪主導權。汪精衛提出，"我中國實行民族主義之後，終有實行民族帝國主義之一日"[1]。意即，當與列強並駕齊驅，對外拓殖。但在當下，中國未能解決民族主義的問題，就難以立憲。

在對"民族"與"國民"的認識上，汪精衛與梁啟超一樣，都受到伯倫知理的影響。[2]但汪精衛在其他文章中對伯倫知理有所批評，認為後者較少談起各民族混合居於一國之內的危害，批評其在這方面"陳義甚疏，他日當取他家之學說以補正之"[3]。在《希望滿洲立憲者盍聽諸》一文中，汪精衛確實找到了順手的"他家之學說"。他引用了東京帝國大學法學教授、法政大學速成科授

---

1 胡繩武主編：《清末立憲運動史料叢刊·立憲派與革命派的論戰》，太原：山西人民出版社 2020 年版，第 123 頁。

2 先行研究，參見孫宏雲：《汪精衛、梁啟超"革命"論戰的政治學背景》，《歷史研究》2004 年第 5 期。

3 汪精衛：《研究民族與政治關係之資料》，《民報》第 13 號（1907 年 5 月）。

課教師小野冢喜平次的論述，來探討多民族國家治理的困難：
"一國家由一民族而成，則國家之利害與民族之利害，常保一致，而無虞其相背；一國家由二種以上之民族而成者，欲其國家之利害，與各民族之利害能相一致，不可得矣。於此之際，若其各民族其自覺之度高且勢力之差異少，而利害互不一致，則吾民族必先以本族之觀察點而判斷政治，而以國家全部之利害，置於第二位，此傾向固不可免也，而所謂國家之行動，亦不能平等以視各民族，此亦不可免之傾向也。何則？國權之掌握者，亦屬於國內之一種民族，其不能超然於民族的見解之上固也。"[1]

　　小野冢喜平次於 1897 年受日本文部省之命前往德法兩國留學，1901 回國任教於東京帝國大學法科，成為日本政治學史上首位擔任政治學專任教授的本國人，並因為給法政大學速成科的中國留學生授課，在當時的留日學生中產生了巨大的影響[2]，他討論的奧匈帝國案例，也成為留日學生辯論時經常參考的案例。[3]小野冢喜平次根據歐洲的民族國家經驗，認定一個國家必須只能由一個民族構成，否則就會出現國家與民族利益之間的分裂。從這一原理出發，汪精衛認為，奧地利憲法雖然規定臣民在法律上的平等，但在現實中淪為一紙空文："試觀奧國，非無政黨，而多以民族之名為政黨之名，如所謂獨逸國民派、伊太利派、波蘭

1　胡繩武主編：《清末立憲運動史料叢刊・立憲派與革命派的論戰》，太原：山西人民出版社 2020 年版，第 125 頁。

2　孫宏雲：《小野冢喜平次與中國現代政治學的形成》，《歷史研究》2009 年第 4 期。

3　精衛：《希望滿洲立憲者盍聽諸》，《民報》1906 年第 3 號、第 5 號（1906 年 4 月 5 日，6 月 26 日），胡繩武主編：《清末立憲運動史料叢刊・立憲派與革命派的論戰》，太原：山西人民出版社 2020 年版，第 125 頁。

土派等是已；非無國會，然不過為民族軋轢之反影；非無政府，而國中甲民族引以為友，乙民族引以為仇，乃至地方議會，亦成民族交訌之戰場；非無帝國憲法，而人民已不以國家為共同之目的，乃以民族為共同之目的。彼謂立憲足以融化種界者，迷信一紙之空文，而不根諸事實，曾亦思奧國自一千八百六十七年以來久已享有立憲政體之徽號乎？"[1]汪精衛認為，奧地利國會被德意志人、意大利人、波蘭人等族群的政黨所撕裂，甚至地方議會也成為民族衝突的戰場，通過立憲來融合族群，只不過是良好的願望而已。

汪精衛又引用了美國學者羅威爾（A. Lawrence Lowell）的 *Governments and Parties in Continental Europe*（1896）一書，該書以奧地利為例，探討多民族國家面臨的結構性困境。奧地利雖為立憲國家，但其內部民族眾多，眾多黨派以民族為界，缺乏共同的認同："奧太利非所謂立憲君主國耶而因民族軋轢之故，立憲政治已成痿痹。"汪精衛進一步解釋："一國之中，人民各顧其本族而不顧國家，水火交訌，日無寧晷，竭種種政策，以謀解決，無一不歸於失敗。"而他推崇的羅威爾探討了兩種解決方案："其一，創設中央集權之政府，獨逸人專擅權力，宰制一切，壓制他族，不使復伸，然獨逸人之內部，時復潰裂，安有成功之希望；其二，則分裂帝國，而諸種族組成聯邦。雖然，欲實行此方法，無異五六兒號泣喧騰以爭徑寸之餌也。"[2]德意志人集

---

1 胡繩武主編：《清末立憲運動史料叢刊·立憲派與革命派的論戰》，太原：山西人民出版社 2020 年版，第 125 頁。
2 同上，第 126 頁。

權難以避免德意志人內部的分裂，而各族群組建聯邦，仍然無法解決各族群之間的爭奪。汪精衛由此得出結論："民族不同，同為國民者，國家之利害與各民族之利害相反，故各顧本族而不顧國家。至其解決之方法，一則互不相下，而至於分裂；二則一民族專攬權力，而以壓制他族為治。夫如是之國家，而欲其政治現象得以改良發達，能乎不能？故吾敢斷然曰：種族問題未解決，則政治問題必無由解決也。"[1]

　　汪精衛並非最早徵引奧匈帝國以反對多民族國家的論者。朱執信在 1905 年 11 月出版的《民報》第 1 號中即將中國的滿漢關係類比為奧地利與匈牙利的關係。[2] 但值得一提的是，即便在立憲派方面，奧匈帝國也是一個負面例子，康有為在其 1906 年所作的《日耳曼沿革考》中尖銳地指出，奧匈帝國之所以落後，核心原因恰恰在於其內部整合程度太低，有 14 種語言、10 種文字，語言文字不通大大增加了國家的運作成本。在軍隊裏面，官與兵、兵與兵之間經常無法溝通，導致戰鬥力低下。[3] 康有為 1908 年《補奧遊記》進一步批評了奧匈帝國的議會政治："其在議院也，十四州各自為政黨，各日月傾軋爭政權。於是奧政府無能數月者，於是奧政治無一能舉者，於是坐視其強鄰故藩之德日新月盛而已，則袖手待亡。"[4]

1　胡繩武主編：《清末立憲運動史料叢刊·立憲派與革命派的論戰》，太原：山西人民出版社 2020 年版，第 126 頁。

2　蟄伸（朱執信）：《論滿洲雖欲立憲而不能》，《民報》第 1 號，1905 年 11 月 26 日。

3　康有為：《日耳曼沿革考》，姜義華、張榮華編校：《康有為全集》（第八集），北京：中國人民大學出版社 2007 年版，第 257 頁。

4　康有為：《補奧遊記》，姜義華、張榮華編校：《康有為全集》（第八集），北京：中國人民大學出版社 2007 年版，第 384 頁。

　　1904 年在日本法政大學速成科學習的楊度，和汪精衛一樣，都聽了小野塚喜平次的課。楊度在其 1907 年的《金鐵主義說》中同樣將奧地利視為負面案例，但從中得出的政策主張是儘快推動五族的融合。[1] 梁啟超在 1905 年《開明專制論》中也引用了汪精衛所引用的小野塚喜平次，證明奧匈帝國的立憲政治存在極大問題，但梁啟超從中得出了與汪精衛不同的結論："種族繁多之國，宜久用開明專制。否則各種族將自急其利害，而緩國家之利害，不能得正當之國民公意，徒生紛擾，甚乃致分裂也。此等國家，必先融化種族，乃可弛專制。"[2] 梁啟超主張需要有一個過渡時期來解決民族問題，而這恰恰證明了"預備立憲"的必要性。而清廷大員端方在 1907 年上奏清廷，不僅舉了奧匈帝國的例子，甚至還認為俄國"種族最多，人無固志"，這是俄國在日俄戰爭中落敗的重要原因，現在俄國開議會，其議會之紛亂，相比於奧地利或將有過之而無不及。端方從中得出的結論是要儘快解決旗人與漢人的差異問題，並提出了具體的解決方案。[3]

　　回到《希望滿洲立憲者盍聽諸》。汪精衛認為期待清廷立憲，是貪慕"文明"的虛名，其必然結果是將漢人的被征服地位固化："下以虛求，上以虛應，一紙之空文，彼滿洲人何所吝而不與，於彼實權無所損，而徒使我國民醉文明之虛名，忘噬臍

1　劉晴波編：《楊度集》，長沙：湖南人民出版社 1986 年版，第 304—305 頁，第370 頁。

2　張品興編：《梁啟超全集》，北京：北京出版社 1999 年版，第 1464—1466 頁。

3　端方：《兩江總督端方奏均滿漢以策治安擬辦法四條摺》，胡繩武主編：《清末立憲運動史料叢刊·清廷的預備仿行立憲》（第一卷），太原：山西人民出版社 2020 年版，第 191—193 頁。

之實禍。此吾所以謂從此滿族遂永立於征服者之地位，我民族遂永立於被征服者之地位者也。" 清廷當下要推進的立憲，也無非是 "今者秉大權以定憲法，假立憲之名，行專制之實"，而且 "今則居然為立憲君主國，襲文明之徽號，外以誇示於鄰國，內以鼓舞其民心，皥皥熙熙，歌頌太平，漢人之心，由是而死，滿人之策，由是而售，排漢之政策，假大權之命令以出之，名正言順"[1]。短短幾句話中，作為虛榮之符號的 "文明" 出現了兩次，可見在汪精衛看來，立憲派將君主立憲與 "文明" 綁定的策略，恰是值得猛烈攻擊的目標。

汪精衛論述的前提假設，是滿漢利益相互牴牾。在其之前寫作的《民族的國民》中，汪精衛曾對此展開系統分析。汪精衛認為滿人長期把持政治特權，絕不願拿出來與漢人分享。入關之後，滿人已經逐漸喪失自身獨特的社會文化，只剩下政治特權來維持自己的地位："社會上之文化已無復存，政治上之勢力又復失墜，尚欲以蕞爾之醜類，塊然自存，能不隨紅夷黑蠻以俱盡耶。" 在此，汪精衛顯然運用了十九世紀白人殖民者歧視有色人種的 "文明等級論"，將滿人與白人殖民者眼中的所謂野蠻民族等量齊觀。汪精衛認為，讓滿人與漢人居於同等地位，進行自由競爭，對他們來說不啻為生計上的自殺："然彼滿人由森林之生活而享政治之生活已數百年，其腦海中可謂無一毫之商智，其習慣中可謂無一毫之商才，於此而欲與漢人爭工商業上之生活，猶

1　胡繩武主編：《清末立憲運動史料叢刊・立憲派與革命派的論戰》，太原：山西人民出版社 2020 年版，第 128 頁。

稚子與壯夫競也。"[1] 1905 年末朱執信發表的《論滿洲雖欲立憲而不能》也認為漢人在政治能力上優於滿人，如不排滿，"則其政治能力，亦固無所伸張也耶"；如與後者共同立憲，"適以自累也"。[2] 朱執信與汪精衛的分析，背後即為當時流行的"物競天擇"、"優勝劣敗"話語，其暗含的判斷是，中國在全球文明等級中的地位，受到政治能力落後的統治族群的拖累。

通過這樣的結構性分析，汪精衛認為滿人保全中國的目的只是為了保全自身，但如果保全中國會導致其自身的毀滅，那就寧可將中國贈予外族："滿洲人非不畏中國之亡，蓋中國若亡，則彼族亦無立足地故也，然彼因欲保彼族，故欲保中國，設因保中國之故而至於滅其本族，則彼寧舉中國以贈朋友耳。"[3] 由此推斷，立憲派的主張是緣木求魚，讓滿人行真正的立憲，實現真正的平等，那類似於一種慢性自殺，是滿人萬萬不可能接受的。

在後續的論戰之中，汪精衛不斷論證單一民族國家的優越性。在 1906 年 5 月 1 日發表的《駁〈新民叢報〉最近之非革命論》中，汪精衛進一步陳述自己主張的原理："以一民族而成一國家，其民族之觀念與國家之觀念能相融洽，故於政治之運用無所窒礙。使以數民族成一國家，則當察其能相安同化與否。果其相安同化，則亦能式好無尤。如其否也，則各民族位置不同等，勢力不均，利害相反，各顧本族而不顧國家，如是，則惟一民

---

1 胡繩武主編：《清末立憲運動史料叢刊·立憲派與革命派的論戰》，太原：山西人民出版社 2020 年版，第 130—131 頁。

2 朱執信：《論滿洲雖欲立憲而不能》，《民報》第 1 號，1905 年 11 月 26 日。

3 胡繩武主編：《清末立憲運動史料叢刊·立憲派與革命派的論戰》，太原：山西人民出版社 2020 年版，第 130 頁。

族優勝，獨佔勢力，而它族悉處於劣敗之地位，專以壓制為治，猶足苟求一日之安，欲以自由、博愛、平等之精神施之政治，必將格格而不能入矣。"[1] 在汪精衛看來，除非多民族國家能夠同化為一個民族，否則就難以建立自由、博愛、平等的政治秩序。在 1906 年 9 月清廷發佈上諭宣佈 "預備立憲" 之後，汪精衛又撰文抨擊清廷推行 "立憲的排漢主義"，具體體現為 "以立憲為表，以中央集權為裏，以立憲為餌，以中央集權為釣，陽收漢人之虛望，陰植滿人之實權"[2]。

來自湖南的革命派人士楊毓麟在 1907 年所作的《論國民聯合運動之不活潑》中主張："察今世文明各國之所以優勝，與吾國之所以劣敗者，必以國民之能群宇不能群為斷。質言之，即以能執行聯合運動與不能執行聯合運動為斷。"[3] 中國人之所以 "不能群"，難以做到聯合行動，重要的障礙就是 "種族問題"。楊毓麟主張，只有通過革命，解決了滿漢問題，才能夠推動中國的組織力建設，從而提升文明程度。田桐於 1908 年在《復報》撰文《滿政府之立憲問題》，認為人奔走勞苦，謀生活、幸福、自由、權利，"然在野蠻專制之國，人民之生活也，幸福也，權利也，其程度必淺；在文明立憲之國，人民之生活也，幸福也，自由也，權利也，其程度必高"。然而，"中國可以為民主之立憲也，萬不可以戴滿洲政府而為君主之立憲"。田桐認為，普魯士、奧

---

1   精衛：《駁〈新民叢報〉最近之非革命論》，《民報》第 4 號，1906 年 5 月 1 日。

2   精衛：《滿洲立憲與國民革命》，《民報》第 8 號，1906 年 10 月 8 日。

3   楊毓麟：《論國民聯合運動之不活潑》，饒懷民編：《楊毓麟集》，長沙：岳麓書社 2001 年版，第 254 頁。

地利、意大利、比利時都是君權較強的立憲模式，是"不完全之立憲國"，"自文明人之眼光觀之，殊不滿於人意"。如果中國採取這樣的立憲模式，其結果只是加固滿人對漢人的壓迫，因此萬萬不可。[1] 1906 年同盟會組織的萍瀏醴起義爆發後，就讀於日本早稻田大學的同盟會員陳家鼎在《漢幟》撰文，將君主立憲視為鉗制民權的手段："雖以日本國民之能力，且無如其政府何，況在異族政府之下哉！"陳家鼎認為，奧地利以立憲鉗制匈牙利，英國以立憲鉗制印度，土耳其以立憲鉗制埃及，滿人以立憲鉗制漢人，皆出於同一原理。陳家鼎認為，如果各地不響應萍瀏醴起義，致使清廷立憲成功，其結果將是"各省亦一匈牙利也，印度也，埃及也"[2]。柳亞子則舉出"憲章之母國"英國對於愛爾蘭的鉗制，稱維多利亞女王舉行慶典時，愛爾蘭人"樹黑旗以誌國哀"，柳亞子追問："夫孰謂我神明之冑而不及愛爾蘭也！"[3]

其他革命派除了像汪精衛、楊毓麟那樣強調"排滿"的必要性之外，另一個重要的論述方向是強調共和革命才是從"野蠻"向"文明"進化的關鍵。鄒容在《革命軍》中明確主張："革命者，由野蠻而進文明者也"，並舉出英國革命、美國革命與法國大革命作為範例，而中國與列強相遇，被鄒容視為脫離"野蠻"的機會："吾幸夫吾同胞之得與今世界列強遇也；吾幸夫吾同胞之得聞文明之政體，文明之革命也；吾幸夫吾同胞之得盧梭《民約論》、孟德斯鳩《萬法精理》、彌勒約翰《自由之理》、《法國革

1 田桐：《滿政府之立憲問題》，《復報》第 1 期，1908 年 5 月 8 日。
2 鐵郎（陳家鼎）：《論各省宜速響應湘贛革命軍》，《漢幟》第 1 期，1907 年。
3 亞盧（柳亞子）：《中國立憲問題》，《江蘇》第 6 期，1903 年。

命史》、美國《獨立檄文》等書譯而讀之也。"《革命軍》在 "野
蠻之革命" 與 "文明之革命" 之間做出區分，將義和團運動作為
前者之典型，稱其特徵是 "有破壞無建設"，只會給國家帶來災
禍；而後者是 "為建設而破壞"，是 "為國民增幸福"，其根本
目的在於為國民爭取自由、平等、獨立與自主等。鄒容期待通過
"文明之革命"，造就 "文明之政體"。[1]

　　何天炯在宋教仁、黃興創辦的《二十世紀之支那》創刊號刊
文《二十世紀之支那初言》，一開始就將 "一國之文明" 與 "一
國之學術" 關聯起來，稱 "歐美文明諸邦" 因學術精進，"文明
程度" 不斷提高，日本亦然，但中國卻不進反退。何天炯訴諸
"天演公例"，認為 "最劣之民族" 無法擊敗 "最最優者"。何天
炯主張高舉 "愛國主義" 這桿大旗，"……將以正確可行之論，
輸入國民之腦，使其有獨立自強之性，而一去其舊染之污，與
世界最文明之國民，有同一程度，因得以建設新國家，使我二十
世紀之支那，進而為世界第一強國"[2]。南社成員雷昭性稱當今世
界處於 "以野蠻手段緣飾文明之時代，非真文明也"，真正的文
明，在他看來是競爭消泯，進入大同之境，因此，即便是立憲，
在雷昭性看來也不過是 "緣飾文明"。"然各國雖曰緣飾文明，終
有可以緣飾者在"，而清政府是 "偽立憲而行真專制"。世界遵循
進化之道，有自己的 "運會"，像清政府這樣連 "緣飾文明" 都

1　鄒容：《革命軍》（1903 年），張枬、王忍之編：《辛亥革命前十年間時論選集》（第
　　一卷），北京：生活·讀書·新知三聯書店 1960 年版，第 651、665 頁。
2　衛種：《二十世紀之支那初言》，《二十世紀之支那》第 1 號，1905 年 6 月 3 日，中
　　國國民黨中央委員會黨史料編纂委員會 1983 年影印版，第 8 頁。

做不到的，當為"文明之運會"所不容，"故吾黨之排滿革命以建共和政府者，將以赴運會而免淘汰也。"[1]雷昭性雖然提出了更高的"文明"標準，但實際上仍然訴諸當時流行的"優勝劣敗"話語來討論清政府的立憲。

孫中山更是頻繁以"文明"的概念為革命辯護。1905 年，在東京留學生歡迎會上的演說中，孫中山強烈批駁強調政治進化必須循序漸進、當下需要先推行君主立憲的主張，認為如果不能夠一步到位實行共和政治，"是反夫進化之公理，是不知文明之真價也"。孫中山認為，如果連菲律賓人都能力拒西班牙與美國而自建共和，美國黑奴都可以做共和國民，說中國人不能建共和，"是誣中國人曾非律賓人、北美黑奴之不若也"。孫中山主張，世界各國立憲都離不開流血，但既然都要流血，為何不直截了當建立共和，而要追求不完備的立憲呢？[2]1911 年武昌起義爆發後，孫中山曾在與《巴黎日報》記者談話時否定以漢人君主替代滿人君主的方案，認為："倘以一中國君主而易去滿洲君主，與近世文明進化相背，絕非人民所欲，故惟有共和聯邦政體為最美備，捨此別無他法也。"[3]

當然，孫中山所說的"革命"除了政治革命之外，還有社會革命的維度，而在後一個維度上，他對"文明"的用法就更為微妙。在 1906 年《在東京〈民報〉創刊週年慶祝大會的演說》中，

1　鐵錚（雷昭性）：《政府說》，《民報》第 17 期，1907 年 10 月。

2　過庭（陳天華）：《紀東京留學生歡迎孫君逸仙事》，《民報》第 1 號，1905 年 11 月 26 日。

3　孫中山：《與巴黎〈巴黎日報〉記者的談話（1911 年 11 月 21—23 日間）》，《孫中山全集》（第一卷），北京：中華書局 1981 年版，第 561—562 頁。

孫中山認為“文明越發達，社會問題越著緊”，“社會問題是文明進步所致，文明程度不高，那社會問題也不大”。孫中山斷定，歐美未來也必須解決社會問題，因此中國應當未雨綢繆：“我們做事，要在人前，不要落人後。這社會革命的事業，定為文明各國將來所取法的了。”[1]換而言之，孫中山考慮的不僅是參照“文明各國”已有的成就來自我改造，甚至要“彎道超車”，走到“文明各國”之前。

辛亥革命爆發後，南京臨時政府採納的沈恩孚所作的國歌歌詞，明顯體現出革命派的“文明”觀：“亞東開化中華早，揖美追歐，舊邦新造。飄揚五色旗，民國榮光，錦繡河山普照。喜同胞，鼓舞文明，世界和平永保。”[2]通過共和革命實現“舊邦新造”的意義在於在“文明”、“開化”程度上“揖美追歐”。這裏的“文明”觀，仍然是單數的、與“野蠻”相對的“文明”觀，而不具備我們今天熟悉的“多元文明”的意涵。孫中山於 1912 年 1月 1 日發佈《臨時大總統宣言書》，宣佈對外方針為“當盡文明國應盡之義務，以期享文明國應享之權利……將使中國見重於國際社會，且使世界漸趨大同”[3]。側重點亦為承認國際體系中的“文明等級”，以期中國通過遵守列強制定的規範，獲得列強的承認。而袁世凱在這方面比革命派有過之而無不及。他於 1912 年

1　孫中山：《在東京〈民報〉創刊週年慶祝大會的演說》，《孫中山全集》（第一卷），北京：中華書局 1981 年版，第 326—329 頁。

2　王立平主編：《百年樂府：中國近現代歌詞編年選》，上海：上海音樂出版社 2018年版，第 42 頁。

3　孫中山：《臨時大總統宣言書》，《孫中山全集》（第二卷），北京：中華書局 1981年版，第 2 頁。

4 月 29 日發佈《中華民國首任大總統蒞任宣言書》，主張 "吾願
國民輸入外國文明教育，即政治法律等學"，強調反對排外，"夫
輸入外國文明與其資本，是國家主義，而實世界主義。世界文明
之極，無非以己之有餘濟人之不足，使社會各得其所，幾無國界
可言。孔子喜言大同，吾國現行共和，則閉關時代之舊思想，必
當掃除淨絕"[1]。考慮到袁世凱的上台具有英、法、德、美、俄、
日六國 "大國協調" 的背景，袁世凱作此表態，絲毫不令人驚
訝。值得一提的是，袁世凱力倡 "忠信篤敬"，但在修辭上，亦
訴諸 "文明各國" 的權威。

　　革命派為了反對清廷的 "預備立憲"，對日本明治憲法有所
批評，陳家鼎甚至將日本的立憲也視為鉗制民權的手段，但這並
不表明他們不欣賞日本。孫中山長期以日本為革命基地，在日本
籌款，受到日本的 "亞洲主義" 很深的影響。在 1897 年 8 月中
下旬，孫中山在與宮崎寅藏、平山周的談話中，大談通過中國革
命，"雪亞東黃種之屈辱"[2]；1898 年 8 月與宮崎寅藏筆談時，贊同
宮崎的 "中東合同，以為亞洲之盟主 …… 阻遏西勢東漸" 的主
張，同時將俄國視為共同敵人。[3] 在上述 1905 年東京留學生歡迎
會上的演說中，孫中山同時以日本為例激勵眾人奮發："昔日本

1　袁世凱：《中華民國首任大總統蒞任宣言書》，金山、白蕉編著：《袁世凱與中華民
　　國》，人文月刊社 1936 年版，第 65—68 頁。

2　中國社會科學院近代史研究所中華民國研究室等編：《孫中山全集》（第一卷），北
　　京：中華書局 1981 年版，第 174 頁。類似的表述還可見於 1902 年 8 月的《〈三十
　　三年之夢〉序》，《孫中山全集》（第一卷），第 216 頁；1904 年 8 月 31 日的《支那
　　問題真解》，《孫中山全集》（第一卷），第 243 頁。

3　中國社會科學院近代史研究所中華民國研究室等編：《孫中山全集》（第一卷），北
　　京：中華書局 1981 年版，第 181—182 頁。

維新之初，亦不過數志士為之原動力耳，僅三十餘年，而躋於六大強國之一。以吾儕今日為之，獨不事半功倍乎？＂[1]在 1911 年 3月上旬與日本記者的一次談話中，孫中山強烈譴責加拿大政府歧視亞洲僑民的政策，還直接使用了日本精英提出的＂亞洲門羅主義＂一詞，呼籲日本率領亞洲各國反對英、美、法、德與沙俄。[2]

　　當然，孫中山、汪精衛等人並不能代表革命派的全部。在革命派中，我們可以看到章太炎這樣的＂另類＂人物。[3]章太炎曾經指出：＂今之言文明者，非以道義為準，而以虛榮為準。持斯名以挾制人心，然人亦靡然從之者。蓋文明即時尚之異名，崇拜文明，即趨時之別語。＂[4]面對當時流行的綫性的社會達爾文主義，章太炎倡導＂俱分進化論＂，認為善進化，惡亦進化，樂亦進化，苦亦進化，一種進化的狀態相比於未進化的狀態，並非純然的＂進步＂；面對＂進化＂所帶來的社會罪惡與痛苦，章太炎提出無政府、無聚落、無人類、無眾生、無世界這＂五無論＂，對於十九世紀主流＂文明＂方案的各種構成要素——國家、立憲、代議制、政黨、地方自治等等，無不提出自己的反思。對於日本，章太炎密切關注其對朝鮮的侵略。1907 年，章太炎聯合印度、越南、緬甸、菲律賓、朝鮮、日本等地志士，組織＂亞洲和親會＂，倡導各國志士相互呼應，反抗帝國主義，尋求民族解

1　過庭（陳天華）：《紀東京留學生歡迎孫君逸仙事》，《民報》第 1 號，1905 年 11 月26 日。

2　王耿雄等編：《孫中山集外集》（第一卷），上海：上海人民出版社 1990 年版，第150 頁。

3　王銳：《革命儒生》，桂林：廣西師範大學出版社 2022 年版。

4　章太炎：《復仇是非論》，《章太炎全集》第四冊，上海：上海人民出版社 2014 年版，第 281 頁。

放。而這是不同於尋求躋身於帝國主義列強的方向。在 1908 年的政論《清美同盟之利病》中，章太炎稱："日本之驕矜自肆，非吾良友也。"[1] 革命派中的劉師培同樣認識到"帝國主義乃現今世界之蟊賊也"[2]，但其採取的無政府主義立場，使其難以找到反抗帝國主義的組織化途徑。而章太炎認識到國家是弱小民族進行組織化抵抗必不可少的力量："他國一日不解散，則吾國不得不牽帥以自存。"[3]

就理論取徑而言，章太炎在革命派中獨樹一幟，甚至在他所在時代的知識分子中都堪稱另類，他與辜鴻銘從不同的方向對十九世紀主流的文明論進行了反思。但是絕大部分革命派與立憲派都受到了同一種"文明等級論"的深刻影響，同時也從不同角度對明治日本表示了欣賞和敬佩。雖然兩派存在革命或立憲手段的分歧，但在既有的國際體系之下尋求列強承認的認知，幾乎是一致的。

1　《章太炎全集・太炎文錄補編（上）》，上海：上海人民出版社 2017 年版，第 341 頁。
2　劉師培：《亞洲現勢論》，李妙根編：《劉師培論學論政》，上海：復旦大學出版社 1990 年版，第 409 頁。
3　章太炎：《國家論》，《章太炎全集》第八冊，上海：上海人民出版社 2017 年版，第 491—492 頁。

四、餘論

　　在二十世紀初，立憲派與革命派圍繞著是否應當模仿日本明治憲法進行立憲，展開了激烈辯論。對於大部分立憲派而言，明治憲法具有典範的意義，一些論者還直接追溯到日本憲法所模仿的普魯士與德意志第二帝國憲法。立憲派倡導五族協同立憲。而革命派則對於清廷立憲持激烈的反對態度，由此也對後者模仿的日本明治憲法給予很多負面評價，認為其君權過強，並將社會階級不平等的狀態固定下來，如果以明治憲法為模板來立憲，必將鞏固滿人特權。革命派通過引用奧匈帝國的例子，力圖證明多民族國家的立憲很容易導致民族傾軋。他們將日本視為單一民族國家，將中國視為多民族國家，由此推斷日本的立憲方案無法適用於中國，也無法給中國帶來富強。而立憲派從中導出的是"預備立憲"的重要性：經過"化種族之畛域"的改革，中國將最終具備君主立憲的條件。

　　革命派從民族矛盾的角度質疑立憲派在"立憲"和"富強"之間建立的關係，這在當時的東亞知識界與輿論界，只是質疑的角度之一。1907年，舉人褚子臨等曾呈遞條陳，質疑了立憲可以強國、尊主的主流見解。[1]但更為系統的質疑實際上來自日本的理論家。1906年，曾為日本法政大學速成科講授國際公法課程的法學博士中村進午在日本《外交時報》上撰文，為"預備立憲"潑冷水，指出中國立憲的條件與德國、日本非常不同：德日兩國在制憲前，中央政府獲得了重要戰爭的勝利，樹立了較高的威望，但中國卻並非中央集權之國，督撫權力畸大，中央政府威望低落。在這樣不利的條件下，清廷為何急於推行"預備立憲"呢？中村猜測，"清國見立憲之國多致富強，以為立憲即可希冀富強"，"清國見日本之國勢日益加盛，以為悉屬立憲之賜，清國一立憲遂足以一躍而躋日本之上"。但立憲真能導致富強麼？中村追問，立憲的布哇（布爾）、脫蘭斯佛（德蘭士瓦）結果又如何呢？中村在此指向世紀之交英國與南部非洲白人殖民者的後裔布爾人所發生的第二次布爾戰爭，這場戰爭是立憲國之間的戰爭，導致德蘭士瓦共和國和奧蘭治自由邦這兩個布爾人國家滅亡，布爾人集體淪為英帝國臣民。中村又追問，立憲的俄羅斯與波斯又如何呢？當然，在1906年，俄羅斯與波斯的立憲運動剛剛起步，未能充分展開，中國的主流輿論界會把俄羅斯與波斯的國勢走衰歸結於未盡早立憲。中村的第三個案例就是日本，他指出，日本並非"因立憲而遂致富強"，而是在立憲之外有種種其

1　《揀選知縣舉人褚子臨等條陳憲政八大錯十可慮呈》，胡繩武主編：《清末立憲運動史料叢刊·清廷的仿行立憲》（第一卷），太原：山西人民出版社2020年版，第205－206頁。

他的原因。[1] 其中一個原因就是明治維新的國際體系相對於日本改革比較有利——因為列強相互爭鬥，改革者可以利用列強之間的矛盾而推進自己的議程，而當下的中國卻是國內爭鬥而列強無事，正積極干預中國內政，因此中國的立憲是否能夠順利推進，頗值懷疑。

中村進午同樣注意到了他所教過的汪精衛提出的民族問題，認為清朝即便立憲，議會之中的滿漢矛盾仍將具有很大的挑戰性。他甚至看到了更多的問題：選舉制度、民眾與政治家的素質，都有待完善和提升，因此，建立議會並不意味著政治自動走上正軌，議會所反映的民意，其本身未必健全，而議員也可能會騎到人民的頭上，於是人民除了賄賂官吏之外，又需要賄賂議員，多了一層盤剝。在今天看來，中村的觀察相當冷靜，甚至冷酷。但對於當時的革命派與立憲派而言，所謂"文明國家"基本上都是"立憲國"的現象，帶來極大的衝擊力，從而使得"立憲"幾乎成為了一門"必修課"，差異無非是在君主制之下推進，還是在推翻君主制、建立共和制之後再推進。

不管主流革命派與立憲派在具體判斷上有多少分歧，他們共享了一種共同的視野和理論語言，都認為世界正在經歷從"民族主義"向"民族帝國主義"的過渡，都認為中國需要經過自我改造，進而提升在文明等級中的地位，而日本通過明治維新實現文明等級的遷躍，是非常值得借鑑的典範。兩派的主流都認為需

---

1 〔日〕中村進午：《清國立憲之危機》，胡繩武主編：《清末立憲運動史料叢刊·清廷的預備仿行立憲》（第一卷），太原：山西人民出版社 2020 年版，第 163—164 頁。擔任京師大學堂師範館監督的江瀚令其子翻譯後，進呈給軍機大臣瞿鴻禨。

要改變中國在"文明等級"中的地位，但並不認為在短期內改變"文明等級"的基本規則是現實的。梁啟超在世紀之交對於時勢的諸多論述，實際上成為了革命派與立憲派共享的話語，伯倫知理的論述既影響了梁啟超，也影響了汪精衛。康有為的"三世說"實際上認為共和比君憲具有更高的文明程度，梁啟超後來雖放棄了經學框架，但承襲了這一判斷，只是康梁等立憲派認為人類進步要循序漸進，因而君主立憲是最為合適的選項；而革命派認為需要一步到位採取最為先進的選項，那就是通過革命推翻君主，實現民主立憲。

最後，正如汪精衛的論述所表明的那樣，即便革命派比立憲派更關心平等，他們也將滿人與"紅夷黑蠻"相類比，並論證既然菲律賓人、美國黑人都可以做共和國民，中國人也可以，這些都體現出當時主流的充滿種族主義色彩的"文明等級論"的影響。而一種更強調種族與民族平等，更強調"自下而上"建構政治權威的政治觀念的普及，仍有待第一次世界大戰帶來的衝擊。

第三章

世界大戰與 "文明" 觀念 在中國的漸變

　　第一次世界大戰對中國的內政外交都產生了巨大的衝擊。由於歐洲列強紛紛從殖民地抽調力量回援歐洲，日本乘隙而入，擴大在華控制力和影響力。戰爭爆發後不久，日本即出兵攻取德國佔據的青島，而這是日俄戰爭以來列強又一次在中國土地上開戰。1915 年，日本政府向袁世凱政府強加了"二十一條"。歐洲戰場的膠著狀態，一度帶來協約國列強有求於中國的場景。然而，在華影響力日益上升的日本並不樂見中國複製其通過被列強承認、躋身於所謂"文明國"之列的道路。在英國希望袁世凱政府加入協約國陣營對德宣戰的時候，日本方面嗅到的是中國國際地位上升的氣息，於是表示了堅決的反對。[1] 在袁世凱籌劃稱帝的過程中，英、美、法、俄等國一開始表達的是樂觀其成或至少不加反對的態度，然而日本組織其他列強要求袁世凱暫緩稱帝，並支持了多個反袁實力。在袁世凱死後，親日的段祺瑞執掌北京政府，日本給予段政府支持，同時也從中國獲得了更多特權。

　　與此同時，美國威爾遜政府也擴大了在中國的影響力，並與日本發生利益衝突。1917 年北洋集團圍繞著是否加入協約國參戰而展開的"府院之爭"，背後就有美日角力的因素，這次衝突

1　唐啟華：《洪憲帝制外交》，北京：社會科學文獻出版社 2017 年版。

引發了張勳復辟，而段祺瑞在平定張勳復辟後拒絕恢復《臨時約法》，導致了南北法統分裂。日本通過“西原借款”，加強對段祺瑞政府的影響，在此前提下允許中國加入協約國參戰。德國政府資助孫中山南下反段，期待孫領導的護法軍政府反對段政府的參戰政策，然而這一期待最終落空，1917 年，南北兩個政府都對德宣戰。美日兩國也於 1917 年 11 月達成《藍辛—石井協定》，做出妥協，規定：“合眾國及日本國政府均承認凡領土相接近之國家間有特殊之關係（territorial propinquity creates special relations），故合眾國承認日本國於中國有特殊之利益（special interests），而於日本所屬接壤地方，尤為其然。”[1]美國實際上承認了日本在中國擁有某些特殊權益。

在一戰期間，中國是否應當對德宣戰，在很長時間是一個引發爭議的問題。袁世凱政府很早就主張加入協約國一方作戰，然而當時思想界、輿論界的主流，實際上對德國充滿敬畏。在第一次世界大戰之前，中國的不少輿論領袖不僅認同立憲是一個國家增加自身的內在組織力，最終在國際競爭中勝出，躋身於“文明國”的關鍵，而且將日本在國際體系中成功“晉級”的經驗進一步追溯到了普魯士及其主導的德意志第二帝國。在一戰爆發之初，中國輿論界的主流意見仍然是預測德國會取得勝利。然而，隨著德國戰況日益不樂觀，中國輿論界懷疑的聲音不斷出現。對

1　王繩祖、何春超、吳世民編選：《國際關係史資料選編：17 世紀中葉—1945》，北京：法律出版社 1988 年版，第 447 頁；Ross A. Kennedy (ed.), *A Companion to Woodrow Wilson*, Malden, Oxford & Chichester: John Wiley & Sons, Ltd, 2015, p. 234。中文報章對《藍辛—石井協定》與“門羅主義”的討論，參見屠汝涑：《“特殊利益”與日本之門羅主義》，《留美學生季報》1918 年第 2 期，第 155—160 頁。

德國的懷疑，直接導致了對戰前流行的"文明論"的懷疑。而一些新的議題的重要性也不斷上升，如貧富分化與階級對立、社會主義、民主、民族自決，等等。

中國國內政治的變化，也影響著國人對大戰的觀感。從1914年到1918年，民國經歷了袁世凱的集權與稱帝，"護國運動"的興起，1916年袁世凱的死去與《臨時約法》的恢復，1917年圍繞著是否加入世界大戰而發生的"府院之爭"，張勳發動的丁巳復辟，以及鎮壓復辟之後的法統分裂與"護法運動"的興起。1917年，隨著中國加入協約國集團，站到德國的對立面，中國輿論界對於德國的書寫也發生了重大的變化，迅速轉向負面。時人往往將德、奧等國與國內的君主復辟及軍閥並列，加以口誅筆伐。

隨著戰爭的進展，戰前流行的單數意義上的"文明"觀念，逐漸轉向一種複數意義上的"文明"觀念，越來越多的論者將"東方文明"與"西方文明"相並列。隨著"文明"概念的轉變，憲法討論的核心議程，也從如何模仿列強的立憲形式，轉變為如何實現憲法所承載的具體時代精神。換而言之，在戰前，通過立憲來提升自己的"文明等級"，是獲得當時國際體系鼓勵的行為。但在戰後，立憲的形式並不必然帶來國際評價的提升，更重要的是憲法究竟體現了十九世紀的價值追求，還是二十世紀的價值追求。而在二月革命、十月革命、十一月革命等一系列革命之後，即便在當下不追求立憲，而是發動體現二十世紀價值觀念的革命，也有可能贏得積極正面的國際評價。

本章將首先以康有為、梁啟超等理論家為例，探討一戰之前的崇德思潮的內在理論脈絡；其次，以一戰初期的報刊文章為切入點，進一步分析當時的崇德言論背後的理論邏輯與隱含假設；再次，以《東方雜誌》對一戰的討論為主綫，勾勒出 "文明" 觀念漸變的基本軌跡；最後，分析戰後的 "文明" 觀念的新形態及其對於新的道路探索的激發。

一、德國作為典範：一戰前的論述

　　在近代戰爭不斷升級的背景之下，一個常見的現象是，在國際體系中居於霸權地位或崛起速度較快的國家，容易成為弱國學習和借鑑的對象，而遭遇較大戰爭失敗的國家，容易被視為制度具有缺陷，因而不配成為學習和借鑑的對象。比如說，晚清革命派對法蘭西第三共和國憲法的借鑑，始終不斷遭到保皇派以法國在普法戰爭中的失敗為由的阻擊。[1]在一戰之前，德意志第二帝國工業與軍事實力不斷提升，國際影響力不斷增長，呈現出欣欣向榮的發展態勢。由於在二十世紀初即已經遭到英、法、俄三國協約的孤立，德國試圖在華打開外交局面，對清政府以及北洋政府採取了相對溫和的政策，如給予中國相對優惠的貸款，並幫助中國訓練新軍等，贏得了不少中國精英人士的好感，逐漸樹立起代表"文明"與"進化"方向的形象。

　　作為一部立憲君主制憲法，日本明治憲法模仿了普魯士——

1　如康有為《法蘭西遊記》，從一開始就從普法戰爭後的法國割土講起，見康有為：《法蘭西遊記》，姜義華、張榮華編校：《康有為全集》（第八集），北京：中國人民大學出版社 2007 年版，第 143 頁。1917 年康有為在《共和平議》中更是認為"……民主國無強者，不宜於列國競爭之時也"，見康有為：《共和平議》，姜義華、張榮華編校：《康有為全集》（第八集），北京：中國人民大學出版社 2007 年版，第 49 頁，第 58—59 頁。

德國的二元立憲君主制，日本的法政學校教育也對德國正面形象的傳播產生了很大的推動作用。如前所述，汪精衛曾在 1906 年接受日本法政大學速成科的訓練。與汪精衛一起參加速成科學習的，還有一位叫作張一鵬的留日學生，後來成為汪偽政權的司法行政部長。1906 年 3 月，沈鈞儒、林長民等發起的《法政雜誌》在日本創刊，其第 1 卷第 1 號發表了張一鵬的《法政雜誌之趣旨》。張一鵬以 "如何將個人組織為國家" 的問題意識引出 "法政" 的重要性："自歐美以法治國雄天下，則吾散而不聚，虛而不實之中國，與之對立於生存競爭之地，其如石遇卵，立見摧折者，天演之公理也。然則居今日而欲返弱為強，轉敗為勝，則法政思想之普及，非謂當務之急乎？"[1] 張一鵬在這裏所說的 "法治國"，對應著留日學生在日本課堂上學到的德國名詞 "Rechtsstaat"。《法政雜誌》第 1 卷第 5 號刊登了朱紹濂翻譯的日本帝國大學法科教授一木喜德郎講 "法治國"（Rechtsstaat）的講義。[2] 在張一鵬的視野裏，"法治國" 之所以值得羨慕，是因為它在組織國家、參與國際競爭上的功效。隨著大量留日修習法政的學生回國任教於國內的法政學堂，德國的 "法治國" 觀念也得到了進一步的傳播。

　　日本的法學精英承認本國的諸多法律理論源於德國，為中國精英直接追溯明治憲法的借鑑對象，引入普魯士—德國的國家學說和憲法理論，提供了有利的條件。尤其是梁啟超，試圖培育

1　張一鵬：《法政雜誌之趣旨》，《法政雜誌》1906 年第 1 卷第 1 號。

2　〔日〕一木喜德郎講述、朱紹濂譯：《法治國主義》，《法政雜誌》1906 年第 1 卷第 5 號。

和發揮"中等社會"的政治領導力，引領中國在"民族帝國主義"時代獲得與列強並駕齊驅的國際地位。梁啟超的德國知識主要來自日本的翻譯和介紹，但其老師康有為在世紀之初曾經十多次到訪德國首都柏林，並對德國進行了深入考察。德國的工業化與社會經濟發展成就，激發了他的"物質救國"主張。康有為在《大同書》中已經探討過勞資之間的矛盾，然而其 1904 年所作的《物質救國論》大談如何學習德國的工業化經驗，卻對德國當時的工人運動以及德國社會民主黨在德國國會中勢力的上升不置一詞，可見其認為經濟社會平等還不是當時中國的急迫主題，因而無需考察德國在這方面的制度實踐。在晚清"預備立憲"的背景下，康有為主張，德意志第二帝國的憲法比英、法都更適合於一個"萬國競爭"的時代，因而值得中國直接學習："苟未至大同之世，國競未忘，則政權萬不可散漫。否則其病瘥而不舉。但具虛心以研天下之公理，鑑實趾以考得失之軌塗……遂覺德為新式，頗適今世政治之宜；而英、美亦若瞠乎其後者，微獨法也。"[1] 我們大致可以從兩個主要方面概括康有為對 1871 年《德意志帝國憲法》的認知：

首先，它是一個君主主導的政制，政黨和議會所起的作用比較弱，內閣對君主而非議會負責——《德國遊記》這樣評論威廉二世的權勢："……威廉號令全壤，有若中國及俄之帝王。當萬國皆趨憲政時，違之則大亂，而德乃由憲政返專制，然乃大治，

1　康有為：《德國遊記》，姜義華、張榮華編校：《康有為全集》（第七集），北京：中國人民大學出版社 2007 年版，第 444 頁。

豈不異哉？"[1]與此同時，康有為也並不認為德國的立法機關就是徒具象徵意義的橡皮圖章，它至少還有"立法"與"定稅"兩項大權，"君雖有行政之大權，而不能出法律之外，故民不蒙專制之害"[2]。一位"明察勇敏"[3]的強勢君主和一個有基本實權的議會相互補充，"既有議院以民權立法後，君主本難專橫，而有賢君專制以行政，則配置適得其宜"[4]。

其次，德國雖然實行聯邦制，但邦單位規模較小，而且各邦已被普魯士整合進了一個中央集權化的政治過程，因而優於自治單位過大的美國聯邦制。[5]康有為認為"德之政權在聯邦議院"，指的就是聯邦參議院的優勢地位。在聯邦參議院裏，普魯士參議員達到 17 人，排在第二的巴伐利亞只佔據 6 席，"普人乃以美言收拾諸小邦議員，遂成多數，而各王國以人少失權"[6]。第二帝國立法機關的複雜架構，足以表明聯邦相對於各邦已取得相當的優勢。而德皇威廉二世所干預的政務不僅是聯邦層面的，他經常巡

1　康有為：《德國遊記》，姜義華、張榮華編校：《康有為全集》（第七集），北京：中國人民大學出版社 2007 年版，第 445 頁。

2　康有為：《奧政黨考》，姜義華、張榮華編校：《康有為全集》（第九集），北京：中國人民大學出版社 2007 年版，第 293 頁。

3　康有為：《德國遊記》，姜義華、張榮華編校：《康有為全集》（第七集），北京：中國人民大學出版社 2007 年版，第 443 頁。

4　同上，第 444 頁。

5　康有為：《廢省論》，姜義華、張榮華編校：《康有為全集》（第九集），北京：中國人民大學出版社 2007 年版，第 362 頁。

6　康有為：《德國遊記》，姜義華、張榮華編校：《康有為全集》（第七集），北京：中國人民大學出版社 2007 年版，第 445 頁。

遊各地，對各邦事務發號施令，[1] 久而久之，邦層面也習慣了這位君主的直接干預。於是，第二帝國雖有"聯邦"之名，但實際上以普魯士為中心，向著中央集權邁進。

康有為在其公羊學"三世說"的視野中進一步認為，德國憲制不僅有利於德國自身，還為推進區域一體化、整合歐洲準備了條件。[2] 康有為在 1913 年的《不忍》雜誌上發表過《大同書》部分內容，在其中探討了"破國界"的具體進程："先自弭兵會倡之，次以聯盟國締之，繼以公議會導之。"[3] 而聯合邦國有三種不同的形式，分別對應於"據亂世"、"昇平世"、"太平世"。

"據亂世"的特徵是"內其國而外諸夏"，各國以本國利益為中心，但可召集平等的國家聯盟。平等國家聯盟的特徵是："其政體主權，各在其國，並無中央政府，但遣使訂約，以約章為範圍，……主權既各在其國，既各有其私利，並無一強有力者制之，……"[4]。"昇平世"的特徵是"內諸夏而外夷狄"，在文明國家之中，可以整合列國，"造新公國"。康有為舉出三代之夏商周，春秋之齊桓公、晉文公，以及當今的德國作為例子。在他看

---

1 有統計表明，從 1894 年到第一次世界大戰前，皇帝每年只有大約 47% 的時間呆在柏林和波茨坦，其中又只有 20% 時間留在柏林，其餘時間都在各地巡遊。See Isabel V. Hull, *The Entourage of Kaiser Wilhelm II, 1888-1918*, New York: Cambridge University Press, 2004, 1982, pp. 33-40.

2 康有為稱："他日歐洲一統必在德矣。以國國皆自由而彼獨得君權，又代有英辟致之，乃天時人事之相赴，非偶然也。"康有為：《示留東諸子》，姜義華、張榮華編校：《康有為全集》（第八集），北京：中國人民大學出版社 2007 年版，第 273 頁。

3 康有為：《大同書》，姜義華、張榮華編校：《康有為全集》（第七集），北京：中國人民大學出版社 2007 年版，第 129 頁。

4 同上。

來,齊桓公、晉文公召集的諸侯聯盟不及三代與德國打造的政治統一體。德國治體的建立,則是先立公議會,允許各國舉議員,普魯士在聯邦參議院中獨佔 17 席,普魯士總理遂成為德意志的首相。在"公議會"之後設立的"公政府","立各國之上,雖不干預各國內治,但有公兵公律以彈壓各國"[1]。而這在康有為看來,亦類似於德國的聯邦政府,只是公政府也要經過選舉產生,不應通過帝王世襲的方式,在此意義上,"昇平世"的區域公政府最終將超越德國所實行的二元君主立憲制,更趨向於共和制。一旦能建立公議政院,不需百年時間,即可鞏固聯邦,而民權的逐漸擴大,可以起到削弱各國政府主權的作用,"如德國聯邦";各國即便有世襲君主,"亦必如德之聯邦各國"[2]。最終,通過進一步張揚民權,"削除邦國號域",人類進入"無邦國,無帝王,人人相親,人人平等,天下為公"的大同世界。[3]

在"三世"的演進之中,普魯士統一德國的經驗,以及德意志第二帝國的憲制,成為了康有為描述"昇平世"的重要參照。康有為並不是將德國的統一簡單地視為一個民族國家建構的事件,而是一個大國整合周邊小國,形成更大的政治單位的區域一體化事件。在他眼裏,德式聯邦制尤其具有典範意義,它既保證了普魯士的主導地位,又保存了其他邦國王侯的榮典與特權,因而比中國的"三代"經驗更有利於區域一體化的推進。通過這一

1　康有為:《大同書》,姜義華、張榮華編校:《康有為全集》(第七集),北京:中國人民大學出版社 2007 年版,第 130 頁。

2　同上,第 136 頁。

3　同上。

方式，一系列原本具有很大自主性的邦國就可以以"溫水煮青蛙"的方式，成為一個更大國家不可分割的地方單位。

但康有為對德國聯邦制的這一探討，放在當時中國的語境中，實際上隱含著一個重要的對時勢的判斷：帝國主義列強不僅吞併弱小民族與國家，而且正在加快相互吞併的進程。在 1913 年刊行於《不忍》雜誌的康有為《大同書》片段中，康有為甚至預測在百年之中，德國將吞併瑞典、丹麥、荷蘭、瑞士，英國吞併法國、西班牙、葡萄牙，而德國將贏得最後的勝利，統一歐洲。[1] 康有為並沒有設想殖民帝國之間的戰爭會引發殖民地脫離殖民帝國而獨立，他看起來傾向於認為，一個殖民帝國在吞併另一個殖民帝國的時候，也將其殖民地一並納入。中國作為弱小國家，面臨著一個國際競爭更為激烈的時代，更需要學習適應"國競"的憲法。

梁啟超在 1919 年歐遊之前，未能有機會親身考察德國。但自從 1903 年"國家主義轉向"以來，他一直非常關注德國的國家學說與立憲經驗。在 1903 年所作的《政治學大家伯倫知理之學說》中，梁啟超反思了自己一度持有的"國者積民而成"的政治觀，引入瑞士裔德國政治學家伯倫知理與德國公法學家波倫哈克的學說，將國家視為具有自身意志與人格的"有機體"，而並

---

[1] "百年中弱小之必滅者，瑞典、丹麥、荷蘭、瑞士將併於德……其班、葡初合於法，繼合於英……而英有內變，或與德戰而敗……"。康有為：《大同書》，姜義華、張榮華編校：《康有為全集》（第七集），北京：中國人民大學出版社 2007 年版，第 132 頁。值得一提的是，這段文字未見於更早時期的《大同書》手稿，因此極大的可能是，康有為遍考歐洲，對德國產生了新的判斷，在出版的時候加上此段文字。

非“積人而成”的機械物，以此來批評盧梭的基於社會契約的人民主權學說。在 1905 年 2 月 4 日發表在《新民叢報》的《新民說·論政治能力》一文中，梁啟超進一步提出“中等社會”論述，認為養成國民能力的主體，“不在強有力之當道，不在大多數之小民，而在既有思想之中等社會……國民所以無能力，則由中等社會之無能力……”[1]。“中等社會”的精英養成“政治能力”，進而引導大眾，是“新民”的關鍵。

在 1905 年所作的《開明專制論》中，梁啟超進一步指出，“主權在君”或“主權在民”都不合理，主權的恰當歸屬就只有一個：“國家現存及其所制定之憲法。”[2] 這從實質上引入了 1848 年革命後在普魯士—德國蔚然成風的“主權在國論”。除了伯倫知理之外，黑格爾、哥貝爾、耶利內克等理論大家公開主張“主權在國”[3]，而更多贊成國家具有有機和人格屬性的理論家都傾向於接受或同情“主權在國論”。“主權在國論”的前提是中世紀政治理論中對君主與領地的嚴格區分，君主作為統治者擁有外在於並高於領地的法律人格（person）。而領地的法律人格通常由自己的等級會議來承擔。[4] 在君主與領地具有不同法律人格的前提下，提出“人民主權”對君主來說當然具有極大的敏感性，因為這意味著取消君主獨立的法律人格，將君主變為人民的代表者乃

1　梁啟超：《新民說·論政治能力》，《新民叢報》第 62 號，1905 年 2 月 4 日。另見梁啟超：《新民說》，北京：商務印書館 2016 年版，第 71 頁。

2　張品興主編：《梁啟超全集》，北京：北京出版社 1999 年版，第 1075 頁。

3　參見〔法〕狄驥：《法律與國家》，冷靜譯，瀋陽：遼海出版社／春風文藝出版社 1999 年版，第 361—392 頁。

4　Otto Gierke, *Political Theories of the Middle Age*, trans. by F. W. Maitland, Cambridge: Cambridge University Press, pp. 70-72.

至"公僕"。法國大革命的血腥暴力與拿破崙帝國對德意志各邦的侵略,損害了法國的"人民主權"學說在德意志地區的名聲,德意志王侯們更難接受"人民主權"理論。但拿破崙的入侵也沉重打擊了德意志各邦的舊秩序,使得視國家為君主財產的王朝主義和將君主等同於國家的絕對主義都難以為繼。君主的絕對主權已經被視為過時,而"人民主權"又被視為洪水猛獸。在此條件下,德意志地區日益發展的國家有機體論和法人學說提供了一種折衷的解決方案,將作為有機體和法人的國家作為主權的承擔者。因此,君主可以作為國家這個有機體的首腦機關而存在,他可以與立法機關通過協商制定憲法,並合作進行統治,發揮出自身強大的行政力,無需像共和國的行政首腦那樣時時受其他機關掣肘和連任壓力的困擾。

對梁啟超而言,"主權在國"可以給他為清廷"預備立憲"過渡時期設計的"開明專制論"提供一個較好的理論框架。以"國"作為"君"與"民"之外的第三方,可以避開中世紀政治理論中的君民二元論在主權觀念興起的時代所遭遇的尷尬,並可以有效對抗"主權在民"理論所可能帶來的"議會中心主義"憲制主張。但在辛亥革命推翻皇權之後,康梁仍然主張"主權在國",在這時候,這一理論的主要功能就不在於避免討論主權是否"在君"的問題了。它發揮的主要功能,是回應中國語境中將"主權在民"與"議會中心主義"以及"地方自治"相關聯的理

解方式[1]，對以中央政府行政權力為中心進行政治整合的實踐主張
進行理論辯護。在 1912—1913 年北洋集團與革命派圍繞著民國
憲法模式的爭論中，康梁都支持加強大總統的權力。梁啟超甚至
深度參與了 1914 年袁記《中華民國約法》制定過程。到二十年
代"聯省自治"發生之後，仍有評論者對梁啟超在民初集權於總
統的主張耿耿於懷。如李愚厂編輯的《省憲輯覽》中評論稱"其
時德意志軍國主義尚未多數人迷信，謂今日之世界，惟大國乃能
生存，非廣土眾民，無力負荷歲增之軍費（梁啟超主辦之庸言報
此類議論最大）"[2]。

　　在 1912 年 5 月所作的《國會選舉案》（即康有為為民國新國
會起草的選舉法建議稿）中，康有為將德國政制的精神界定為
"以國為重"："法初選舉時，天賦人權之說盛，則以民為主。繼
而德爭霸於國競之時，則以國為重；今各國從之，蓋時宜也。"[3]
康有為在 1913 年的《擬中華民國憲法草案》中進一步提出"中
國民權已極張，而鄰於列強，當以國權為重，故宜主權在國"[4]，
《擬中華民國憲法草案》代表著康有為通過借鑑德國憲法來為新

1　李慶芳在其《李慶芳擬憲法草案》中曾有如下勾勒："憲法著手之第一難關，即國
　權民權之根本問題也。主張國權者，必欲稍予大統領以節制權（即政治的職務）；
　主張民權者，則欲厚予國會以節制權。依之連類而及者，主張國權說，則著眼統
　一方面，注重政府；主張民權說，則著眼於地方方面，注重自治。"夏新華等
　編：《近代中國憲政歷程史料薈萃》，北京：中國政法大學出版社 2004 年版，第
　329 頁。

2　夏新華等編：《近代中國憲政歷程史料薈萃》，北京：中國政法大學出版社 2004 年
　版，第 637—638 頁。

3　姜義華、張榮華編校：《康有為全集》（第九集），北京：中國人民大學出版社 2007
　年版，第 303 頁。

4　康有為：《擬中華民國憲法草案》，姜義華、張榮華編校：《康有為全集》（第十
　集），北京：中國人民大學出版社 2007 年版，第 51 頁。

生的中華民國進行政制設計的努力。在《擬中華民國憲法草案》中，總統既是國家元首，也是行政首腦，自主任用國務員，自主制定官制，都不需要經過議會批准，這一點極類似於德國皇帝的職權；總統可以提出法案，否決議會立法，解散議會，但議會不能反過來對內閣提出不信任案，這一點也極類似於 1871 年《德意志帝國憲法》的安排——儘管憲法並未直接規定皇帝的立法權，但藉助聽命於他的內閣和聯邦參議院中的普魯士代表，皇帝的立法意圖很少能遇到較大的阻礙；相對於行政權力而言，議會權力較弱，但仍然有幾項極其關鍵的實質權力：制定法律的權力、定稅的權力、批准政府預算的權力以及對總統和國務員的彈劾權，等等。這一權力範圍比德國議會兩院的權力略大。[1] 在央地關係上，1913 年的《擬中華民國憲法草案》對模仿美國、以省為單位實行聯邦制表示極大的憂慮。但是，康有為對德國的聯邦制更為放心。其基本的原因在於，德國的自治單位較小，即便是最大的普魯士，也是"地小民寡，僅如吾一府耳"，其自治帶來的國家分裂風險較小。[2]

梁啟超在 1913 年所擬的《進步黨擬中華民國憲法草案》在大方向上與康有為的《擬中華民國憲法草案》類似，都主張加強大總統權力，賦予總統解散議會、自主制定官制官階、任用國務員無需經過國會同意的權力。其第一條的立法理由說明中旗幟

1 對該草案的解讀，參見章永樂：《舊邦新造：1911—1917》，北京：北京大學出版社 2016 年版，第 129—168 頁。
2 康有為：《廢省論》，姜義華、張榮華編校：《康有為全集》（第九集），北京：中國人民大學出版社 2007 年版，第 370 頁。

鮮明地主張“主權在國論”：“臨時約法第二條採主權在民，與
國家性質不相容，無論何種國體，主權皆在國家，久成定說，
無俟喋喋引。國體之異，則在行使國家主權之機關，有單複專共
之異耳。本憲法所規定各機關，即所以代表共和之實也。”[1]值得
一提的是，康梁推介的“主權在國”理論，其影響力甚至持續到
1916 年國會重新召集後對《天壇憲法草案》的審議討論之中，
當時憲法起草委員會委員秦廣禮主張規定“中華民國之主權屬於
國民全體”，何雯提出反對，認為“國家主權在人民其說已舊，
現在之新學說是以主權屬於國家為言”[2]。在國會 1922 年再次召集
之後，“主權在國”再也沒有在討論記錄中出現。

　　總結而言，戰前康梁對 1871 年《德意志帝國憲法》及第二
帝國主流國家思想的描述和推崇，具有兩個方面的特色：一是強
調中國處於激烈的“萬國競爭”之中，甚至很快要迎來一個西方
列強相互兼併的時代，因此中國的憲制萬萬不可散漫，具體到制
度上，無法期待尚不成熟的議會與政黨挑起政治整合的大樑；二
是主張只有經過恰當訓練、具有政治能力的社會力量才能夠在政
治上發揮積極作用，梁啟超的“中等社會”之說，一方面是排除
守舊的“強有力之當道”[3]，另一方面也是主張，中國民眾中的絕
大多數，在沒有達到合格的政治能力之前，並沒有積極參與政治

1　梁啟超：《進步党擬中華民國憲法草案》，張品興編：《梁啟超全集》，北京：北京
　　出版社 1999 年版，第 2615 頁。
2　吳宗慈：《中華民國憲法史》，北京：法律出版社 2013 年版，第 243 頁，第 407—
　　408 頁。
3　梁啟超：《新民說·論政治能力》，《新民叢報》第 62 號，1905 年 2 月 4 日。另見
　　梁啟超：《新民說》，北京：商務印書館 2016 年版，第 71 頁。

之必要。康梁在這兩個方面的看法，與十九世紀西方主流“文明等級論”在精神上是高度契合的，後者在國內劃分不同的文明等級，認為缺乏財產和教育者缺乏足夠的能力來承擔政治責任，選舉權與被選舉權只能對少數具備責任承擔能力的公民開放。

同時，梁啟超還在晚清和民初知識界推廣了普魯士與斯巴達之間的類比。1902 年梁啟超在《雅典小史》勾勒出雅典與斯巴達對立的形象：“斯巴達主干涉，雅典主自由；斯巴達重階級，雅典重平等；斯巴達善保守，雅典善改進；斯巴達右武，雅典右文；斯巴達貴刻苦，雅典貴樂利。”[1] 梁啟超認為十九世紀的自由主義、民族主義接近雅典的精神，二十世紀則與十九世紀有著明顯的不同，乃是一個“民族帝國主義時代”。西方列強憑藉雅典精神完成內部的政治建設，進而藉助斯巴達精神來對外擴張。[2] 在《斯巴達小志》中，梁啟超進一步論述，當今的“民族帝國主義”是斯巴達與雅典的合體：“數十年前，尚猶斯巴達自斯巴達、雅典自雅典，今則斯巴達無一不雅典，雅典亦無一不斯巴達。一雅典足以亡我，而奈何雅典無量也。一斯巴達足以亡我，而奈何斯巴達無量也。僅雅典足以亡我，而奈何其雅典而斯巴達也。僅斯巴達足以亡我，而奈何其斯巴達而雅典也。斯巴達而雅典、雅典而斯巴達者遍滿於大地，於是乎不斯巴達、不雅典者遂無所容。”[3] 而普魯士─德國則體現了斯巴達與雅典的合體，其對外態勢，又更接近於斯巴達。

1　梁啟超：《雅典小史》，《新民叢報》第 19 號，1902 年 10 月 31 日，第 22 頁。
2　梁啟超：《斯巴達小志》，《新民叢報》第 12 號，1902 年 7 月 19 日，第 27 頁。
3　梁啟超：《斯巴達小志（續第十二號）》，《新民叢報》第 13 號，1902 年 8 月 4 日，第 42 頁。

　　梁啟超的論述直接影響了楊度。楊度於 1903 年在梁啟超主編的《新民叢報》上發表了《湖南少年歌》，回應梁啟超的《少年中國說》，疾呼“中國如今是希臘，湖南當作斯巴達，中國將為德意志，湖南當作普魯士”，“若道中華國果亡，除非湖南人盡死”[1]。在十九世紀中期湘軍崛起的背景下，楊度直接從政治層面，將湖南與中國的關係，類比於普魯士與德國的關係。《湖南少年歌》不僅表達了楊度個人對普魯士——德國的偏愛，同時也對湖南的省域認同的建構產生了深刻的影響。比如說，在湖南第一師範讀書時，毛澤東就有一個外號叫作“毛奇”，即普法戰爭中普軍的總參謀長赫爾穆特·卡爾·貝恩哈特·馮·毛奇（Helmuth Karl Bernhard von Moltke）。在 1917 年發表於《新青年》的《體育之研究》中，毛澤東指出：“體育者，養生之道也，東西之所明者不一……現今文明諸國，德為最盛，其鬥劍之風，播於全國。”[2] 毛澤東將德國視為“文明諸國”之中最重體育者，背後即是一種強調競爭的文明觀，他進而認為，在中國參與列國競爭的過程中，湖南需要擔負特殊的使命。羅章龍回憶，早在 1920 年上半年組織驅張（即湖南都督張敬堯）代表團赴京請願之時，毛澤東就主張“要想把湖南，創建成中國的先進樣板，應效仿古希臘的斯巴達，德國的普魯士，使湖南人民擁有自決權”[3]。由此可體現出梁啟超和楊度的論述對青年毛澤東的深刻影響。

1　劉晴波編：《楊度集》，長沙：湖南人民出版社 1986 年版，第 95 頁。
2　毛澤東：《體育之研究》，《新青年》第 3 卷第 2 號，1917 年 4 月 1 日。
3　羅章龍：《回憶新民學會（由湖南到北京）》，《新民學會原始資料》，北京：人民出版社 1980 年版。

二、戰爭初期的德國形象

　　第一次世界大戰爆發之初，中國輿論界的領袖們紛紛預測德國會取得勝利[1]。陳世宜於 1914 年 9 月以筆名 "匪石" 在《時報》撰文，感嘆德國建國 "不過四十年，而進步之速如此，其前途寧有涯哉"，並比較俄、英、法、德四國，認為俄法兩國的霸業已經是歷史的陳跡，"今所爭雄於歐洲大陸者，厥惟英德兩國之相持不下耳"[2]。而梁啟勳 1915 年撰文稱："夫今日中國人所最宜則效者為何事？則列強始建國時或始改政體時之事是已，其最近而最足使人興起者，孰有若德國者哉？"[3]支持德國的原因，在原理上是認為德國代表著 "天演之進化" 的方向，因而不可能落敗。我們可以舉出梁啟超、李大釗與馬相伯三例。

　　梁啟超是大戰之初崇德派的輿論領袖。大戰爆發當年，梁啟超撰《歐洲戰役史論》，盛讚德國乃 "今世國家之模範"，其讚譽涉及德國政治組織、國民品格能力訓練、學術進步、製作改

1　本章對戰爭爆發時候的挺德聲音的探討，參考了先行研究的史料整理。參見馬紫薇：《一戰前後德國在華形象與中國思想界之轉變》，華中師範大學歷史文化學院 2020 年碩士論文。

2　匪石（陳世宜）：《歐洲霸局之今昔觀》，《時報》，1914 年 9 月 6 日。

3　梁啟勳：《俾斯麥時代之德國》，《大中華》第 1 卷第 2 期，1915 年 2 月 20 日，第 1 頁。

良、軍隊和交通機關等方方面面，尤其認為德國“全國人之共為國家一器械而各不失其本能”，在以上各方面，世界各國無一能與德國相比。梁啟超主張，一戰是德國與英法諸國的“新舊之戰”，德國代表了“新學藝”、“新思想”、“新人物”、“新國家”，英法諸國則代表著舊的方面。梁啟超主張，按照“歷史進化之原則”，奉行國家主義的德國絕不會在大戰中落敗。梁啟超最為強烈的表述是，如果德國真的遭遇失敗，“凡有國者，其可以不必培植民德，不必獎勵學術，不必搜討軍實，乃至一切庶政，其皆可以不講矣”[1]。更稱“彼德國者，實今世國家之模範。使德而敗，則歷史上進化原則，自今可以摧棄矣”[2]。德國不僅是一個傑出的國家，甚至可以被稱為“進化原則”的現實代表。

李大釗曾在梁啟超、湯化龍主持的進步黨資助下留學日本，一度深受梁啟超等人影響。雖然他在留日期間接觸日本社會主義思想，與進步黨漸行漸遠，但在 1915 年仍然認為意大利、法國、西班牙、葡萄牙、荷蘭、丹麥、瑞典、挪威乃至英國，都已“紛紛者皆成文明史上之過客矣”，而德國與保加利亞卻是較新的國家，此次大戰，“又為其生命力之所注，勃然爆發，以揮展其天才矣”。他將諸國與德國的交戰視為“陳腐之國族”與“新興之國族”，“死灰沉滯之生命力”與“朝氣橫溢之生命力”，“白首之國民”與“青春之國民”之間的對決，前者必敗，後者必勝，

---

1 梁啟超：《德國戰役史論》，張品興主編：《梁啟超全集》，北京：北京出版社 1999 年版，第 2719—2720 頁。
2 同上，第 2719 頁。

"此殆天演公例，莫或能逃者也"。[1] 因此，德國代表著"天演"的方向。

1915 年 4 月《大公報》刊發時任參政院參政馬相伯的文章，反駁 1915 年德國即將失敗的論調，認為德國的勝利是"天演"的自然結果。與梁啟超和李大釗相似，馬相伯訴諸"天演"的規律，認為"德之學藝，無一科不日征月邁"，德國"善教善政，得民心與財力，整齊而馳騁之"，因而代表著"天演"的方向。馬相伯的表述與梁啟超驚人地相似：如果德國在戰爭中失敗，那麼"是天演之進化不足恃也"[2]。戰初中國輿論領袖們將德國與"天演之進化"深度綁定的結果是，德國的失敗不可避免地衝擊到論者對"天演之進化"，以及與之相聯繫的文明觀的信仰。

德國對其君主的大力宣傳，更是引發了中國輿論界對德皇威廉二世的一片稱頌之聲。1913 年 10 月，許家慶在《東方雜誌》撰文《德皇即位二十五年之紀念》稱威廉二世在政治、軍事、工商實業、音樂、戲劇、雄辯、宗教、美術、骨牌、騎術、遊戲方面均有造詣，德國國力發達的原動力就是"國民頭上，有皇帝威廉第二，以其絕倫之精力，不絕激勵之、指導之、鞭韃之、教化之"[3]。梁宗鼎撰文《戲劇家之威廉大帝》稱威廉二世"具政治家、經濟家、軍事家、實業家、文學家、神學家、音樂家、美術家、遊獵家、戲劇家於一身之元首"，還有"帝王中之外交家"、"商

1　李大釗：《青春》，《新青年》第 1 卷第 4 號，1915 年 12 月 15 日，第 6 頁。

2　馬相伯：《答客問一九一五年》，《大公報》（天津），1915 年 4 月 2 日。

3　許家慶：《德皇即位二十五年之紀念》，《東方雜誌》第 10 卷第 2 號，1913 年 8 月 1 日。

業之王＂之名，其性格＂靈活機敏，趣味濃深，自負之心極強，恆以一己為旋轉世界大勢之中心點＂[1]。陳世宜盛讚威廉二世＂資性英邁，抱負偉大＂，＂整理工商，擴張軍備，銳意進取，不遺餘力＂[2]。

前述馬相伯所撰《答客問一九一五年》解剖國內的崇德之風，認為此風首先並非因為國人＂崇拜德人學術之高強＂，而主要是對德國有所期待：＂德皇侈心鐵血，謂日耳曼兵力所至，天卽界以有家而仗義執言之雄略，時有所聞，陰與我尊夏攘夷、扶危定傾之大人心理符合＂，所以才會在戰爭開始就＂念念於德之鎮全歐，撫四海以主持公道於我亞東矣＂。[3] 這就是說，當時中國國內甚至有人期待德國在平定歐洲之後，在亞洲扮演公道正義的主持者角色。

大戰爆發後，德國人表現出強烈的愛國心。1914 年 10 月 4日，93 位德國知識分子在一份題為《致文明世界的宣言》（Aufruf an die Kulturwelt）的宣言書上簽字，支持德國的戰爭政策與軍事制度；到 10 月 16 日，三千多名德國教授（全國教授的 80%）在《德意志帝國高校教師宣言》（Die Erklärung der Hochschullehrer des Deutschen Reiches）上簽字，支持德國軍國主義，讚美＂die Manneszucht, die Treue, der Opfermut des einträchtigen freien deutschen Volkes＂[4]（紀律、忠誠、和諧自由的德意志民族的自我

1　梁宗鼎：《戲劇家之威廉大帝》，《東方雜誌》第 11 卷第 4 號，1914 年 10 月 1 日。

2　匪石（陳世宜）：《歐洲霸局之今昔觀》，《時報》，1914 年 9 月 6 日。

3　馬相伯：《答客問一九一五年》，《大公報》（天津），1915 年 4 月 2 日。

4　William M. Calder III, Alexander Demandt (eds.), *Eduard Meyer: Leben und Leistung eines Universalhistorikers*, Leiden: Brill, 1990, pp. 453-454.

犧牲的勇氣)。而中國輿論界集中報道的是,德國戰時軍用金屬品匱乏,而德國國民不需要政府發佈公告,就爭先恐後地將家中用了很久的金屬器具無償上交國家,"以愛國之熱誠,爭先送至而毫無難色"[1]。德國社會黨原本極力反對德國擴充軍備,但一旦開戰,即召開臨時大會修正黨綱,呼籲黨員為國家服務。[2] 梁啟超在《痛定罪言》一文中對德國國民的愛國精神大加讚嘆,並對中國做出反省:"朝野上下,共相習以為口頭禪,事無公私,皆曰為國家起見,人無賢不肖皆曰以國家為前提。"[3] 梁啟超認為,只要個人利益與國家利益有衝突,許多中國人就會拋開國家利益,追求私利,表現出國民程度的落後。

在 1915 年 3 月發表的《各國交戰時之舉國一致》一文中,梁啟超分析德國何以對外一致,認為"其國中人種本純粹,教派階級之爭,亦早消滅",德國社會民主黨原本反對擴軍備戰,但戰爭一起,即修正主張,支持戰爭。梁啟超認為有三個原因使德國人產生了強烈的愛國心,首先是國家組織逐漸完善,内部受壓抑的人較少,所以能將其國民凝聚為一體。其次政治不斷改良,國家與民眾相互依存,結成命運共同體。最後,教育的普及帶來民族素質提高,"多數國民,皆明於世界大勢。知物競至烈,非厚集其力,不足以相倚而圖存,斷不肯漫爭意見,自取分裂,以

---

1 勞勉:《愛國心》,《民彝》第 1 期,1916 年 5 月 15 日。
2 梁啟超:《各國交戰時之舉國一致》,《大中華》第 1 卷第 3 期,1915 年 3 月 20 日。
3 梁啟超:《痛定罪言》,張品興主編:《梁啟超全集》,北京:北京出版社 1999 年版,第 2775 頁。

致削弱"。梁啟超呼籲"吾國民睹此，其可以鑑"[1]。而這些分析也表明了梁啟超對如何激發民眾愛國心的關鍵因素的理解：以德為師，首先必須革除弊政，改良國家組織與政治；其次是以教育開啟民智，使民眾認識到國家與國民相互依存，一榮俱榮，一損俱損。

德意志的"尚武精神"更是時人讚美的對象。《東方雜誌》發表的《論中國之國民性》提出"中國的國民性是平和的而非戰鬥的"這一論斷[2]。而崇尚和平的國民性在大爭之世，就會阻礙中國的自我保存。《大公報》發表文章《中國人貴有尚武精神說》認為"我中國為尚文之國，兵力既不強，故民氣亦因之而不振"。這些論斷與二十世紀初梁啟超等人對"大一統"的批判在邏輯上是共通的。該文認為，"泰西人以得入軍籍為榮，而中國人以投入軍籍為賤，泰西人以精神活潑身體強立為貴，而中國人以聳肩緩步溫柔安靜為雅"，更有"好鐵不打釘，好人不當兵之說"，所以中國武德不振，處處受制於人。[3]而作為尚武精神的代表，德國很自然地被視為中國問題的答案。

在一戰爆發之初，陳獨秀發表系列文章，以大戰激勵國人，推崇戰爭為人類社會進步的力量，視和平主張為自取滅亡，批評中國人的最大病根是"苟安忍辱，惡聞戰爭"，從而屈服於暴

1　梁啟超：《各國交戰時之舉國一致》，《大中華》第1卷第3期，1915年3月20日，第2—3頁。張品興主編：《梁啟超全集》，北京：北京出版社1999年版，第2789頁。
2　《論中國之國民性》，《東方雜誌》第5年第6期，1908年6月25日，第94頁。
3　《中國人貴有尚武精神說》，《大公報》（天津），1903年1月10日，第1張。

君、異族 [1]；陳獨秀引用福澤諭吉的論述，力主中國增強 "獸性主義"，認為 "強大之族，人性、獸性同時發展。其他或僅保獸性，或獨尊人性，而獸性全失，是皆墮落衰弱之民也"，而中國國民過於文弱，"欲以此角勝世界文明之猛獸，豈有濟乎？" [2] 陳獨秀的同鄉，曾就讀於陳獨秀執教的安徽公學並在 1913 年營救過陳獨秀的劉文典，於 1916 年在《新青年》撰文主張戰爭促進社會進化："戰爭者，進化之本源也；和平者，退化之總因也。好戰者，美德也；愛和平者，罪惡也。" 劉文典認為，"蓋世界之所以不滅，乾坤之所以不熄者，實賴此永世不休之戰爭"。東洋各國者，中國最愛和平，也最為軟弱，應當從和平的迷夢中醒來，"改造諸華為最好戰之民族" [3]。今日之天下為軍國主義之天下，"德意志者，軍國主義之產地而吾國之鏡也"，但劉文典認為軍國主義並非源於德皇一人的野心，而是來自德意志的民族精神。[4]《新青年》1916 年 9 月發表的一封讀者來信稱，中西國民強弱的重要根源在於，"中人愛和平，西人尚武勇，實足為其總因，故竊謂德之軍國主義，最適於今日之中國"。而代表刊物立場的 "記者" 的回答，一方面在修辭上稱 "德之軍國主義，則非所仰慕"，另一方面又力主 "慈悲博愛非戰諸說" 不適合 "不武之被征服民族"。[5] 此時的《新青年》尚未轉向馬克思主義，這些

1　陳獨秀：《答李嘉亨》，《新青年》第 3 卷第 3 號，"通信欄"，1917 年 5 月 1 日。

2　陳獨秀：《今日教育方針》，《新青年》第 1 卷第 2 號，1915 年 10 月 15 日。

3　劉叔雅（劉文典）：《歐洲戰爭與青年之覺悟》，《新青年》第 2 卷第 2 號，1916 年 10 月 1 日。

4　劉叔雅：《軍國主義》，《新青年》第 2 卷第 3 期，1916 年 11 月 11 日，第 1 頁。

5　《通信》，《新青年》第 2 卷第 1 期，1916 年 9 月 1 日。

尚武的論述都體現出十九世紀"文明等級論"的強烈影響。

當然，陳獨秀個人並非德國的推崇者，他認為德國君主雖號召軍隊為祖國而戰，但"實為主張帝王神權之凱撒之野心而戰耳"，為侵犯他人之自由而戰，屬於"帝國主義"而非"愛國主義"。[1]他曾撰文《法蘭西人與近世文明》，推崇法國對於近代文明的貢獻。[2]但即便如此，在 1915 年底德軍進展順利的背景下，陳獨秀在《青年雜誌》1916 年第 1 期開篇文章中預測德國將取得勝利："德人所失，去青島及南非洲、太平洋殖民地外，寸地無損；西拒英、法，遠離國境；東入俄邊，奪地千里；出巴爾幹，滅塞爾維亞，德、土二京，軌軸相接。德雖悉銳南征，而俄之於東，英、法之於西，僅保殘喘，莫越雷池。回部之眾，傾心於德。印度、波斯、阿拉伯、埃及、摩洛哥，皆突厥舊邦，假以利器，必為前驅。"陳獨秀認為德國形勢一片大好，有可能控制英國所掌握的歐亞往返要道，奪取英法俄的亞洲殖民地，重繪世界地圖。正是在預測德國可能取勝的背景之下，陳獨秀呼籲中國人奮發自強，更新自己的人格，更新國家、社會、家庭、民族，"必迨民族更新，吾人之願始償，吾人始有與皙族周旋之價值，吾人始有食息此大地一隅之資格"[3]。如此，"新青年"就成為對抗德國所代表的"皙族"（白人）威脅的呼聲。威廉二世的"黃禍論"，在此被顛倒過來，用作對中國國民的警告。

1　陳獨秀：《愛國心與自覺心》，《甲寅》雜誌第 1 卷第 4 號，1914 年 11 月 10 日，見
　　任建樹編：《陳獨秀著作選編》（第一卷），上海：上海人民出版社 2009 年版，第
　　147 頁。

2　陳獨秀：《法蘭西人與近世文明》，《青年雜誌》第 1 卷第 1 號，1915 年 9 月 15 日。

3　陳獨秀：《一九一六年》，《青年雜誌》第 1 卷第 5 號，1916 年 1 月。

正是在這樣一種輿論背景下，杜亞泉於 1914 年在《東方雜誌》上撰文《大戰爭與中國》指出："世事之進行為螺綫，歷史之開展成圓周，吾人曩日抱懷和平之理想，以為世界文明日進，則戰爭將從此絕跡。此理想殆不能實現矣。"杜亞泉將日本進攻青島與十年之前的日俄戰爭相比較，二者都是列強在中國土地上進行的戰爭。而五千多德國人在青島與日本海陸軍對峙，"眾寡懸殊，應援全絕而猶效死勿去，寄五千餘通之遺言，以示必死"。杜亞泉對此表示了極大的敬佩："青島五千餘德人，果能視死如歸，同殉祖國，則遺此軍國民之模範，亦足使吾人景仰流連而聞風興起矣。"當然，杜亞泉關心的不僅是德國人所表現出的愛國主義精神，他看到的是歐洲各國在華僑民皆表現出了愛國主義精神："戰耗傳來，交戰國人民之僑寓東亞，營商業，任教育，及受吾政府之傭僱者，皆棄其職業，託其妻子，聯袂歸國，以效命於疆場，曾無觀望徘徊之意。"[1]而這對缺乏國家認同和國家觀念的中國民眾來說，是非常重要的榜樣。

在杜亞泉看來，大戰是對中國民氣必要的刺激："生物之精神，皆由感受外界之刺戟而起奮興。國民亦然。"他指出，清廷的預備立憲和革命派的鼓吹革命相互激盪，帶來了民國的建立，但"今也立憲革命，已知春夢一場，遽然醒覺矣，國民之精神，正陷於懊喪沉滯疲軟頹唐之狀態"，無論是歐戰的爆發，還是日德兩國在中國土地上的相爭，都是對中國國民的刺激。杜亞泉認為："吾儕國民，欲於此四郊多壘之秋，爭存立於亞東大地

1　傖父（杜亞泉）：《大戰爭與中國》，《東方雜誌》1914 年第 11 卷第 3 期。

之上，則非激發其真摯之愛國心，忍受劇烈之痛苦，準備重大之
犧牲不可。”原因在於，“二十世紀之國家，苟不建築於國民愛
國心之基礎上者，即幸不滅亡，亦奴隸國而已”。但中國古代君
主視國家為一姓一人之私產，普通百姓只有鄉土感情而無國家觀
念，因而在戰爭中缺乏武德。而立憲正是要解決上述問題：“近
十年以來，我國上下，所以亟亟謀立憲者，亦外覘世變，內察國
情，欲謀國家之生存，則對於普通人民，不可不高其智德，優其
待遇，與以公權試以自治，變一姓一人私有之國家，為全體國民
公有之國家，而後能合全國之心思才力，以捍國家之患難，謀國
家之發達。”[1]杜亞泉在此重述了二十世紀已經形成的在立憲與激
發國民愛國心，加強組織力並謀求國際承認之間的聯想機制。

對外戰爭促進內部團結的提升。杜亞泉指出，大戰開始時
候，沙皇俄國允許波蘭人自治，給予猶太人同等的待遇，英國對
愛爾蘭自治方案也做出讓步，“可知國家欲對外而維持國勢，則
必對內而固結民心”。他希望袁世凱政府“乘此列強多事之秋，
整理內治，力促憲政之成功，以順輿情而固國本”，使得政府不
是依靠“少數奔走之官僚與傭僱之軍隊”的愛國心，而是激發民
眾的愛國心。而目前中國面臨著“國民性之消失”的問題，上
層社會要麼爭權奪利，要麼“流寓他邦，託身租界，借外人之
庇護，作猶太之富民”。中下層社會則被歐洲物質層面的成就所
吸引，“咸思依附其末光，以沾溉餘瀝，仿效其風習，以自詡文
明”，而這就使得歐洲各國可以利用中國民眾的離心力，推廣自

---

1 傖父（杜亞泉）：《大戰爭與中國》，《東方雜誌》1914 年第 11 卷第 3 期。

身的語言、商品，實施同化政策。"英、德兩國，近年來在東亞之競爭衝突，其爭點即在於此。"[1]

《大戰爭與中國》同時提出了批評西方的若干綫索："世界主義，博愛主義，雖為基督教之標幟，而其國民之裏面，則褊狹之民族主義，桀傲之帝國主義，固結而不可解。以民族之誇負心，釀成民族戰爭，同一白色人種之間，猶演出如此之慘劇。"然而，在此匆匆一閃的對西方國家的批評，並沒有發展成為對西方文明的反思。杜亞泉的論述方向是，如果中國無法重振民氣，那麼日耳曼、斯拉夫兩民族通過大戰解決近東問題之後，將目光投向遠東，中國的準備狀況堪憂。因此，大戰的意義，第一是"载刺吾國民之愛國心"，第二是"喚起吾民族之自覺心"。[2]

杜亞泉比較了參與戰爭的各國之實力，認為戰爭無法迅速結束。在此討論過程中，他仍然給予德國極高的讚譽："德為新興之民族，其勇猛精銳之氣與拉丁諸國民之享受自由，營和平豐富之市民生活者迥異。世人或以德帝維廉二世擬法帝那破崙，一朝失敗，則聲威全墜。不知當時之法國，以帝皇個人之野心為動機，率國民而使戰。今日之德國，以一國民族之生活為主義，慫帝皇而使戰。其情形迥不相同，屈個人易，屈民族難。"他認為"今日德意志國民，為其向上之生活而戰"。這一分析實際上重述了梁啟超分析"民族帝國主義"的基本邏輯——民族帝國主義的對外擴張並非源於少數帝王的野心，而是民族力量的膨脹。杜亞泉一方面濃墨重彩地強調"歐洲之國家，戰爭一起，舉國一

1　傖父（杜亞泉）：《大戰爭與中國》，《東方雜誌》1914 年第 11 卷第 3 期。
2　同上。

致，其國家觀念之強誠為吾儕所驚嘆”，但同時也注意到“其社會中之一部，即勞動階級之觀念，全與權力階級異趣”。杜亞泉認為，勞動階級認為戰勝的利益大多會落入權力階級之手，因而主張限制軍備，反對戰爭，他們不足以決定戰爭的後果，但“彼等之勢力，實足以牽制歐洲之國勢，使其息鼓偃旗無力再戰”。如果歐洲各國社會民主黨發揮其作用，或可在戰事導致各方疲憊之時，促進和平早日實現，如此，“國民之愛國心，民族之競爭心，不表見於炮火，而表見於工商事業文化事業之中”[1]。杜亞泉最後仍然強調了“愛國心”與“競爭心”在戰爭之外的事務中的體現。

　　在一戰爆發之初所作的《大戰爭與中國》中，杜亞泉雖然對歐洲“同一白色人種之間，猶演出如此之慘劇”表示震撼，並認識到“勞動階級”的階級認同往往強於國家認同，有可能導致戰爭提前結束，但並沒有將這兩個方面發展為對西方文明的反思。他仍然相信，大戰之後的世界是個充滿競爭的世界，差異僅僅在於在哪一方面競爭而已。通過以上對比分析可見，一戰爆發之初的杜亞泉仍然持有中國輿論界較為典型的認識；一種強調“國競”的文明認識範式，支配著一系列論述者的話語。

1　傖父（杜亞泉）：《大戰爭與中國》，《東方雜誌》1914 年第 11 卷第 3 期。

三、戰爭局勢與輿論之漸變

　　儘管在一戰開戰之初，中國輿論界普遍看好德國，但戰況的發展不以人的意志為轉移。德國在西綫戰場上迅速陷入長時間的塹壕戰，難以向前推進。同時，中國國內輿論界也開始討論中國在戰爭中的國家利益，主張加入協約國一方作戰的聲音逐漸壯大。甚至袁世凱政府也試圖利用協約國有求於中國的時勢，推動加入協約國一方作戰，以提升中國的國際地位，但這一政策未能獲得日本的支持。在袁世凱死後，日本在確認能夠主導段祺瑞政府的前提之下，支持中國加入協約國一方作戰。隨著中國的外交政策不斷向著反德的方向擺動，輿論界對於德國的態度也不斷發生變化，並帶動對於“文明”的重新認識。《東方雜誌》主編兼主筆杜亞泉完整地體現了這個漸變的過程。

　　在世界大戰期間，杜亞泉以“傖父”、“高勞”等筆名發表了與歐戰有關的文章 60 餘篇。在 1914 年 10 月發表的《大戰爭之所感》中，杜亞泉對歐洲戰事的觀察，逐漸出現不同以往的思考。杜亞泉指出，歐洲“文明國家”的人民平日享受的幸福超過了中國人，然而戰爭一起，則死傷無數。中國平時嫌忌戰爭，並沒有發生歐洲那樣的大戰，但平時有很多的不幸。歐洲當下之貧乏，源於有形的戰爭，而中國人之貧乏，則源於無形的戰爭。杜亞泉感慨:"歐人畏貧乏,故不甘死於貧乏,而願死於戰爭。吾人畏戰爭,故不肯死於戰爭,而寧死於貧乏。人生斯世,殆無免死之方,惟得各自擇其就死之方法已耳。"這已經不再像以往那樣,以歐洲國家在戰爭中的表現,為中國人樹立榜樣,而是直面歐洲國家所面臨的不幸,思考他們的不幸與中國人的不幸究竟有何不同。[1]

1915 年 1 月,杜亞泉作《社會協力主義》,進一步從之前的立場上後退。他之前讚揚交戰國民舉國一致,引以為中國國民的典範,現在他認為,這種立場的極端化就是非和平的軍國民主義、民族的帝國主義;而其反面"平和主義"的極端就是"非國家之世界主義、社會主義"。杜亞泉認為,中國數千年大一統並閉關獨立,導致自身的國家主義不如歐洲發達,因而也對兩種主義之間的衝突缺乏經驗。而歐洲所經歷的正是兩種主義的激烈競爭,和平的方面,則有萬國和平會議締結仲裁條約,而國家主義方面則有軍備競賽、結盟和世界大戰。大戰以來,交戰國表面上是國家主義勢力伸張,但和平主義也在潛滋暗長。中國未來將如何面對這兩種主義呢?杜亞泉主張對二者進行調和。

杜亞泉指出,即便是國民的國家主義,也包含有危險的成分。他引用近代社會學的研究指出,不同人種在相互接觸的時候,"惟以智巧武力相尚,無道德為之標準,彼此相接,常存驕慢自負之心,而無克己自制之力",經常會相互學習對方的消極面。他舉出一個例子:東洋人種與西洋人種接觸的結果是,日本

---

[1] 傖父(杜亞泉):《大戰爭之所感》,《東方雜誌》1914 年第 11 卷第 4 期,第 5—6頁。

人模仿西方的軍國主義而"稱霸亞東",中國人也模仿西洋的民族主義而同室操戈,然而,"吾東洋人平日所歡迎崇拜之西洋文明,安知其非西洋罪惡乎?西洋人之罪惡,今方以大戰爭之血洗之,吾人之模擬西洋罪惡者,其將何以自贖歟?"今日在中國國內提倡國家主義,其意圖在於以國家的危害來警示民心,以降低內部的衝突。但杜亞泉認為這一導向也存在風險:"以傾向極端之民心,導之以易走極端之主義,使其主義而得所發展也,將不免與他國家他民族以兵戎相見;使其主義而不得發展也,則且必於自己之國家自己之民族中,自尋禍亂,自相殘殺矣。"[1]即,要麼對外發泄,與其他國家民族衝突,要麼在內部發泄,導致內部自相殘殺。

杜亞泉認為,"平和主義"與"國家主義"的關鍵區分,在於協力與競爭的範圍不同,"國家主義,對於國民為協力,對於他國家為競爭。平和主義,對於人類為協力,對於自然界為競爭"。二十世紀的問題,是如何一方面確保"國民之協力",另一方面從"國民之協力"進入到"人類之協力"。杜亞泉從國際經濟交換的緊密化,進一步探討了"人類之協力",他指出,歐戰雖然與中國相隔遙遠,但已經影響到了中國經濟,很多出口的貨物因為沒有國際買家而價格下跌,另外一些需要進口的貨物則因為缺乏貨源而價格上漲。在今天,我們知道這是一個戰爭導致全球產業鏈、供應鏈斷裂的問題。杜亞泉從中得出的結論是:"故

---

1 傖父(杜亞泉):《社會協力主義》,《東方雜誌》1915 年第 12 卷第 1 期,第 1— 6 頁。

今日之國家，已由競爭而漸進於協力。" [1]

　　1915 年 3 月，杜亞泉發表評論《思想戰》，將歐洲戰局和中國國內袁世凱政權之下的復古思潮放在一起進行評論。杜亞泉根據 "人類進化之程度"，將戰爭的起因分為三個類型："其始爭得失，進則爭利害，更進則爭是非。爭得失者為事實戰，爭利害者為事實戰亦為思想戰，爭是非者則思想戰也。" 當代世界 "尚非以思想遏止戰爭之時代，而為以思想挑發戰爭之時代"。杜亞泉認為，歐洲大戰爭的起因，即在於大日耳曼主義、大斯拉夫主義、大不列顛主義等等主張的 "思想戰"。德國的盤哈提（Friedrich Adam Julius von Bernhardi）將軍所著《戰爭哲學》（*Deutschland und der Nächste Krieg*，直譯 "德國與下一場戰爭"），主張戰爭為萬物之母，具有更新國民的意義，引發英國思想界猛烈攻擊。盤哈提以生物生存競爭之學說為信條，而英國思想界以生物協力生存之學說為根據，但是像後者那樣反對盤哈提主義的戰爭理論，最終仍然是以武力的方式與盤哈提主義對抗，"則亦烏能證盤哈提主義之非，適足以成盤哈提主義之是耳"。杜亞泉認為，思想如果過於極端，則容易引起 "思想戰"，如辛亥革命可謂對戊戌變法以來極端守舊思想的回應，而近來的尊孔復古運動，又是對辛亥革命之後極端革新思想的回應。為避免 "思想戰" 發展到歐洲大戰這樣的規模，杜亞泉希望思想界人士保持開放，避免封閉和極端。 [2]

1　傖父（杜亞泉）：《社會協力主義》，《東方雜誌》1915 年第 12 卷第 1 期，第 1—6 頁。

2　傖父（杜亞泉）：《思想戰》，《東方雜誌》1915 年第 12 卷第 3 期。

　　1915 年，日本向袁世凱政府強加《二十一條》。在此背景下，杜亞泉又作《國民對外方法之考案》，主張戰亂並非源於弱國，強國的欺凌才是其原因："……故世界之二大噴火口，非中國與巴爾幹，在歐洲則德意志，在亞洲則日本也。今德意志之噴火口，已爆烈矣。日本能免於爆烈與否，正未可料。"此篇以很大的篇幅探討貧富之間的矛盾問題。杜亞泉指出："近世國家之所以維持其富強者，大都吸收世界之原料，改其品質，換其地位，以增其價值。彼既以吸收他人之生產而致富與強，則以生產物供給其吸收者，轉形其貧弱，自無待言。故今日之國際關係，實與社會間個人之關係無殊。"而第一次世界大戰之所以發生，是因為"富強者既吸收他人之生產物以資生，其吸收之量無窮，而供其吸收者有限，於是富強者之間，互競其吸收之地位而常相爭鬥。歐洲列強之屢起戰爭，大都為此"。因此，杜亞泉事實上已經認識到，第一次世界大戰是殖民帝國為了爭奪殖民地而爆發的戰爭。那麼，中國當何去何從？杜亞泉主張中國"平日當常以親善之意對待列強"，"惟和平忍耐以從事於生產，勤其肢體，勞其筋骨，求利益於自然界，為人類作成衣食之原料"，由於世界富強之國的民眾已經習慣了富足的生活，不會在勤奮方面與中國人競爭，"故如此勤勉刻苦之人民，終必為世界中不可少之人類"。杜亞泉認為，這與過激的國家主義與崇洋這兩種極端態度相比，是更為公允中正的態度。[1]

　　杜亞泉於 1916 年 9 月發表《論民主立憲之政治主義不適於

---

[1]　傖父（杜亞泉）：《國民對外方法之考案》，《東方雜誌》1915 年第 12 卷第 6 期，第 1—5 頁。

現今之時勢》，主張“民主立憲之政治主義”為十八世紀、十九世紀中之產物，在二十世紀的國家對立競爭之中，靠此主義不能維持生活。杜亞泉駁斥德、奧戰敗將導致國家主義從此消退的論調：“國家主義雖以德意志為發源地此時已瀰漫於世界各國，決不能因德意志之挫敗而消滅，與十九世紀之政治主義不因法蘭西之挫敗而消滅同也……此主義必將騰躍於二十世紀之天地間以構成未來之歷史固吾人所不難豫想者也。”[1] 與之相應，他對“政治主義”進行了批評：“政治主義”認為國家從屬於人民，為保障人民權利而設，所以關注限制國家，使其不至於侵損人民之自由，但經常引起國家內部的競爭和動盪，從而導致國際上列強的覬覦。此時往往需要運用國家主義加以調劑。但他同時認為，中國國內帝制派放棄“政治主義”的主張並不符合進步的程序：“歐洲諸國既由政治主義以進於國家主義，吾國前途於此種程序，自亦不能凌越。若使吾國今日毀棄其政治主義則國家主義必無從發生。蓋國家主義建立於國民愛國心之上，而欲團結吾國民以發生真正之愛國心，不能不從政治改良入手也。時勢既不我待，則此不能凌越之政治主義，惟有望其急速完成。”換而言之，如果沒有“政治主義”，就不能調動國民的愛國心，從而建設真正的“國家主義”。在 1916 年護國戰爭、洪憲帝制失敗、地方實力派圍繞著法統與權位反覆博弈的背景之下，杜亞泉對比歐洲各國的同仇敵愾與中國內部的四分五裂，感嘆：“今日歐洲諸國民排萬難以實現其國家主義，若吾儕國民對於內部之政治問題，竟為黨人、

---

[1] 傖父（杜亞泉）：《論民主立憲之政治主義不適於現今之時勢》，《東方雜誌》第 13 卷第 9 號（1916 年 9 月），第 2 頁。

政客之所誤，或為官僚、武人之所厄而不能自拔，則瞻望將來，安能實現其國家主義以當二十世紀之難局哉？"[1]

1916 年，在歐洲西綫戰場上，德軍在凡爾登戰役中漸現頹勢，6 月下旬，英法聯軍對德發起了索姆河戰役，坦克第一次投入戰場使用，形成了一戰中最為慘烈的陣地戰。中國輿論界緊密關注著大戰的進展。在 1916 年 10 月發表的《靜的文明與動的文明》中，杜亞泉已經悄然從評論歐戰的慘烈，進入對西方文明的反思："自歐戰發生以來，西洋諸國日以科學發明之利器戕殺其同類，悲慘劇烈之狀態，不但為吾國歷史之所無，亦且為世界從來所未有。吾人對於向所羨慕之西洋文明，已不勝其懷疑之意見，而吾國人之效法西洋文明者，亦不能於道德上或者功業上表示其信用於吾人。則吾人今後不可不變其盲從之態度，而一審文明真價之所在。"[2] 杜亞泉提出，是時候改變盲從西洋文明的態度，提出自己的獨立見解了。

1917 年 2 月，美國宣佈與德國斷交。3 月 14 日，中國也宣佈與德斷交。4 月 6 日，美國對德宣戰。一戰的走向變得明朗起來。杜亞泉在 1917 年 4 月《東方雜誌》第 14 卷第 4 號發表《戰後東西文明之調和》指出，大戰以來，試圖藉助西方文明來解決中國的悲慘與痛苦的思路已被視為謬想。東西洋的現代生活都不是圓滿的生活，東西洋的現代文明都不是模範的文明；因此，值得追求的是未來的新文明。但新文明的產生又需要以舊文明

1 傖父（杜亞泉）：《論民主立憲之政治主義不適於現今之時勢》，《東方雜誌》第 13 卷第 9 號（1916 年 9 月），第 5 頁。
2 傖父（杜亞泉）：《靜的文明與動的文明》，《東方雜誌》1916 年第 13 卷第 10 號。

作為基礎，由此需要的是東西方文明取長補短，相互調和。“文明之定義，本為生活之總稱，即合社會之經濟狀態與道德狀態而言之。經濟、道德俱發達者為文明，經濟、道德均低劣者為不文明。”[1]而當下東西洋文明都處於病態，而治療文明的弊病，是人類協同的事業。

　　杜亞泉接下來分析了東西洋社會的基本特徵。在經濟上面，“東洋社會，為全體的貧血症；西洋社會，則局處的充血症也”。東洋社會病於匱乏，西洋社會卻由於經濟力的膨脹而相互衝突。而在道德上，西洋“重力行而蔑視理性”，精神錯亂，處於狂躁狀態，東洋“講理性而不能力行”，精神薄弱，處於麻痺狀態。杜亞泉指出：“現代之道德觀念，為權力本位、意志本位，道德不道德之判決，在力不在理，弱者劣者，為人類罪惡之魁。戰爭之責任，不歸咎於強國之憑陵，而諉罪於弱國之存在，如此觀念，幾為吾人所不能理解。”[2]而這實際上已經是對戰前主流的“物競天擇，適者生存”的社會達爾文主義觀念的反思。

　　杜亞泉預測，大戰之後西洋社會的經濟將趨於“社會主義”。因為大戰雖然由國家民族之間的經濟競爭而起，但根本上是少數階級之間的經濟競爭，多數民眾是被少數階級所驅策裹挾。對戰爭的反思，將產生一種超國家超民族的運動，使得少數階級悔悟，認識到與其投資於戰爭，不如投資於社會政策，擴充社會事業，由此產生社會主義的發達，而這實際上與東洋社會的固有精神相接近。作為對比，我們可以回顧杜亞泉在 1914 年發

1　傖父（杜亞泉）：《戰後東西文明之調和》，《東方雜誌》1917 年第 14 卷第 4 號。
2　同上。

表的《大戰爭與中國》一文的論調，在其中杜亞泉雖然也提到了勞工階級的反戰有可能導致戰爭在進入疲憊狀態之後提早結束，但他強調的仍然是，戰爭的結束將意味著軍事的競爭轉變成其他的競爭模式，關鍵詞仍然是"競爭"。但在 1917 年 4 月，"競爭" 不再是杜亞泉的關鍵詞，"社會主義" 的位置顯著上升。杜亞泉指出，孔子謂"不患寡而患不均"與社會主義所謂"各取所需"具有相似的追求。孔孟均從社會全體來思考經濟，社會主義是中國固有的傳統，西方有人認為王安石發明了社會主義，但王安石只不過是中國固有的社會主義傳統的繼承者而已。而西洋轉向社會主義，也將使得中國數千年來的社會主義理想有了實行的手段。

杜亞泉於 1917 年 7 月發表的《未來之世局》再次綜合評論國際局勢與國內局勢，指出在國家的民主主義時期，政黨的偏私與武人的跋扈看似比在單純的民主主義時代更為收斂，但實際上是大大加強了，二者均藉助了國家主義作為自身的偽裝，刺激國民敵視他國，製造國際對抗，以維持自身的勢力，由此引發了戰爭，形成了對抗性的聯盟。一戰結束將給中國的政黨與武人帶來教訓，促使他們自我改良。而在全球範圍內，國家經過政黨與武人的擾亂，"漸有溶解之勢，而數國家聯合之大團體，將於此時出現"[1]。杜亞泉期待國民"注目於未來之大勢，預備為科學的勞動家以作二十世紀之主人焉"。在此，無論是國家的聯合，還是"科學的勞動家"，都意味著對十九世紀的國家主義的超越。

1　傖父（杜亞泉）：《未來之世局》，《東方雜誌》1917 年第 14 卷第 7 號。

1917 年 8 月 14 日，中國對德國與奧匈帝國宣戰。杜亞泉於 1917 年 9 月出版的《東方雜誌》第 14 卷第 9 號撰文《宣戰與時局之關係》，指出對德奧宣戰，類似於加入政黨應當履行的手續。目前交戰的雙方，德、奧、土、保是君主國，與中國的共和政體不同；而協約國方面，英、美、俄、法"皆民治主義之先進或後進"，與中國精神更為契合。德國有擴張野心，是現狀的破壞者，而協約國列強在東亞有土地財產關係，旨在維持現狀。中國應當加入維持現狀而非破壞現狀的一方。並強調，對德國的無限制潛水艇戰，從理性上必須加以反對。[1]

1918 年 8 月，在戰爭結束前夕，杜亞泉撰文《國家主義之考慮》，旗幟鮮明地批判國家主義，指出有人認為"國家主義之使用武力與權謀，乃以國家為界限，對於限外為侵略而國內則仍尚和平；對於限外為競爭，而國內則仍主協力。吾人苟認明界限，而不誤其施用，自不至發生弊害"。這在理論上看起來沒有什麼問題，但在事實上很難劃出明確的鴻溝。弱國對外交涉經常處於下風，但如果提倡國家主義，對外無用武之地，就會將其適用於國內，引起國內的紛爭。杜亞泉在該文中主張要汲取日本教訓，日本的教育傾向於國家主義，喜歡談大亞細亞主義、大日本主義與排斥白人，等等，穩健派視之為不負責任，而且引發列強的猜忌，從而自縛手腳。"自物競天擇之學說輸入吾國以來，吾社已受莫大之變動，近雖稍見寧息，而餘波未平，若再以廣泛之國家主義助其瀾而張其焰，將如病熱之人而復予以奮興之劑，其

1　傖父（杜亞泉）:《宣戰與時局之關係》,《東方雜誌》1917 年第 14 卷第 9 號。

禍患恐不知所屆，願吾人之稍加審擇也。"[1]

杜亞泉所批評的"物競天擇之學說"、"國家主義"，其實都是自己曾經主張過的觀點。而"物競天擇之學說"的引介者嚴復又如何看待這場戰爭呢？作為曾經的西學傳播先鋒，嚴復在1918 年 8 月 22 日致熊錫育（字純如）的信中感嘆："不佞垂老，親見脂那七年之民國與歐羅巴四年亙古未有之血戰，覺彼族三百年之進化，只做到'利己殺人，寡廉鮮恥'八個字。回觀孔孟之道，真量同大地，澤被寰區。此不獨吾言為然，即泰西有思想人亦漸覺其為如此矣。"[2] 嚴復正在經歷的，實際上是對西方文明整體上的某種幻滅。然而，嚴復已經沒有時間將他的判斷發展成為新的思想體系，從而改變思想界對他的印象。1921 年，他溘然長逝，享年 67 歲。

而李大釗在 1918 年 7 月所作的《東西文明根本之異點》受到杜亞泉"靜的文明與動的文明"區分的影響，稱"東洋文明主靜"、"西洋文明主動"。在這篇評論中，李大釗已經一改其在1914 年從強調國家組織力的"文明"視角預測德國必勝的語調："由今言之，東洋文明既衰頹於靜止之中，而西洋文明又疲命於物質之下，為救世界之危機，非有第三新文明之崛起，不足以渡此危崖。俄羅斯之文明，誠足以當媒介東西之任，而東西文明真正之調和，則終非二種文明本身之覺醒，萬不為功。所謂本身之覺醒者，即在東洋文明，宜竭力打破其靜的世界觀，以容納西洋

1　高勞（杜亞泉）：《國家主義之考慮》，《東方雜誌》1918 年第 15 卷第 8 號。

2　汪征魯、方寶川、馬勇主編：《嚴復全集》（第八卷），福州：福建教育出版社 2014年版，第 365 頁。

之動的世界觀;在西洋文明,宜斟酌抑止其物質的生活,以容納東洋之精神的生活而已。"[1]李大釗超出杜亞泉的視野,從俄國十月革命看到了"第三新文明"崛起的端倪,並將"俄羅斯文明"視為東西文明調和的媒介。

　　無論是康梁、嚴復、杜亞泉還是李大釗,在一戰之前已經有系統著述的經驗。而對於一戰期間才開始著述的青年來說,時代交給他們的,首先是戰前的理論話語。1918 年初,22 歲的青年茅盾(沈雁冰)在自己編輯的《學生雜誌》上發表評論《一九一八年之學生》。文章一開始即陳述作者的時代觀與文明觀:"二十世紀之時代,一文明進化之時代也。全世界之民族,莫不隨文明潮流而急轉。文明潮流,譬猶急湍;而世界民族,譬猶小石也。處此急流之下之小石,如能隨波逐流以俱進,固無論矣;如或停留中路而不進,鮮不為飛湍所排抉。故二十世紀之國家,而猶陳舊腐敗,為文明潮流之障礙,必不能立於世界;二十世紀之人民,而猶抱殘守缺,不謀急進,是甘於劣敗而虛負此生也。此二十世紀之所以異於十八、十九世紀,乃吾人所應知。"[2]在此,茅盾陳述的事實上仍是基於"優勝劣敗",強調國家民族之競爭的文明觀,而這其實是一戰之前的流行話語。

　　青年茅盾接下來的論述,在很大程度上模仿了陳獨秀的政論《一九一六年》的結構,首先對歐洲戰爭的形勢進行了描述,然後斷定歐戰問題接近解決,"亞東局勢,必且大變"。在此背景下,如同 1916 年的陳獨秀,青年茅盾斷定中國對新的局勢缺

1　李大釗:《東西文明根本之異點》,《言治》季刊第 3 冊,1918 年 7 月 1 日。
2　雁冰:《一九一八年之學生》,《學生雜誌》1918 年第 5 卷第 1 號。

乏準備，有可能淪為埃及、朝鮮、印度乃至土耳其。這依然是一戰之前各種憂國憂民的文章常用的寫作套路。面對危機，青年茅盾提出了"革新思想"、"創造文明"、"奮鬥主義"三個主張。"創造文明"強調突破對於西人的摹擬，激發自身的創造力。青年茅盾認為戰國諸子代表著中國創造力的高峰，但這種創造力在秦漢之後走向了停滯。這一將先秦與秦漢以後的中國歷史對立起來的論述方式，又是一戰之前的常態話語。我們大致可以說，青年茅盾的這一評論，基本上沒有脫離一戰之前就已經成熟的敘述模式。然而這種強調超越對西方的模仿，從而"創造文明"的論述，卻是自一戰爆發以來才逐漸壯大的話語要素。它強調的不再是遵循西方提出的文明標準被動地尋求承認，而是積極主動地創造新的文明。

四、戰後世界的"文明"觀念

　　1918 年 11 月 11 日，德國正式宣佈投降。1918 年 11 月 13 日，北京拆毀了 1900 年在義和團運動中被殺的德國駐華公使克林德（Klemens Freiherr von Ketteler）的紀念碑。1919 年，克林德紀念碑散件被運至中央公園，重新組裝成牌坊，鑴刻了"公理戰勝"四字。這一事件的戲劇性在於，僅僅在四年之前的中國輿論界，德意志第二帝國還被廣泛視為"優勝劣敗"的"天演"之"公理"的代表，是最新的"文明"的典範。而何謂最新的"公理"？用陳獨秀在《每週評論》發刊詞中的話說："凡合乎平等自由的，就是公理；倚仗自家強力，侵害他人平等自由的，就是強權。"[1] 根據這個最新的界定，德國就從"公理"的代表，變成了"強權"的代表。

　　導致德國投降的關鍵因素，是 1918 年爆發的"十一月革命"，而這場革命又在很大程度上受到了 1917 年 11 月爆發的俄國十月革命的影響。1919 年 1 月，杜亞泉撰文《大戰終結後國人之覺悟如何？》評論剛剛開幕的巴黎和會，認為"此國際戰爭之講和會議，實已變為階級戰爭之講和會議"，"講和之主動者，

1　陳獨秀：《發刊詞》，《每週評論》1918 年第 1 期，1918 年 12 月 22 日。

實為各國之下層人民"[1]。早在 1918 年 11 月，李大釗在北京中央公園發表演講《庶民的勝利》，認為世界大戰的終結是"庶民的勝利"和全世界軍國主義的失敗。他從階級的角度去總結世界大戰的發生與終結原因："原來這回戰爭的真因，乃在資本主義的發展。國家的界限以內，不能涵容他的生產力，所以資本家的政府想靠著大戰，把國家界限打破，拿自己的國家做中心，建一世界的大帝國，成一個經濟組織，為自己國內資本家一階級謀利益。"俄、德等國在戰爭過程中掀起社會革命，遏制資本家政府的戰爭，協約國的勞工社會也要求和平，於是有了一種國際聯合行動的趨勢，"這亙古未有的大戰，就是這樣告終。這新紀元的世界改造，就是這樣開始。資本主義就是這樣失敗，勞工主義就是這樣戰勝"[2]。李大釗更是進一步指出，俄國革命是二十世紀世界革命的先聲。

杜亞泉在 1919 年初發表《大戰終結後國人之覺悟如何》，認為大戰的終結標誌著"舊文明死滅，新文明產生之"。對歐洲而言，"舊文明者，即以權利競爭為基礎之現代文明；而新文明者，即以正義公道為基礎之方來文明也"。但對中國則大不同，因為中國當下"固以權利競爭為新文明，而以正義人道為舊文明也"。但從歐洲引入的所謂"新文明"，卻具有強烈的副作用："我國近二十年來之紛擾，實以權利競爭為之厲階，皆食此所謂新文明者之賜與，歐洲國際間紛擾之禍根實為同物。歐洲所競爭者為國家權利，故發生國際戰爭；吾國人所競爭者，為個人權利，故

1　杜亞泉：《大戰終結後國人之覺悟如何》，《東方雜誌》1919 年第 16 卷第 1 號。
2　李大釗：《庶民的勝利》，《新青年》第 5 卷第 5 號，1918 年 10 月 15 日。

發生國內戰爭。範圍之大小雖殊，因果之關係則一。”杜亞泉批評民國的政黨與武人爭權奪利，此形成的“國內戰爭”，“實歐洲國際戰爭之縮影也”。而中國人面對國內的紛擾，其心態與歐洲多數民眾求和平的思想是一致的：“蓋民本主義與大一統主義，乃吾國民傳統思想之最著者，故對於歐洲之平民政治與其世界和平運動，不少共鳴之感。”[1]

　　在 1917 年丁巳復辟之後的共和法統分裂的背景下，杜亞泉希望以“民主”精神來解決國內的南北分裂和對峙問題：“威爾遜之所謂美國精神，今已照耀於世界，吾中國當亦有所謂中國精神，夫豈不能表見於國境以內乎？”杜亞泉認為，國內的政客與武人，應當認真對待國內的和平會議。南北兩個國會都不能代表民眾的真正意思，南北政權都被武人所佔據，都無法獲得民眾的承認，應當由民眾來表達自己的意思，另外選舉自己的代表人物，並裁撤軍隊。“循民意而行之，則與新世界共其光榮；返民意而行之，則與舊世界同歸消滅。”[2]

　　《東方雜誌》在同年還刊登了《終了的老世紀與德國學者》一文，認為從 1815 年到 1918 年的舊世紀已經終止，“人類今日才覺醒過來”。文章將矛頭指向達爾文，認為其講“弱肉強食”、“天演競爭”，導致了嚴重的社會後果：“只有十九世紀的人，把自有民生以來的罪惡，都聚在了自己的身上。恍恍惚惚，讀了達

1　杜亞泉：《大戰終結後國人之覺悟如何》，《東方雜誌》1919 年第 16 卷第 1 號。
2　同上。

爾文的天演論，便以為作惡都是應該的。"[1] 而德國的軍國主義，
就是"天演競爭"觀念的結果。《每週評論》於 1919 年 3 月 16
日進一步發表短評《亞洲的德意志》稱："歐洲的德意志，已經
拋棄軍國主義了，亞洲的德意志，還是毫無覺悟。"[2] 這裏的"亞
洲的德意志"，指的是在作者看來仍然奉行軍國主義的日本。"亞
洲的德意志"這一具有強烈負面感情色彩的表述，體現出作者對
於德意志軍國主義的激烈否定。

　　將《東方雜誌》在戰爭之初的論述與戰爭之後的論述放在一
起，我們可以清晰地看到認識範式的翻轉。如果戰前的"公理"
與"文明"的核心道理是"優勝劣敗"、競爭（乃至戰爭）推動
進步，那麼新的"公理"與"文明"的關鍵詞變成了"和平"、"自
由"、"平等"、"互助"、"民主"、"社會主義"。許多同一時期的
精英體現出同樣的轉變趨勢。

　　如前所述，梁啟超在一戰爆發之初一度看好德國，但很快轉
向主張中國加入協約國，對德宣戰。1918 年底，梁啟超親赴歐
洲，並於 1919 年旁聽了巴黎和會的討論。目睹歐洲在世界大戰
後的慘狀之後，梁啟超對戰前他所推崇的許多理論做出進一步的
反思。戰前的梁啟超經常援引社會達爾文主義，認為國家已經是
人類最高的團體，如果破除國界，全球一統，國家之間的競爭就
會消滅，人類文明因此會停滯不前。[3] 一戰讓梁啟超看到國家間的

1　《內外時報：終了的老世紀與德國學者》，《東方雜誌》第 16 卷第 4 號，1919 年
　　4 月。
2　《亞洲的德意志》，《每週評論》第 13 期，1919 年 3 月 16 日。
3　梁啟超：《新民說》，北京：商務印書館 2016 年版，第 57 頁。

衝突所帶來的災難性後果，看到片面強調競爭的“文明等級論”
對這種災難負有責任。戰後的梁啟超從強調人類團體之間的競爭
轉向強調合作與互助，主張國家之上存在更高的團體，主張中國
應當積極參與國際聯盟的建設，並從批判中國兩千年來的“大一
統”為“新民”之阻礙，轉向自豪地宣佈中國古代傳統中富含建
設超國家秩序的資源。[1]

　　與此同時，梁啟超不再主張“主權在國”論，而是探討“民
主主義”的“全民政治”應當如何落實。[2]他並未因此而反思他在
1903年對心目中的“十九世紀”理論代表盧梭的批判是否真正
公允，但至少，他已經悄悄收起了當時心目中的“二十世紀”理
論代表伯倫知理的旗號。梁啟超一度推崇的“主權在國論”擔心
未經訓練的民眾及其在代議機構中的代表無法承擔起國事重任，
從而給激烈國際競爭中的中國帶來不利後果。出於這種擔心，康
梁都看重“中等社會”的領導作用，在民初都反對擴大選舉權和
被選舉權範圍，反對擴大國會權力。然而，事實證明，中國的
“中等社會”並沒有發揮他們所期待的政治整合作用，民初的精
英政治走向了軍閥割據和混戰，各種精英勢力相互對峙並形成某
種難以打破的均勢。可以說，以“中等社會”為主體推進政治建
設的思路，受到了巨大的挫折。

　　而要發揮民眾的作用，除了辦好地方自治、引入職業代表制
和國民公決（referendum）等制度建設之外，更要避免社會兩極

1　梁啟超：《歐遊心影錄》，北京：商務印書館2014年版，第31頁，第169—
　　174頁。
2　同上，第33—34頁，第42—44頁。

分化造成的資本寡頭的專制。梁啟超在《歐遊心影錄》中指出："歐洲工業革命時代就因為沒有思患預防,如今鬧到積重難返,費盡九牛二虎之力,還矯正不了幾分。好在我們是個後進國,他們走的路怎麼錯法,都已眼見,他們所用的藥方,一張一張的羅列供我參考。我們只要避了那迷人的路,用了那防病的方,令工業組織一起手便是合理健全的發展,將來社會革命這個險關何嘗不可以免掉。"[1] 從梁啟超的視角來看,中國恰恰因為落後,而具有了某種"後發優勢",可以預先看到先發國家道路的利弊,節省"走彎路"的成本。

康有為不僅在戰前認為德國可能會取勝,在一戰中大部分時間中,一直保持著支持德國的態度。在 1917 年"府院之爭"時,康有為曾致電段祺瑞和黎元洪,指出中國的國力不足以與德國作戰 [2],他甚至參與了德國支持的丁巳復辟。從康有為所作的《大同書》來看,康有為是一個具有社會革命視野、對十九世紀歐洲社會主義運動不乏了解和同情的思想家。然而,他的理想圖景的激進性和當下實踐的保守性,卻是並行不悖的。康有為反覆強調,要循序漸進,不能跳過必要的歷史階段。在 1904 年《意大利遊記》中,康有為曾稱"吾昔者視歐美過高,以為可漸至大同,由今按之,則昇平尚未至也"[3]。這一說法將當時的歐美視為尚未抵達"昇平世"階段。既然連歐美也處於"據亂世",那麼"內其

1 梁啟超:《歐遊心影錄》,北京:商務印書館 2014 年版,第 46—47 頁。
2 康有為:《致北京電》,湯志鈞編:《康有為政論集》,北京:中華書局 1981 年版,第 977 頁。
3 康有為:《意大利遊記》,姜義華、張榮華編校:《康有為全集》(第七集),北京:中國人民大學出版社 2007 年版,第 374 頁。

國而外諸夏”即是通行的規則，像德意志第二帝國一樣加強內部組織以進行“外競”，就代表著現階段的時代精神。在這一階段，康有為認為在政體上應奉行君主立憲，而引入共和制仍為時過早；在經濟社會政策上，康有為也反對革命派的社會革命主張。他期待中國通過內部的精英整合，提高自身的國際地位。在一戰德國落敗之前，康有為確實真誠地相信德國代表著新的世界潮流，應當成為中國學習的榜樣。

在德國戰敗之後，康有為不再公開主張效仿德意志第二帝國，但仍然沒有放棄他的君主立憲方案。但他也不得不調整他的德國論述。比如說，在 1919 年 1 月致陸徵祥等人的信中，康有為運用“三世說”理論框架，將拿破崙與德皇威廉二世都作為實行“據亂世”之法、“私其國”的範例。而到了“昇平世”，列國之間加強協調，“歐美人互相提攜而擯斥他種，夷滅菲洲，彼亦自謂內諸夏而外夷狄者也”。[1]康有為在此把十九世紀歐洲的維也納體系作為“昇平世”的國際體系，歐美人相互提攜，對外殖民，正體現了“內諸夏而外夷狄”的特徵。只是德皇威廉的對外政策出現了“返祖”現象，不是繼續推進國際聯盟的建設，而是“私其國”，攻擊其他文明國家（諸夏）。將 1919 年的信件與 1904 年的遊記相比，康有為對歐美所處歷史階段的定位出現了很大的修改。這是在其自身的“三世說”框架中對歷史階段定位的調整，看似不動聲色，但實際上是巨大的改變：如果當世是“據亂世”，德意志第二帝國就是典範；但如果已經是“昇平

1　康有為：《致議和委員陸、顧、王、施、魏書》，姜義華、張榮華編校：《康有為全集》（第十一集），北京：中國人民大學出版社 2007 年版，第 99 頁。

世"，德國就不再是典範，而建設國家之上的國際聯盟成為了代表時代精神的任務。雖然理論框架不同，康有為的理論調整的方向，仍然與梁啟超同向而行。

胡適早年服膺於《天演論》，甚至從"適者生存"中取了"適"作為筆名，最終在 1910 年官派留美時以"胡適"為正式名字。一戰爆發後，胡適長期身處保持"中立"的美國，並在美國宣戰之後回到中國，這使得他能夠接觸到與歐洲和日本不同的政治與知識氛圍。胡適絲毫沒有注意到美國在保持"中立"的同時，向交戰雙方販賣武器和物資，大發戰爭財，而是相信美國的"中立"是為了和平和人道主義。而這個具有"和平"形象的美國，成為胡適觀察和理解世界的重要支點。一戰爆發之後，在 1914 年 12 月 12 日的日記裏，胡適指出："今世界之大患為何？曰，非人道之主義是已，強權主義是已。弱肉強食，禽獸之道，非人道也。以禽獸之道為人道，故成今日之世界。"他引用德意志第二帝國的國歌歌詞"德意志兮，德意志兮，凌駕萬邦"（Deutschland, Deutschland, über alles），認為這正是強權主義的體現。在此基礎上，胡適激烈批評"天擇"之說，指出："今之持強權之說者，以為此天演公理也。不知'天擇'之上尚有'人擇'。天地不仁，故弱為強食。而人擇則不然。人也者，可以勝天者也。"[1] 養老而濟弱，即是"人擇"的體現，也是"仁"的體現。胡適在 1915 年 5 月 8 日的日記中又記錄了自己與同學韋蓮司的對話，認為達爾文《物種由來》（即《物種起源》）在西方

---

1 《胡適留學日記》（上卷），合肥：安徽教育出版社 2006 年版，第 466 頁。

遭到了許多守舊者的駁斥，但《天演論》傳播到中國，則“無有拒力”，胡適同意韋蓮司的看法：這仍是東方人士“習於崇奉宗匠之言”的表現。[1]

　　而世界的出路是什麼呢？胡適認為：“救世之道無他，以人道易獸道而已矣，以公理易強權而已矣。”[2] 而他倡導的救國之道，則是：“興吾教育，開吾地藏，進吾文明，治吾內政：此對內之道也。對外則力持人道主義，以個人名義兼以國家名義力斥西方強權主義之非人道，非耶教之道，一面極力提倡和平之說，與美國合力鼓吹國際道德。國際道德進化，則世界始可謂真進化，而吾國始真能享和平之福耳。”[3] 胡適批判“西方強權主義”，但並沒有對西方文明感到幻滅，因為他身處一個自我標榜不同於歐洲列強的國度，因此才有“與美國合力鼓吹國際道德”的主張。在 1915 年 5 月的日記裏，胡適還抄寫並翻譯了威爾遜總統的演講，稱讚威爾遜能在國中宣戰言論洶洶之時，“獨能為此極端的人道主義之宣言，其氣象真不凡”[4]。而在 1917 年 1 月威爾遜主張對德宣戰，在參議院發表《沒有勝利的和平》（Peace Without Victory）演講時，胡適又抄錄並翻譯了其演講的結語，稱其“文中陳義甚高”，並評論前總統西奧多·羅斯福對威爾遜的攻擊是“失志則如瘋狗不擇人而噬矣”[5]。對於威爾遜 1916 年開

1　《胡適留學日記》（下卷），合肥：安徽教育出版社 2006 年版，第 67 頁。

2　《胡適留學日記》（上卷），合肥：安徽教育出版社 2006 年版，第 466 頁。

3　同上，第 467 頁。

4　《胡適留學日記》（下卷），合肥：安徽教育出版社 2006 年版，第 89 頁。

5　同上，第 451—454 頁。

啟第二任期時所發表的演說詞，胡適同樣抄錄並翻譯。[1] 他尤其讚賞威爾遜建構國際聯盟的主張，認為這是實現和平的好方法，因此相信美國放棄中立而參戰是為了和平，並對拒絕參軍的美國友人表示不願苟同。[2]

我們大致可以說，留學時期的胡適已經 "以美國為方法"——當然是以他所看到的美國為方法，相信美國具有遠大的道德抱負，代表著不同於歐洲與日本的選項。因而，對於美國抱有巨大信心的胡適不會像他昔日的偶像嚴復那樣，在目睹歐戰之後，對西方文明產生巨大的幻滅感；更不會像李大釗、陳獨秀那樣轉向 "以俄為師"。

大戰以來，梁啟超、康有為、杜亞泉、胡適對於西方的態度演變出現差異，但都經歷了對社會達爾文主義的幻滅，都以否定德國軍國主義而告終。而青年毛澤東是在一戰期間才開始系統性的著述，在戰前並沒有強烈的成見，因而也談不上有劇烈的轉向。他對普魯士／德國的同情，甚至持續到一戰之後。1919 年 7 月，在《凡爾賽和約》簽訂後，毛澤東連續撰寫了 11 篇涉德政論，其中的萬字長文《德意志人的沉痛簽約》有這樣的論述："德國為日耳曼民族，在歷史上早蜚聲譽，有一種倔強的特質。一朝決裂，新劍發硎，幾乎要使全地球的人類都擋他不住。我們莫將德國的窮兵黷武，看做是德皇一個人的發動。德皇乃德國民族的結晶。有德國民族，乃有德皇。德國民族，晚近為尼采、菲希特、頡德、泡爾生等 '向上的' '活動的' 哲學說所陶鑄。

---

1 《胡適留學日記》（下卷），合肥：安徽教育出版社 2006 年版，第 472—474 頁。
2 同上，第 507 頁。

聲宏實大，待機而發。至於今日，他們還說是沒有打敗，'非戰之罪'。德國的民族，為世界上最富於 '高' 的精神的民族。惟 '高' 的民族，最能排倒一切困苦，而惟求實現其所謂 '高'。我們對於德皇，一面恨他的窮兵黷武，濫用強權。一面仍不免要向他灑一掬同情的熱淚，就是為著他 '高' 的精神的感動。"[1] 這裏的分析，隱含著梁啟超對於 "民族帝國主義" 的分析的邏輯，即強調德國的擴張並非源於個別君主的野心，而是民族力量的膨脹。由於中國在巴黎和會上遭遇的不公平待遇，毛澤東對受到巴黎和會沉重打擊的魏瑪民國心存同情。他對德國的肯定並不能被簡單地解讀為對國家主義的讚美，因為他很快預測德國會爆發進一步的階級革命。但他對德國的肯定評論，多少體現了湖南省域認同中的普魯士—德國影像在戰後的延續。

　　而在對 "文明" 的認識上，毛澤東這一期間的著述中展現了兩種 "文明" 觀念的交織。一種是複數的 "文明" 觀念。在 1920 年 3 月致周世釗的信中，毛澤東分析指出："世界文明分東西兩流，東方文明在世界文明內，要佔個半壁的地位。然東方文明可以說就是中國文明。" 他主張在研究過中國古今學說制度的大要之後再開展留學。另一種是單數的 "文明" 觀念。在同一封信裏，毛澤東主張："我覺得俄國是世界第一個文明國。我想兩三年後，我們要組織一個遊俄隊。"[2] 毛澤東沿用了戰前的 "文明

1　毛澤東：《德意志人沉痛的簽約》（1919 年 7 月 21 日），《毛澤東早期文稿》，長沙：湖南出版社 1995 年第 2 版，第 352 頁。

2　毛澤東：《致周世釗信（1920 年 3 月 14 日）》，《毛澤東早期文稿》，長沙：湖南出版社 1995 年第 2 版，第 476 頁。

國"概念，但對其標準進行了置換。這種單複數"文明"觀並行的用法，在一戰後的中國存在相當的典型性。複數的"文明"指向一個社會在歷史中累積的總體成就，並已經在相當大程度上脫離了與"野蠻"的對立。而單數的"文明"則可以更直接地展現一種價值尺度，"文明"意味著好的、進步的、值得嚮往的，它的反面仍然是"野蠻"，意味著壞的、落後的、不值得追求的。當毛澤東說"俄國是世界第一個文明國"的時候，他用以評判"文明"的實質尺度，已經不可能是十九世紀主流的俯視底層民眾的"文明"尺度，而是一種以底層民眾為政治主體的新尺度。在這一方向上，毛澤東與李大釗匯合，並在李大釗就義之後，繼續推進其未能完成的事業。

五、餘論

　　在第一次世界大戰爆發之初，中國輿論界支持德國的情緒高漲，這並不是偶然的現象。戰前中國流行的“競爭推動進步”的“文明”觀念，本身就以德國為典範；也因此，德國的失敗就不僅是一個國家的失敗，更會觸動戰前中國輿論界對“文明”的認識範式。隨著戰爭的進展，我們可以看到，各方不斷對自己的論述做出調整。不管是杜亞泉式的、梁啟超式的、康有為式的還是李大釗式的理論調整，都可以顯示出中國知識界、輿論界對“文明”的理解發生了範式性的改變。

　　戰前主導中國輿論界的“文明”理解範式是一元式的、等級式的，承認少數殖民帝國居於“文明國”的地位，認為立憲的重要目的是模仿並尋求這些“文明國”的承認，從而在國際體系中獲得與殖民帝國平等的地位。但在第一次世界大戰之中，殖民帝國的猛獸式廝殺，導致這種強調競爭與國家內部組織力的“文明”觀喪失了輿論領導權，甚至被視為世界大戰的原因，而被戰前的主流“文明”觀念否定的“大一統”傳統與強調和平協作的文化，現在以“東方文明”的名義，獲得了更為積極正面的評價。“文明”是多樣的，而且可以互鑑互補，這成為很多論者的新視野。而階級之間的鬥爭終結國家之間的大戰，使得社會主義在輿論界獲得了極高聲響。馮自由曾這樣描繪戰後中國輿論界的狀況："這回歐洲大戰後的結果，社會主義的潮流，真有萬馬奔騰之勢，睡在鼓裏的中國人便也忽然醒覺，睡眼惺忪的不能不跟著一路走。現在社會主義的一句話，在中國卻算是最時髦的名詞了。"[1] 經過一個複雜的"否定之否定"過程，一戰後的諸多論者發現，孔孟之道和當世的社會主義存在很多精神上的一致性。秦漢之後的中國傳統曾被視為走向"文明"的絆腳石，現在卻可以被視為建設新文明的積極資源。

在此，我們還有必要探討辜鴻銘這個獨特的案例。辜鴻銘生於南洋華僑家庭，是個灰藍眼睛的混血兒，早年在英國、德國接受教育，尤其受到其在愛丁堡大學的導師、英國浪漫主義大家卡萊爾（Thomas Carlyle）的深刻影響，後者批評英國資本主義社會物慾橫流、道德淪喪，主張通過恢復古老的宗教秩序來恢復道德。因此，從所受的教育來說，辜鴻銘從一開始就與十九世紀主流的尚"智"而不尚"德"的"文明等級論"處於深刻的緊張關係之中。在義和團運動爆發後，辜鴻銘即發表英文系列評論，為義和團運動以及清政府辯護，於 1901 年編為 "Papers from a Viceroy's Yamen"（《總督衙門來書》，又名《尊王篇》），其基本論證方式是將"文明"與社會的組織力脫鈎，論證"文明"的意義在於培養有道德而優雅的教養者。如果說此時辜鴻銘只是較為謹慎地為中國文明辯護，1914 年大戰爆發後，辜鴻銘主動出擊，在英文報紙《中國評論》上發表系列評論，於 1915 年以

1　馮自由：《社會主義與中國》，香港：社會主義研究所 1920 年版，第 56 頁。

The Spirit of the Chinese People（《中國人的精神》）為題結集
出版，次年又出版德文版，論證中國文明可以為西方文明的自救
提供啟示：“我相信，學習中國文化，學習中國書籍和文學，所
有歐美人民都將大有裨益”，“我想表明研究中國文明如何有助
於解決當今世界面臨的問題——如何將歐洲文明從崩潰中拯救
出來”[1]。世界大戰的爆發使得辜鴻銘確信西方文明陷入深重的危
機，因而將其早先對中國文明的辯護發展成為“中國文明救西
論”。但辜鴻銘的文明觀本身並未因時勢的變化而有什麼實質性
的轉變，因為他對“文明”的理解，早在歐洲接觸浪漫主義思想
的時候就已經奠定，從巴克爾到福澤諭吉、康有為、梁啟超的那
種尚智、尚力的“文明”觀，從一開始就是他致力於批判的對象。

　　辜鴻銘的“中國文明救西說”，引發了《新青年》作者群體
的激烈批判，他們甚至將其與 1917 年張勳發動的帝制復辟關聯
在一起[2]。在五四運動前後的“東西方文化論戰”中，《新青年》
作者群體總體上將“東”與“西”的關係視為“舊”與“新”的
關係，既反對辜鴻銘的“中國文明救西說”，也反對杜亞泉、梁
啟超等人的“東西文明調和論”。然而在論戰中，《新青年》作者
群體事實上也對“西方”做了新的界定，他們所肯定的“西方”，
不是那個貧富對立、階級分化、窮兵黷武，在世界大戰中相互毀
滅的“西方”，而是在很大程度上寄託了他們的平等與自由的理
想。而在“十月革命一聲炮響”之後，《新青年》作者群體加速

1　黃興濤等譯：《辜鴻銘文集》（下卷），海口：海南出版社 1996 年版，第 8 頁。

2　陳獨秀：《質問〈東方雜誌〉記者——〈東方雜誌〉與復辟問題〉，《新青年》第 5
　　卷第 3 號，1918 年 9 月 15 日。

分化，胡適繼續相信美國作為西方文明的道德代表的資格，但更多作者將美國也納入了"帝國主義"的範疇。馬克思主義在戰後中國的傳播使得東西方的關係獲得了一個更為宏大的理論框架：西方社會已經進入資本主義乃至帝國主義階段，而東方還"停滯於宗法社會及封建制度之間"[1]，"東"與"西"的關係仍然是"舊"與"新"的關係，但無論是西方還是東方的社會都存在巨大的缺陷，最終都要超越自身目前所處的階段，如瞿秋白所云，建設一種新的"社會主義的文明"[2]。李大釗在 1918 年 7 月所設想的"第三新文明"，在此獲得了更為具體的內涵。經過這一系列思想轉變，像戰前那樣，由現實中的西方列強單方面掌握"文明的標準"，對其他民族發號施令的觀念局面，已經一去不復返了。

在這一視野之中，人們對憲法與"文明"關係的理解，也迅速發生改變。已經死亡的德意志第二帝國的憲法，不再是"文明"的象徵，甚至其他帝國主義列強的憲法的"文明"成色也在淡化。一種新的憲法分類標準在戰後中國悄然興起，那就是"二十世紀之憲法"與"十九世紀憲法"之區分。

---

1 瞿秋白：《東方文化與世界革命》，《瞿秋白文集·政治理論編》（第二卷），北京：人民出版社 2013 年版，第 14 頁。

2 屈維它（瞿秋白）：《東方文化與世界革命》，《新青年》1923 年第 1 期。瞿秋白：《現代文明的問題與社會主義》，《東方雜誌》第 21 卷第 1 號，1924 年 1 月 10 日。

第四章

渡河之舟：
"二十世紀之憲法"
觀念的興起

在憲法的諸多分類方法之中，以"世紀"作為劃分標準是一種雖不常見，但具有重要理論意涵的分類方法。德國憲法學家卡爾·羅文斯坦（Karl Loewenstein）在二十世紀五十年代發表的《反思我們革命年代的憲法價值》（Reflections on the Value of Constitutions in Our Revolutionary Age）一文中明確區分了"十八世紀之憲法"與"十九世紀之憲法"[1]；在晚近的一篇題為"什麼是二十世紀之憲法"（What is the Twentieth-Century Constitution）的論文中，美國馬里蘭大學憲法學教授彼得·昆特（Peter E. Quint）將美國憲法正文及其前 11 條修正案作為"十八世紀之憲法"的典範，以之為基準，通過與更為晚近的外國憲法的對比來探討何為"二十世紀之憲法"[2]。英國劍橋大學出版社出版過《十八世紀憲法 1688—1815：檔案與評論》（*The Eighteenth-Century Constitution 1688-1815: Documents and Commentary*）以及《十九世紀憲法 1815—1914：檔案與評論》（*The Nineteenth-Century Constitution 1815-1914: Documents and*

1　Karl Loewenstein, "Reflections on the Value of Constitutions in Our Revolutionary Age", Arnold J. Zurcher (ed.), *Constitutions And Constitutional Trends Since World War II*, New York: New York University Press, 1955, pp. 194-197.

2　Peter E. Quint, "What is the Twentieth-Century Constitution", *Maryland Law Review*, Vol.67, No.1, pp. 238-257.

Commentary）兩個英國憲法資料與評註集 [1]，其標題即訴諸 "十八世紀之憲法" 與 "十九世紀之憲法" 概念。在日本的法政文獻中，同樣可以看到這種以 "世紀" 來界定憲法的時代精神的論述方式，如我妻榮編輯的《新版法律學辭典》在對《魏瑪憲法》的解釋中明確使用 "二十世紀憲法" 這一術語。[2] 然而，從這些文獻的具體論述來看，"十八世紀"、"十九世紀"、"二十世紀" 往往不僅僅是紀年尺度，其分期也並不與公曆紀年完全重合，因而更多地指向一種濃縮的 "時代精神"。

　　當代中國法學界對以 "世紀" 來界定憲法時代精神的用法並不完全陌生 [3]，但已經極少在關於當代中國法律實踐的探討中使用這一憲法分類方式。同時，也很少有學者注意到這一現象——"二十世紀之憲法"，這樣一個在今日中國已經不常用的學理性

1　H. J. Hanham (edi.), *The Nineteenth-Century Constitution 1815-1914: Documents and Commentary*, Cambridge: Cambridge University Press, 1969. E. Neville Williams (edi.), *The Eighteenth-Century Constitution 1688-1815: Documents and Commentary*, Cambridge: Cambridge University Press, 2009.

2　我妻榮編輯的《新版法律學辭典》認為，德國《魏瑪憲法》 "一方面根據十九世紀的自由主義與民主主義，另一方面又採取強調財產權的義務性，以保障所有的人過人的生活為理想的社會國家的立場，在這一點上，被看作是二十世紀憲法的典型"。〔日〕我妻榮：《新版法律學辭典》，北京：中國政法大學出版社 1991 年版，第 1007 頁。

3　參見徐秀義，韓大元主編：《現代憲法學基本原理》，北京：中國人民公安大學出版社 2001 年版，第 31 頁；焦洪昌主編：《憲法》，杭州：浙江大學出版社 2008 年版，第 69—70 頁；何華輝：《比較憲法學》，武漢：武漢大學出版社 2013 年版，第 37—38 頁；黃越欽：《勞動法新論》，北京：中國政法大學出版社 2003 年版，第 50—52 頁。更早的討論，可參見羅家衡：《中華民國憲法芻議》，台北：自由出版社 1945 年版，第 78 頁；林紀東：《法學緒論》，台北：台灣五南圖書出版有限公司 1978 年版，第 260—267 頁；龔祥瑞：《比較憲法與行政法》，北京：法律出版社 1985 年版，第 172—175 頁。

概念及其所包含的憲法分類方式，一度在二十世紀二十年代中國的制憲實踐和關於憲法的公共討論中發揮過重要作用，影響到中央政府層面的制憲和一系列"省憲"的起草。更沒有任何研究文獻探討過這樣一個問題："二十世紀憲法"或"二十世紀之憲法"這樣的術語及相應的憲法分類方式，在漢語語境中究竟是如何出現並擴散開來的？

這個歷史考證問題貌似並不起眼，但隨著中國近代思想研究的進展，已經日益變得重要。正如汪暉教授《世紀的誕生》所揭示的那樣，在 1900 年之前，中國基本上沒有人使用"二十世紀"這個詞語，然而從 1900 年初開始，以梁啟超為先驅，一大批中國的仁人志士不約而同地使用起"世紀"與"二十世紀"這樣的表述，進而向前追溯，以"十九世紀"、"十八世紀"命名之前的時代。作為一種紀年方法的"世紀"源於西方格里高利曆，其得以廣泛應用，表明當時的論者已經體會到，傳統的干支紀年法、王朝紀年法以及晚清不少人士倡導的黃帝紀年法和孔子紀年法，都已經不足以把握他們所面臨的新的時勢。汪暉教授指出，"世紀"的意識體現了對一個獨特時勢的把握，這個時勢"把他者的歷史、把整個外部的歷史變成自己的歷史，同時也將自己的歷史置於全部歷史的內部予以解釋和指認。這是全球範圍內的共時性關係的誕生，也是從共時性關係中確認其內部非均衡性的開端"[1]。新時勢的關鍵就是梁啟超所說的"民族帝國主義"的興起——東西方列強以民族的組織力和經濟力為後盾，進行全球

---

[1] 汪暉：《世紀的誕生》，北京：生活‧讀書‧新知三聯書店 2020 年版，第 93 頁。

的勢力擴張，由此也給殖民地半殖民地社會帶來一種強烈的共時性體驗。晚清和民初中國知識界和輿論界對“帝國主義”的討論已經揭示，帝國主義不僅僅是一種政治和軍事上的壓迫性力量，更是在經濟、社會和文化上產生了極大的影響力。對這種壓迫性力量的抵抗，因而不可能僅僅局限於政治和軍事領域，更需要本國社會在經濟、社會和文化領域進行深刻的變革。

《世紀的誕生》將“世紀”與“二十世紀”建構為思想研究的對象，但尚未深入論述“世紀”觀念在憲法領域的體現。在此之前，法學界已有作品探討近代憲法演進中出現的對私有財產權的限制、公民經濟社會基本權利的入憲，等等[1]；亦有作品從“法律移植”的視角，探討二十世紀二十年代以來中國從中央到各省的制憲中對《魏瑪憲法》“社會權”的轉譯和借鑑[2]，但既有研究文獻尚未專門探詢“二十世紀之憲法”（或“二十世紀憲法”）這一具體的漢語表述方式以及以“世紀”進行憲法分類的方式之起源。本章將嘗試填補這一研究空白。與以往相關研究文獻不同的是，本章不是對具體制度或立法技術的探討，而是對以時代精神劃分憲法類型的分類方式的溯源式研究，將集中探討“二十世紀之憲法”的表述與相應觀念在近代中國語境中的發生，從而推進對法律的“時代精神”的研究。

1　如聶鑫：《憲法基本權利的法律限制問題：以中國近代制憲史為中心》，《中外法學》2007 年第 1 期；聶鑫：《財產權憲法化與近代中國社會本位立法》，《中國社會科學》2016 年第 6 期；聶鑫：《“剛柔相濟”：近代中國制憲史上的社會權規定》，《政法論壇》2016 年第 4 期；張翔：《財產權的社會義務》，《中國社會科學》2012 年第 9 期。

2　李富鵬：《魏瑪憲法社會權的中國轉化》，《環球法律評論》2020 年第 3 期。該文指出民國時期國人對《魏瑪憲法》“社會權”的理解具有“政策化”的傾向，頗有意義。

本章嘗試提出如下主要觀點：漢語中"二十世紀憲法"或"二十世紀之憲法"之表述，以及相應的以時代精神對憲法進行分類的方法，出現於二十世紀二十年代前期，是國際體系和制憲議程劇變帶來的直接產物。第一次世界大戰之前，儘管中國輿論界已經有大量對"二十世紀"及其時代精神的討論，但"二十世紀"與"憲法"尚未組合到一起，成為憲法討論中的關鍵詞。第一次世界大戰徹底摧毀了1814—1815年維也納會議奠定的維也納體系，催生了一系列新的獨立國家及其新憲法；中國二十世紀二十年代前期法統分裂、南北對峙的局勢，也催生了一個制憲的高潮；中國的"憲法熱"與歐洲的"憲法熱"相互激盪，其結果是，在歐洲出現的新的憲法討論議程，深刻影響到中國這一時期的法政話語和制憲活動。戰後大量新的憲法議題的出現，給討論的參與者帶來時間意識上深刻的斷裂感，"二十世紀之憲法"的自覺由此發生，而1919年制定的、從今天來看具有極大缺陷的德國《魏瑪憲法》，成為中國精英人士眼中"二十世紀之憲法"的典範。與"二十世紀之憲法"觀念同時出現的，是對"十九世紀之憲法"、"十八世紀之憲法"的追溯性描述。在新的憲法意識之下，中國晚清與民初的制憲活動，也被一些論者納入"十九世紀之憲法"之範疇。

從"二十世紀"意識到"二十世紀之憲法"意識，有大約二十年左右的時間差。眾所周知，法律體系，尤其是憲法，通常是一個社會中自我延續的慣性較強的構成部分，要經過相當的思想和政治社會力量的積累，才有可能推動其變革。這種積累中必不可少的步驟，就是影響立憲的精英人士了解、適應、接受乃至倡導新的法律議程。在第一次世界大戰之前，儘管中國已有不少仁人志士對帝國主義進行了深刻的思想批判，但當時的法律議程基本上仍然被一種“適應型”的意識所主導，論者大多對改變由帝國主義列強主導的國際體系缺乏信心，其主流意識是不尋求改變等級性、壓迫性的體系本身，但求改變中國在這個國際體系中的位置。十九世紀國際體系內嵌的“文明（civilised）— 半文明（semi-civilised）— 野蠻（savagery）”之等級，被視為短期內不可動搖的結構。因此，日本的明治維新才成為中國法律變革的主導性典範，因為日本正是通過以西律為典範改變本國的法律，獲得西方列強的認可，最終改變自身在國際上的“半文明國家”的地位，得以躋身列強俱樂部“國際大家庭”。而日本所模仿的普魯士 — 德意志第二帝國，更是成為許多中國知識分子眼中的新潮流代表。然而，第一次世界大戰卻讓這個看似不可動搖的結構動搖了：一系列自稱為“文明國家”的列強自相殘殺，上千萬生命灰飛煙滅，這不僅震驚了非西方世界的旁觀者，也震驚了西方列強自身，十九世紀的“文明”神話的玫瑰色迅速褪去。列強之間的相互廝殺更是摧毀了原有的“大國協調”體系[1]，被列強“大國協調”壓抑的工人運動和民族解放運動噴薄而出，尤其是俄國十月革命爆發，對西方列強產生了極大的震動。為了防止未來再次出現布爾什維克式的革命，西方國家的當權者願意對國內相對溫和的反抗力量做出有限的讓步，而這就使得在十九世紀被壓抑的經濟議題和社會議題加速被納入法律討論的議程。

1　關於“大國協調”與戰前國際體系的關係，參見章永樂、魏磊傑主編：《大國協調及其反抗者》，北京：北京大學出版社 2018 年版。

　　然而將歐美出現的新的立憲議程嵌入中國的語境，始終面臨著一個"共時性問題"：貧弱的中國與歐美列強處於同一時代嗎？與歐美列強相比，中國是一個農民人口佔絕對多數的大國，工業化起步晚，進展慢，產業工人數量與農民相比可謂微不足道。西方出現的新立法議程，因而也容易被視為過於"超前"，不適合中國的國情。在中國推進"二十世紀之憲法"概念的精英，也就需要回應一系列具體的問題：中國是否位於西方工業化國家已經經歷過的某個階段，因而不應該吸納西方工業化國家當下的立憲議程？中國的歷史傳統與社會土壤適合引入這些新的立憲議程麼？正是在歷史行動者對問題及其答案的反覆斟酌過程中，"二十世紀之憲法"的形象逐漸變得豐滿起來。

　　本章將首先在北洋時期國會憲法起草委員會的立憲討論中尋找"二十世紀之憲法"觀念的蹤跡，進而追溯更早探討"二十世紀之憲法"的人物和文獻，並進一步考察這些討論在當時發揮了何種影響力；本章還將進一步探討：中國究竟是被動地接受"二十世紀之憲法"的議程，還是主動地參與了"二十世紀之憲法"議程之形成，並進一步思考這一觀念與二十世紀中國道路的相關性。

一、"二十世紀之憲法"觀念的生成

二十世紀二十年代中國產生的"二十世紀之憲法"觀念，其關鍵特徵是強調"十九世紀之憲法"的缺陷，並凸顯自身對這些缺陷的回應。如果僅在"二十世紀"與"憲法"之間作鬆散的關聯，並不強調"二十世紀"與"十九世紀"的差異，或許可以歸入"二十世紀之憲法"觀念的"前史"，但並不屬於嚴格意義上的"二十世紀之憲法"觀念。我們可以舉出這種鬆散的關聯方式的一個例子：在護法運動期間，被黎元洪解散的國會曾在廣州重新召集，並討論了憲法草案的修改。在對憲法草案第十九條第二項"國民教育以孔子之道為修身大本"之規定進行討論時，憲法起草委員會委員馬君武在反對立孔教為國教時，曾提出"二十世紀定最新憲法"的說法："篤信宗教為歐洲數百年前之陳跡，現在日進文明，無不主張政府分離者，北美自開國以來即倡宗教與教育分離之主義，世界大勢所趨既已如此，當茲二十世紀定最新憲法而必取數百年前之腐說加以規定寧非狂耶。"[1]在此，馬君武用了"二十世紀"的說法，只不過是強調當代與數百年之間的對比，並未在與"十九世紀"對比的意義上，精確地界定"二十世

---

[1] 吳宗慈：《中華民國憲法史》，北京：法律出版社 2013 年版，第 427 頁。

紀"乃至於"二十世紀之憲法"所體現的時代精神。

嚴格意義上的"二十世紀之憲法"觀念，究竟是如何表達的？我們還是可以將眼光投向國會憲法起草委員會的討論：從1923年1月8日開始的憲法起草委員會第五十二次會議到2月21日第六十一次會議，委員們集中討論生計和教育入憲的問題。當年4月17日，憲法起草委員會正式決定在憲法草案中增加"生計"一章，梁啟超領導的"研究系"骨幹人士、憲法起草委員會委員林長民為該章起草了立法理由。林長民指出："本章條文多半採取德意志新憲法中關於經濟生活之規定，即謂德憲為本法案之淵源固無不可。然國民生計本為吾國古來政治學說之所置重……若德憲之精神，謂為實行社會主義固無不可，實則德憲與社會主義為兩物，特用以和緩社會主義之激進，完全範之於法律軌道以內……本章採取德憲亦為緩和社會劇變之意。"[1]

在解釋為何參照德國《魏瑪憲法》之時，林長民著重從兩個方面予以說明。第一是強調"國民生計本為吾國古來政治學說之所置重"，並引用了孔子"不患寡，而患不均"的論述以及孟子對"恆產"的強調，以此說明德憲並非外在於中國傳統之精神；其次，林長民分析了自十八世紀以來時代精神的變遷，強調資本主義發展所帶來的社會兩極分化，正在帶來社會革命的潮流。林長民認為"十九世紀之憲法為個人自由之憲法，即為資產階級之憲法"，此種憲法如果不變，必將造成激烈的社會革命，"假使各國憲法皆有關於國計民生之規定，皆有伸縮之餘地，則一切法

---

1 吳宗慈：《中華民國憲法史》，北京：法律出版社 2013 年版，第 1021 頁。

制可以隨時改變，無論何種派別不必更為革命的行動矣"[1]。又多次引用 1918 年《俄羅斯蘇維埃社會主義聯邦共和國憲法（根本法）》與 1921 年遠東共和國的《赤塔憲法》作為最為激進的社會革命所產之憲法，通過對比，將更為溫和的《魏瑪憲法》樹立為最值得參考的典範，旨在未雨綢繆，為未來的社會經濟立法留足空間，以防止激進社會革命之發生。

　　林長民在關於憲法草案是否應當規定勞工問題的辯論中，更為明確地提出了"二十世紀制定之憲法"與"十九世紀憲法"的對立：

　　諸君須知，十九世紀世界各國國民爭憲法，二十世紀世界各國國民爭生活，即所謂生活問題是也。蓋因十九世紀之憲法差不多皆是保障一部分人民之憲法，即是保護有產階級之資本家。因為十九世紀憲法不公平，故現在世界各國憲法皆難免動搖。中國憲法成立在世界各國之後，正可鑑於各國之失，而免去生計革命之結果……要知，現在二十世紀制定之憲法，係"麵包憲法"，即是制定生活程度之憲法，憲法之中必要容納種種主張，如民生制度經濟制度之類，方足以保持長久。[2]

　　國會憲法起草委員會委員長湯漪原則上支持林長民的"生計"專章草案，其發言如同林長民那樣，將"十九世紀"與"個人主義"關聯在一起，並認為"個人主義發達過甚"導致資本家

1　吳宗慈：《中華民國憲法史》，北京：法律出版社 2013 年版，第 1022 頁。

2　同上，第 1094 頁。

的專制。而"中國歷史上因無自由主義,遂未發生資本家",但不能保證中國未來不會發生類似的情形,因此需要在憲法上預留空間。至於立法的精神,"必須一方面提倡生產,一方面又防止資本家或企業家之操縱"。同時,湯漪強調:"本席主張並非因世界有此新潮流即須仿而效之,確係根據中國歷史。孔孟之言,所謂'富之教之'精神規定於憲法。"[1] 這些論述基本上是以不同的形式重述了林長民的主張。

如果說"二十世紀之憲法"是到了 1923 年初才在國會憲法起草委員會的討論中"閃亮登場",這一議題在公共輿論界的出現則更早一些。第一次世界大戰摧毀了俄羅斯帝國、奧斯曼帝國、奧匈帝國與德意志帝國,歐洲地圖發生了巨大的變化。1918 年蘇俄制定《俄羅斯蘇維埃社會主義聯邦共和國憲法(根本法)》;1919 年,德國制定並頒佈了新憲法,史稱《魏瑪憲法》;此後,奧地利、拉脫維亞、波蘭、捷克斯洛伐克、南斯拉夫等國紛紛制憲。到 1928 年,歐洲大陸產生了十餘部新憲法,而全世界產生了三十多部新憲法。而當時的中國正處於法統分裂、南北對峙的狀態,北方的安福國會致力於新的憲法,同時,從北京到各省都有一些精英人士主張"聯省自治",希望先從制定省憲開始,最終制定國憲,完成國家之統一。在此背景下,全國知識界、輿論界出現一股堪與歐洲相比的"憲法熱"。一戰之後歐洲與中國的"憲法熱"相互疊加,在二十世紀二十年代初的中國輿論界形成一個翻譯和介紹國外憲法的小熱潮。

1　吳宗慈:《中華民國憲法史》,北京:法律出版社 2013 年版,第 1097—1098 頁。

　　1920 年，當時在德國留學的張君勱即在《解放與改造》雜誌發表德國新憲法譯文（載 2 卷 8 期）以及《德國革命論》（載 2 卷 3、4 期）、《德國新共和憲法評》（載 2 卷 9、11、12 期）、《中國之前途：德國乎？俄國乎？》（載 2 卷 14 期）等文介紹德國革命以及《魏瑪憲法》。1922 年，《東方雜誌》出版第 19 卷第 21、22 號兩期，作為 "憲法研究號"，集中評介了戰後各國憲法動態，討論了民國中央與省層面的制憲。張君勱對《魏瑪憲法》的介紹以及《東方雜誌》的 "憲法研究號" 的許多內容，在憲法起草委員會的討論中得到了響應。

　　我們先從張君勱對戰後立憲新趨勢的介紹說起。國會憲法起草委員會的討論曾經兩度提到張君勱的《德國新共和憲法評》，可見這一文本的重要影響。[1] 張君勱立論的關鍵在於區分三個世紀的憲法，並將《魏瑪憲法》作為 "二十世紀之新憲法" 的代表。《德國新共和憲法評》開篇即提出：

　　　　吾嘗於世界數十國之憲法中，求其可以代表一時代者有三：曰，1787 年之美國憲法；曰，法國第一革命之憲；曰，德之新憲法。美憲法所代表者，十八世紀盎格魯撒遜民族之個人主義也；法國憲法所代表者十九世紀民權自由之精神也；今之德憲法所代表者，則二十世紀社會革命之潮流也。此二十世紀之新憲法……

1　吳宗慈：《中華民國憲法史》，北京：法律出版社 2013 年版，第 1005、1062 頁。

　　張君勱對三個世紀憲法的時代精神特徵的劃分，究竟源於何處？在魏瑪民國的制憲討論記錄中，牧師弗里德里希·瑙曼（Friedrich Naumann）提出了立法的時代精神問題：德國究竟應該如何在東方的蘇俄體制與西方傳統體制之間做選擇？當社會主義的大眾不再那麼傾向於個人主義的時候，基本權利的舊提問方式應當如何做出改變？法學家康拉德·貝伊勒（Konrad Beyerle）對法典化技術的演進做出分期：第一期是中世紀的“城市自由”背景下英國對自由權的文本化，第二期是 1787 年美國憲法與 1789 年法國人權宣言，尤其是後者，不僅借鑑了美國經驗，而且將自然法哲學所要求的生命權、自由權、財產權等原則交織在一起，確立了第一份基本權利的目錄。[1] 比較來看，張君勱以“世紀”來標記三個時代，並將美國憲法與法國大革命憲法分在兩個世紀，這一做法也許借鑑了別的德語文獻，但至少不是對《魏瑪憲法》制憲會議辯論的概括。但我們能比較確定的是，這種以“世紀”作為時代精神的標識的做法，至少可以追溯到對張君勱具有重要影響的梁啟超。

　　梁啟超正是在中國推廣“世紀”與“二十世紀”概念的先驅。早在 1900 年 1 月底，梁啟超就撰寫了《二十世紀太平洋歌》，探討正在到來的新時代與過去的時代的差異。[2] 但是，在 1919 年歐遊之前，他仍然無法明確概括這個新的二十世紀，究竟有什麼樣

1　李富鵬：《近代憲法社會權的肇始：以魏瑪制憲檔案為中心》，《法制史研究》（台灣）2020 年第 37 期。

2　梁啟超：《二十世紀太平洋歌》，《新民叢報》第 1 號，1902 年 2 月，收入張品興主編：《梁啟超全集》，北京：北京出版社 1999 年版，第 5426 頁。

的總體特徵。在與革命派的論戰中，他還激烈地批評過社會革命的思路，認為歐洲的許多議題對中國而言仍然太早，發展實業仍然是中國第一位的任務。[1] 然而，在 1920 年歐遊歸國後發表的系列文章（後來集結為《歐遊心影錄》）中，梁啟超卻一改前見，作出這樣的判斷：“社會革命，恐怕是二十世紀唯一的特色，沒有一國能免，不過爭早晚罷了。”[2] 梁啟超認為，中國還沒有發生歐洲因資本主義而產生的兩極分化，但必須對社會革命的潛在可能性提高警惕，未雨綢繆。他同時論證，中國古代傳統中富含社會主義精神，因此一戰之後歐洲人所提倡的社會主義，對中國而言並不是外來的。只是，對歐洲的社會主義方法，不能照搬，中國需要一方面大力獎勵實業，另一方面防止出現歐洲的階級對立。

張君勱在 1906 年赴日留學之後結識梁啟超，並加入後者發起的 “政聞社”。對於張君勱，梁啟超可謂亦師亦友。1918 年底，張君勱隨梁啟超歐遊，梁啟超在 1920 年初回國，張君勱留在歐洲，前往德國留學。在歐遊期間，兩人有大量時間朝夕相處。對林長民而言，梁啟超既是政團的領袖，也是親密的朋友。1919 年，梁啟超不斷從巴黎和會向其 “研究系” 同仁發回關於和會討論的電報，而林長民是關鍵的接應者，其將巴黎和會將德國在山東的利權轉讓給日本的信息與曹汝霖、章宗祥、陸宗輿賣國關聯在一起的報道，對於五四運動的爆發起到了非常關鍵的作

1　梁啟超：《駁某報之土地國有論》，張品興主編：《梁啟超全集》，北京：北京出版社 1999 年版，第 1576—1606 頁。

2　梁啟超：《歐遊心影錄》，北京：商務印書館 2014 年版，第 13 頁。

用。[1] 兩人還於 1928 年結為親家。考慮到這些密切的交往因素，梁啟超、張君勱、林長民的"世紀"觀念出現如此多的重疊，就絲毫不令人驚訝了。林長民在憲法起草委員會中發言引用孔子和孟子來論證社會主義精神乃源於本土傳統，其所引用的內容，與梁啟超在《歐遊心影錄》中的引用出處[2]完全一致。梁啟超在《歐遊心影錄》中提出了兩個憲法改革措施，一是引入全民公決，二是職業團體代表參與立法[3]，而這恰恰也是張君勱《德國新共和憲法評》在介紹《魏瑪憲法》時所突出的兩個方面。張君勱和林長民對二十世紀之憲法與《魏瑪憲法》的討論，在很大程度上響應了梁啟超歐遊系列文章的主張，都強調了二十世紀與社會革命的關聯，強調了中國傳統包含社會主義精神，強調要通過必要的改良避免激烈的社會革命。我們或許無法準確地界定"二十世紀之憲法"意義域中的某一個具體的觀點究竟由誰首創，但完全可以將梁、張、林三人放在一起，視為一戰之後最積極闡發和宣傳"二十世紀之憲法"觀念的中國思想群體。

---

1 1919 年，在觀摩巴黎和會的過程中，梁啟超不斷向林長民等"研究系"同仁發回消息，並通過"研究系"的媒體廣為傳播。梁啟超密切關注關於山東問題的談判，在 3 月中旬給林長民等人的電文中，即將矛頭指向皖系的章宗祥、曹汝霖等人。參見中國社會科學院近代史研究所《近代史資料》編譯室主編：《秘笈錄存（近代史資料專刊）》，北京：中國社會科學出版社 1984 年版，第 133 頁。得知巴黎和會關於山東問題的決定之後，梁啟超從巴黎向林長民等發回電報，林長民在 5 月 2 日在《晨報》上發表《外交警報敬告國人》，在國內產生了極大影響。兩天之後，五四運動爆發，群眾要求懲辦曹汝霖、章宗祥、陸宗輿等人，這與梁啟超、林長民等人此前的輿論工作，有著分不開的關係。

2 梁啟超：《歐遊心影錄》，北京：商務印書館 2014 年版，第 45 頁。

3 同上，第 43—44 頁。

二、"二十世紀之憲法" 觀念的時代影響

　　繼張君勱《德國新共和憲法評》介紹《魏瑪憲法》之後，民國報刊上出現了一系列對於戰後歐洲各國新憲法的介紹和討論，這些討論又在憲法起草委員會的討論中激發迴響，有些觀念還影響到了當時的制憲活動。讓我們來看這些討論的具體內容：

　　一、聯邦制問題：當時爭論的核心在於《魏瑪憲法》體現的中央集權傾向是否代表了時代精神。張君勱《德國新共和憲法評》討論《魏瑪憲法》相較於舊憲法之變化的第一個方面，是德國聯邦制的變化。張君勱指出，《魏瑪憲法》實現了中央政府行政權與立法權的擴張，各邦改稱州（Länder），以普魯士為代表的大州在聯邦參議院的投票權受到限制，憲法也為州界的調整留出了法律空間，因而體現出了更為顯著的統一的精神。[1] 然而在當時 "聯省自治" 運動如火如荼的背景之下，德憲的聯邦制規定是否體現戰後憲法的新趨勢，論者意見並不一致。北大政治學教授張慰慈主張 "德國的新憲法把從前的地方主義觀念完全打破"，代表了戰後憲法的趨勢。[2] 與李大釗、陳獨秀關係較近的北大政治學教授高一涵響應張慰慈的論述，認為最近波蘭、捷克斯洛伐

1　張君勱：《憲政之道》，北京：清華大學出版社 2016 年版，第 257—258 頁。
2　張慰慈：《歐洲的新憲法》，《東方雜誌》1922 年第 19 卷第 22 號。

克與南斯拉夫的憲法都採用了單一制，而德國新憲法的精神也在於打破地方主義。[1] 李三無卻認為 "歐洲之前，凡屬採用中央集權之國，無不深受其害"，俄國即從中央集權改為聯邦制，其他如奧地利、波蘭新憲法，均體現了擴大地方自治的精神，"惟德意志新憲法，雖仍採聯邦主義，而頗有統一主義之傾向"，但這一傾向並不代表普遍精神。[2] 但憲法起草委員會委員王敬芳則認為蘇俄實際上是政治與經濟權力均集中於中央，"可謂行古今中外所未有之集權矣"。王敬芳是 "省憲" 堅定的反對者，他注意到，1922 年 5 月—6 月在上海召開 "中華民國八團體國是會議"，其 "國憲草擬委員會" 在 8 月下旬通過張君勱草擬的憲法草案，將 1917 年修正的《天壇憲法草案》第二條 "中華民國永久為統一共和國" 中的 "統一" 改為 "聯邦" 二字。王敬芳對此當然不悅，但也不好直接反對，而是以 "雖未必適合國情，要不失為一貫之主張" 來表示理解。他引用了張君勱《德國新共和憲法評》中的幾處論述，認為 "德本聯邦國，而此次所定之新憲法則力取單一國之精神"[3]。這可以說是對其論敵以張君勱對德國新憲法的論述為據主張省憲的反擊。贊成省憲運動的李愚厂也感受到了《魏瑪憲法》的傾向與省憲運動之間的張力，於是在其所編《省憲輯覽》中一方面說 "今之省憲中人，其根本頭腦頗偏於德式，故吾欲舉德國立憲之成績，以勵我國民之勇氣"，另一方面又稱 "所謂德

1　高一涵：《我國憲法與歐洲新憲法之比較》，《東方雜誌》1922 年第 19 卷第 22 號。

2　李三無：《憲法問題與中國》，《東方雜誌》1922 年第 19 卷第 21 號；另參見何勤華、李秀清主編：《民國法學論文精萃（憲政法律篇）》，北京：法律出版社 2002 年版，第 76 頁。

3　吳宗慈：《中華民國憲法史》，北京：法律出版社 2013 年版，第 1004—1005 頁。

國立憲乃指國憲而言，吾省憲不能削足適履"[1]，意即中國的省憲運動不應受限於德國在央地關係上的新立法模式。

二、行政與立法分權模式問題：當時比較一致的傾向是不鼓勵採取美式總統制，在制度安排上糅合總統制和議會制。張君勱《德國新共和憲法評》第二部分探討德國聯邦政府如何調和美國的總統制和法國的議會制，對行政權與立法權之關係進行重新安排。總統由選民直接選舉產生，任免總理及內閣閣員，內閣對議會下院負責，但總統又可以以國民公決來限制議會，議會也可以三分之二多數提出動議，通過國民公決罷免總統。張君勱對憲法起草者柏呂斯（Hugo Preuß）博士"兼法美兩制之長而去其短"的說法，仍有疑慮。[2] 在 1922 年《東方雜誌》的憲法專號中，張慰慈介紹了德國、波蘭、捷克斯洛伐克、南斯拉夫憲法的行政立法關係，強調總統或國王的命令須由一個或幾個國務員副署負責才能產生效力，而內閣則對議會負責。[3] 留美攻讀政治學的程學愉（程天放）也認為"聯邦政府之組織採內閣制，與法國相似"，國家大政由內閣會議多數決定，而總理與閣員有兼任下議院議員之法律空間，程學愉評論稱"大有採取英國合立法行政為一的情形"，但並未像張君勱那樣探討《魏瑪憲法》立法者兼採法美之長的初心。[4]

1　夏新華等編：《近代中國憲政歷程：史料薈萃》，北京：中國政法大學出版社 2004 年版，第 644 頁。

2　張君勱：《憲政之道》，北京：清華大學出版社 2016 年版，第 259 — 265 頁。張君勱對《魏瑪憲法》觀察的重大盲點，是忽視魏瑪民國總統的緊急狀態權力所具有的重大影響力。

3　張慰慈：《歐洲的新憲法》，《東方雜誌》1922 年第 19 卷第 22 號。

4　程學愉：《德意志之新憲法》，《東方雜誌》1922 年第 19 卷第 22 號。

歐洲新憲法的這一傾向，影響到國內一系列憲法草案的制定。如《湖南省憲法》第五章規定在省長之外設省務院，省長頒佈法令需經省務院長及主管之省務員副署。[1]《浙江省憲法》第五章分設省長與省政院，省長發佈法令文書需經政務員副署。[2]《廣東省憲法草案》第五章[3]、《河南省憲法草案第五章》[4]、《江蘇省制憲草案》第五章[5]也作了類似規定。張君勱所擬《國是會議憲法草案》第四、五章[6]，1925年汪馥言、李祚輝合擬的《中華民國聯省憲法草案》第五章[7]，1925年段祺瑞政府推動制定的《中華民國憲法案》第六章[8]也都規定了分設總統與國務總理，總統頒佈法令需經國務員副署。

此外，張慰慈還介紹了《魏瑪憲法》與捷克斯洛伐克憲法設立議會常設委員會的規定，認為這一制度有利於在議會閉會時監督政府行政。[9]程學愉介紹了《魏瑪憲法》規定的眾議院組織兩種常設委員會的權力，認為"有這兩種常駐機關，人民代表的權力自然增加不少"[10]。在民國制憲史上，1913年《天壇憲法草案》第五十一至五十四條規定了"國會委員會"，但在當時頗受北洋集

1　夏新華等編：《近代中國憲政歷程：史料薈萃》，北京：中國政法大學出版社 2004 年版，第 662—663 頁。
2　同上，第 690—691 頁。
3　同上，第 716 頁。
4　同上，第 727 頁。
5　同上，第 744 頁。
6　同上，第 754—756 頁。
7　同上，第 774—775 頁。
8　同上，第 540—542 頁。
9　張慰慈：《歐洲的新憲法》，《東方雜誌》1922 年第 19 卷第 22 號。
10　程學愉：《德意志之新憲法》，《東方雜誌》1922 年第 19 卷第 22 號。

團和前立憲派勢力（也包括梁啟超在內）詬病，認為對大總統行政構成過大掣肘，後在 1916—1917 年二讀時全部刪除。然而在戰後歐洲新憲法相關規定的鼓勵下，二十世紀二十年代前期多個憲法草案文本出現了議會常設機構的規定，如《湖南省憲法》第三十七條設議會常駐委員會 [1]，張君勱所擬的《國是會議憲法草案》規定在參議院閉會期間設外交、軍事、財政、法律四種委員會 [2]，1925 年段祺瑞執政府推動起草的《中華民國憲法案》第三十七條規定眾議院得設常任委員會 [3]，等等。

三、批評代議制，倡導加強直接民主。民初中國試驗了議會政黨政治，然而議會與政黨並未起到政治整合作用，民國兩度遭遇君主復辟，1917 年更出現法統分裂。而這導致代議制政治的聲望不斷走低。戰後若干歐洲新憲法加強直接民主，引發了當時中國精英的關注。梁啟超在《歐遊心影錄》中主張將全民公決制度引入中國。[4] 他所擬的《湖南自治法大綱》規定了公民的直接提案權和複決權，其所附 "理由" 明確承認這一規定採自德國新憲法，認為 "現在世界設制之傾向，皆趨於此點，我國所亦亟採也"[5]。張君勱《德國新共和憲法評》的第三部分介紹了魏瑪民國加強直接民主的舉措，其核心為國民公決制度。[6] 有更多論者跟

1　夏新華等編：《近代中國憲政歷程：史料薈萃》，北京：中國政法大學出版社 2004 年版，第 660 頁。

2　同上，第 753 頁。

3　同上，第 539 頁。

4　梁啟超：《歐遊心影錄》，北京：商務印書館 2014 年版，第 43—44 頁。

5　夏新華等編：《近代中國憲政歷程：史料薈萃》，北京：中國政法大學出版社 2004 年版，第 650 頁。

6　張君勱：《憲政之道》，北京：清華大學出版社 2016 年版，第 265—270 頁。

進後續討論。在 1922 年《東方雜誌》的憲法專號中，王世杰進一步分析了《魏瑪憲法》關於直接民主規定的兩種特殊作用，一是可以解決行政、立法機關之間及上下兩議院的衝突，二是使公民成為政府各機關的仲裁人。[1]李三無列舉了德國、奧地利、普魯士、捷克斯洛伐克、愛沙尼亞等國所採用的國民投票制度，認為近世列國憲法"已有直接投票制度之趨勢矣"[2]。

而在憲法起草委員會關於地方制度的討論中，國民公決制度引起了比較多的討論。劉恩格提出"省憲法通則"，討論了國民公決制度"補救代議專制之弊"的功效。[3]王澤放批評起草委員會起草的"地方制度"號稱參考德憲，卻不學習德憲的國民公決制度。王主張省、縣兩級議員由民眾直接選舉產生，從而在地方層面實踐直接民主[4]。而從當時的"省憲"來看，在《魏瑪憲法》規定的創制、複決兩大權之外，湖南省憲草案規定了罷免權，浙江省憲草案規定了不信任議決權。李愚廠所編的《省憲輯覽》中的《湘浙省憲比較觀》一文認為："按創議、複決、罷免三大權，為近時談民治主義者，極有力之主張，湘憲完全採用，浙憲則取其二而棄其一。世界各國雖最新產出之德國憲法，亦止有創議、複決兩，尚未明定撤回權。"[5]由此可見湘浙兩省地方精英試圖一步到位、草擬最先進之憲法的自覺追求。

---

1 王世杰：《新近憲法的趨勢——代議制之改造》，《東方雜誌》1922 年第 19 卷第 22 號。

2 李三無：《憲法上民主政治種類之選擇》，《東方雜誌》1922 年第 19 卷第 22 號。

3 吳宗慈：《中華民國憲法史》，北京：法律出版社 2013 年版，第 707 頁。

4 同上，第 834—842 頁。

5 夏新華等編：《近代中國憲政歷程：史料薈萃》，北京：中國政法大學出版社 2004 年版，第 700 頁。

　　四、憲法的社會主義精神問題。張君勱《德國新共和憲法評》第四部分盛讚《魏瑪憲法》體現社會主義精神，是全文影響最大的部分。他將社會主義界定為"尊社會之公益，而抑個人之私利"，"重社會之公道，限制個人之自由"，認為"德憲法第五章之生計的生活，社會主義之精神所寄，而此次革命成敗所由決也。考其各條之規定，無在非個人自由主義與社會主義之兼容並包"[1]。他介紹了《魏瑪憲法》關於私有財產權之限制、土地與工業國有、勞工保護、職業團體代表參與立法等規定。1922 年，張君勱參照《魏瑪憲法》，起草了《國是會議憲法草案》，其第十章"教育與生計"中以若干條款規定了勞動保護、勞工結社自由、私有財產限制、職業團體參與立法等內容。[2] 從後續的討論來看，多數論者認為限制私有財產、限制資本、保護勞工、加強公民經濟社會基本權利體現了戰後憲法的新趨勢。在《東方雜誌》的憲法專號討論中，李三無指出，歐戰之前的憲法"無不僅認政治上個人之價值，而於社會生活及經濟生活上個人之價值，固未嘗注意及之"，歐戰之後世界憲法"由政治的民主政治（political democracy）趨於社會的民主政治（social democracy）"，德國與蘇俄的新憲法均體現了這一趨勢，但德國憲法是改良式的，而蘇俄"純然採取社會主義，而為極端社會的民主政治之國家"[3]。程

1　張君勱：《憲政之道》，北京：清華大學出版社 2016 年版，第 270 頁。

2　夏新華等編：《近代中國憲政歷程：史料薈萃》，北京：中國政法大學出版社 2004 年版，第 759 頁。

3　李三無：《憲法問題與中國》，《東方雜誌》1922 年 19 卷 21 號；另參見何勤華、李秀清主編：《民國法學論文精萃（憲政法律篇）》，北京：法律出版社 2002 年版，第 70—71、72—73 頁。

學愉指出，德國新憲法具有"國家社會主義"的色彩，注重政治外的經濟與社會生活，有許多規定"都是舊憲法所不曾有的"[1]。

如前所述，1923 年 4 月 17 日，憲法起草委員會正式決定在憲法草案中增加"生計"一章，並由林長民起草立法理由。憲法起草委員會的討論中出現了不同的聲音。丘珍認為："現今中華民國既無大地主壓制勞農，亦無大資本家壓制勞工，且社會生活艱難之原因亦不盡由於大地主及大資本家壓制之影響，實係由於政治上發生之影響。我憲法中如規定國民生計問題，大類無病而呻，似乎可以不必。"[2]但從討論記錄來看，大部分委員贊同在憲法中規定國民生計，只是在立法技術上對是否設立專章、如何設立專章有不同的意見。駱繼漢參照《魏瑪憲法》，提出設立"經濟制度"專章，共十條，其第七條中明確規定國內勞動立法應尊重各國正式國際勞動會議議決之原則，駱認為此條"一以世界主義促進國際之勞動立法，一以民主主義創造國內之勞動行政"[3]。汪彭年主張起草"民生"專章，其具體內容參照德國《魏瑪憲法》制定，並特意採納了駱繼漢關於國內勞動立法應尊重各國正式國際勞動會議精神的主張。[4]

向乃祺提出在憲法草案中加入"財計制度"一章："自機器發明，工場業與資本集中，大肆兼併，勞動僱主顯分階級，而生計革命之說甚囂塵上。若在我國，資金枯竭，產業衰蛻，無業遊

1　程學愉：《德意志之新憲法》，《東方雜誌》1922 年第 19 卷第 22 號。
2　吳宗慈：《中華民國憲法史》，北京：法律出版社 2013 年版，第 1096 頁。
3　同上，第 1084 頁。
4　同上，第 1080 頁。

民充塞都邑，資本主義方在萌芽，於此而謀建設，宜於預防壟斷之中仍寓保護獎勵之意。"[1] 當時已是北京共產主義小組成員的江浩主張補充"勞工"一章。其基本判斷是"中國大亂，現在尚係軍閥官僚，今後已入工資爭鬥，問題極大，幸勿忽視……"[2]。沙彥楷主張憲法中加入"共同生計"之規定；張嘉謀主張財產應定相當之限制，理由為"中國舊禁兼併，環瀛亦漸感大托辣斯之苦痛，此時預為限制，使貧富相維，可免將來社會之革命"[3]。

黃攻素等委員則提出了內容最為激進的"資產制度"專章，其中有禁止利息，私有企業僱工不得超過二十五人，勞動報酬不得低於普通生活費亦不得超過普通生活費十倍，政府按 90% 稅率徵收遺產稅，政府有義務為無產貧民提供最低限度的生活標準等極其具體的規定。在其理由書中，黃攻素等認為"國內頻年紛擾，殘殺不已，皆由資產制度之不良、武人名流交相肆虐"，但"所幸我國乏深根蒂固大資本之工商業……資本家之真勢力尚未造成，破除尚易"，其憲法草案旨在以和平手段消除資本勢力，"一可減少現在製造資本家之流血，二可免去將來破壞資本家勢力之流血"[4]。

張君勱《德國新共和憲法評》介紹了勞資雙方的協調機制以及職業團體代表參與立法的機制，引發了許多關注。在 1922 年《東方雜誌》的憲法專號中，張慰慈介紹《魏瑪憲法》設立由勞

1　吳宗慈：《中華民國憲法史》，北京：法律出版社 2013 年版，第 1086 頁。
2　同上，第 1087 頁。
3　同上，第 1088 頁。
4　同上，第 1092 頁。

資雙方代表共同參與的全國經濟會議，擁有經濟性質議案的提案權，政府也會在該會議提出經濟性質的議案，波蘭與南斯拉夫憲法也作了類似的規定；[1] 當時已經在積極宣傳馬克思主義的林可彝主張議會之外的各職業團體應該獲得向議會提案的權利，"像德國新憲法的規定，極為必要"[2]。張君勱概括其德憲相關規定的精神為"使生計的自治組織日趨於完全，與政治的自治組織相輔以行"[3]，憲法起草委員會中的汪彭年直接搬用這個說法，說明其起草的專章的精神[4]，並認為"各國所立代議機關，實多結晶於有產階級之上也"，由此引起俄國革命，而德憲設立生計代議機關，更為可取。[5] 除汪彭年外，駱繼漢也提出了模仿《魏瑪憲法》，規定在議會兩院之外由全國職業團體代表組成代表會議，就重大社會經濟政策提出意見和法案的內容。[6]

這一思路還影響了同時期"省憲"的制定。梁啟超將其在《歐遊心影錄》中提出的職業團體代表制思路付諸實施，在其所擬的《湖南自治法大綱》第十二條規定，省教育會、農工商會可向省議會提出關於教育會計的法律案，省議會必須以之付議員。梁指出此項規定採自德國憲法第一百五十六條，"其用意以調劑議會制度，實最中庸的民治主義所表現也"[7]。1922 年 1 月 1 日正

1　張慰慈：《歐洲的新憲法》，《東方雜誌》1922 年第 19 卷第 22 號。
2　林可彝：《天壇憲法應該怎麼樣改正》，《東方雜誌》1922 年第 19 卷第 21 號。
3　張君勱：《憲政之道》，北京：清華大學出版社 2016 年版，第 272 頁。
4　吳宗慈：《中華民國憲法史》，北京：法律出版社 2013 年版，第 1076 頁。
5　同上，第 1079 頁。
6　同上，第 1084 頁。
7　夏新華等編：《近代中國憲政歷程：史料薈萃》，北京：中國政法大學出版社 2004 年版，第 650 頁。

式頒佈的《湖南省憲法》第六十五條規定，省教育會、農會、工會、商會、律師工會及其他合法職業團體，都可提出該團體範圍內之法律案[1]。1921 年 9 月 9 日頒佈的《浙江省憲法》第九十八條[2]以及《廣東省憲法草案》第七十條[3]、《河南省憲法草案》第一百零八條[4]、《江蘇省制草案》第四十五條[5]均作了類似規定。

五、關於宗教與教育之規定，論者大多贊同加強政府在教育與文化方面的責任。張君勱《德國新共和憲法評》第五部分討論"宗教及教育制度之大原則"，尤其讚揚德憲關於教育制度的規定"足以副思想界革命之名，而奠人類平等之基礎"[6]。程學愉也對此做了簡要的介紹。[7]憲法起草委員會委員王用賓讚揚德憲之規定張揚"人類平等"之精神，主張中國憲法應設立教育專章。[8]另有多名議員主張在憲法草案中設立教育專章，或加強對於教育、考試之規定。[9]而各省"省憲"也多有參考歐洲最近憲法對教育進行規定者，如 1921 年 9 月 9 日頒佈的《浙江省憲法》設第十一章"教育"，共九條[10]。1921 年 12 月 19 日通過的《廣東省憲法草案》設

1　夏新華等編：《近代中國憲政歷程：史料薈萃》，北京：中國政法大學出版社 2004 年版，第 663—664 頁。

2　同上，第 693 頁。

3　同上，第 716 頁。

4　同上，第 730 頁。

5　同上，第 745 頁。

6　張君勱：《憲政之道》，北京：清華大學出版社 2016 年版，第 276—279 頁。

7　程學愉：《德意志之新憲法》，《東方雜誌》1922 年第 19 卷第 22 號。

8　夏新華等編：《近代中國憲政歷程：史料薈萃》，北京：中國政法大學出版社 2004 年版，第 1035 頁。

9　同上，第 1098—1111 頁。

10　同上，第 693—694 頁。

第十章"教育",共四條[1]。1922 年公佈的《湖南省憲法》在第七章"行政"中有七條關於教育的規定[2],羅敦偉以《魏瑪憲法》為參照,批評《湖南省憲法》關於教育和文化生活的規定過於簡單[3]。1922 年張君勱起草的《國是會議憲法草案》設第十章"國民之教育與生計",關於教育之規定共七條[4]。1925 年段祺瑞政府推動的《中華民國憲法案》設立"教育"專章,覆蓋第一百五十條至第一百五十五條[5]。1925 年《中華民國聯省憲法草案》設第九章"教育",共四條。這些憲法草案基本上均規定了義務教育制度,並規定政府的教育保障責任。我們可以看到的是,經歷過袁世凱"洪憲帝制"的失敗和新文化運動,立孔教為國教的提議在憲法爭論中很大程度上已經被邊緣化,政教關係已經不再是爭論的焦點。

民國國會從 1913 年第一次召開,經過數次解散和重新召集,斷斷續續進行制憲工作。"二十世紀之憲法"之觀念的產生,也深刻影響到了輿論界對國會之前制憲工作的評價。林可彝批評《天壇憲法草案》所規定的基本權利基本上是政治基本權利,缺乏經濟基本權利之規定。他指出"現在歐洲下級民族均有或程度以上的覺悟,其要求經濟的基本權,好像旭日方升",而"我國的政治狀態亦站在世界政治法則底下,而變動,則若拘泥於我們

---

1 夏新華等編:《近代中國憲政歷程:史料薈萃》,北京:中國政法大學出版社 2004 年版,第 719 頁。
2 同上,第 665 頁。
3 同上,第 681 頁。
4 同上,第 758—759 頁。
5 同上,第 547 頁。

特有國情，恐不久就弄得一團糟”，憲法作為政治的根本，當然
“不能不注意時代趨勢”。林可彝認為《天壇憲法草案》著重規定
的政治基本權利“雖然也是發展個人能力必要的工具，實只有中
流社會的人才享受得到，大多數下層的民族，實沾不到一點兒恩
典”。他舉例稱，言論自由與出版自由其實只有受過一定程度教
育的人才能夠行使，職業自由只有具有一定的技術訓練的人才能
夠行使，居住遷徙自由也與個人的財產狀況密切相關。[1]因此，如
果沒有經濟層面的保障，下層階級的政治權利也不可能得到真正
的行使。

　　高一涵將中國“懷胎十年”的憲法草案內容與蘇俄、德國、
捷克斯洛伐克、波蘭與南斯拉夫五國新憲法之內容作比較，批評
“恐怕斷沒有人猜想到他們是同一個時代的憲法”。高一涵認為中
國憲法“不啻是這一百四五十年個人主義的憲法的彙纂”，十年
之前世界上還沒有代表最新思潮的新憲法，中國憲法的缺陷還可
以掩蓋，但隨著戰後一系列新憲法的出現，中國憲法的缺陷凸顯
出來。從古希臘到十九世紀，政治的參與者基本上是有產階級，
所以重視政治的自由，忽略經濟的自由，而“我國的憲法仍然死
抱著個人主義的舊說，所以對於社會中的經濟生活，一個字也不
提”[2]。李三無指出，《天壇憲法草案》“其所取之原則與精神，多
偏頗陳腐，仍一有產階級之權利書，與吾民今日之要求者相反，
絕無賡續採用之價值，實宜根本推翻，重新起草”。李認為“舊
式憲法，本為保護有產階級之權利而設，以至釀成今日偏頗的現

1　林可彝：《天壇憲法應該怎麼樣改正》，《東方雜誌》1922 年第 19 卷第 21 號。

2　高一涵：《我國憲法與歐洲新憲法之比較》，《東方雜誌》1922 年第 19 卷第 22 號。

象；使資本主義，大肆其威，社會基礎，時見搖動，衝突矛盾，日有所聞；此制定憲法之時所不可不加以深切之注意者也"，中國制定新憲法，尤需注重"有產階級與無產階級之調和"[1]。

輿論界的這些聲音影響到國會憲法起草委員會內部的討論。汪彭年批評經過二讀會後的《天壇憲法草案》"除規定國體與主權及政權之分配外，人民直接獲福利者僅屬國民一章。而按諸實際，仍不過一種裝飾品，因自由權之取得與否，仍須依諸法律也。至關於人民之生計生活則絕未提及，蓋當時起草者目光全注重於政治，未嘗計及國民生計，此非起草者之疏忽，因彼時環境之現狀，尚不能與起草者以警覺也……蓋人最切要之問題，厥為生計，此問題不有相當之解決，僅恃此迷於一向之憲法，求得中華民國之長治久安，恐屬幻想矣"[2]。蔣義明亦批評《天壇憲法草案》有兩個根本的缺陷，一是忽略以財計為立法中心，二是人民缺乏直接參與的機會。[3]

經過戰後歐洲與中國的制憲熱潮，不僅憲法討論的議程發生了改變，憲法討論的語言也經歷了範式性的轉變。新的憲法學術語言突破了形式平等的權利話語，追問權利能從結果上得以落實的經濟與社會條件，並期待國家承擔起保障公平的經濟社會秩序的責任。正是在這一視野中，用普遍與抽象話語書寫的"十九世紀之憲法"被視為有產階級的憲法，其道義正當性大大褪色，其對於政治權利的關注，被認為需要在更為堅實的經濟社會平等的

1　李三無：《憲法問題與中國》，《東方雜誌》1922 年第 19 卷第 21 號。
2　吳宗慈：《中華民國憲法史》，北京：法律出版社 2013 年版，第 1076 頁。
3　同上，第 1085 頁。

基礎之上才能夠得以證成。儘管討論者中有丘珍這樣的認為中國面臨的主要問題與歐美截然不同，因而不必參照歐美最新潮流的人士[1]，但大多數討論者認為中國並不處於與歐美截然不同的時空之中，因而也不能自外於二十世紀的時代精神，即便歐美工業化社會的一些弊病在中國尚未完全呈現，中國亦需未雨綢繆，為應對這些問題留出法律上的空間。

1　吳宗慈：《中華民國憲法史》，北京：法律出版社 2013 年版，第 1096 頁。

三、新憲法與新文明

在梳理一戰之後的新的制憲熱潮與憲法討論之後，我們接下來可以進一步追問，它們究竟在多大程度上體現了一種新的"文明"觀念呢？我們大致可以說，一戰之前的主流"文明"話語，體現了一種縱向的等級觀念，不僅西方列強將中國置於"半文明"乃至"野蠻"的位置上，甚至中國自己的知識精英往往也默認中國處於較低的位置，所以要通過自我改造，提升自身在文明等級中的地位。而一戰之中逐漸興起一種多元文明觀念，將"東方文明"與"西方文明"相並列，二者各有自身的特點，都需要實現自身的內部革新。這一從"縱向"到"橫向"的轉變，體現了深刻的認識範式轉換。

戰前中國輿論界在縱向的文明等級觀念之下對於德意志第二帝國憲法與國家思想的推崇，呈現出兩個方面的特色：一是強調中國處於激烈的"萬國競爭"之中，甚至很快要迎來一個西方列強相互兼併的時代，因此中國的憲制萬萬不可散漫，具體到制度上，無法期待尚不成熟的議會與政黨挑起政治整合的大樑；二是主張只有經過恰當訓練、具有政治能力的社會力量才能夠在政治上發揮積極作用，梁啟超的"中等社會"之說，一方面是排除守舊的"強有力之當道"，另一方面也是主張，中國民眾中的絕大多數，在沒有達到合格的政治水平之前，並沒有積極參與政治之必要。這兩點，與十九世紀西方的“文明等級論”在精神上是高度契合的。

然而，在一戰之中，強調“競爭”的西方文明，最後走向了內部的相互廝殺，上千萬生命灰飛煙滅，這就從根本上對強調組織化競爭的十九世紀文明觀產生了極大的衝擊。許多反思指出，導致這種悲劇性衝突的力量，恰恰是掌握資本、政權與軍隊的精英，而非在原有的“文明等級論”之下處於“野蠻”地位的工人與農民。而在中國國內，精英主義的法統政治也在一戰期間走到軍閥混戰、法統分裂的地步。內部撕裂的“中等社會”，是否能夠承擔起引領中國的使命呢？局勢的突變帶來的震撼，同時也使得西方社會的自我反思在中國贏得了巨大的影響力。正是在這一背景之下，戰後憲法討論的語言發生了根本性的範式轉換。國家之間的猛獸性競爭不再是“文明”的象徵，尋求國際永久和平成為歐美國家的主流政治議題；對帝國主義戰爭之社會根源的探尋，使得各種類型的社會主義話語從戰前的被壓抑狀態走向主流輿論場。布爾什維克的革命和社會民主黨在若干歐洲國家的執政地位，更是使得社會經濟議題迅速進入戰後新憲法之中。

對於許多具有“中等社會”自覺的精英們來說，要避免下層階級的革命洪流，只有首先重視社會革命的可能性，進而做出必要的社會改良。十九世紀的“文明等級論”衰落，使得一種新的“普遍歷史”話語取得了主導地位，這種話語將十九世紀的自由資本主義視為戰爭與社會分裂的根源，認為二十世紀的世界有必要探索新的經濟和社會組織方式，克服戰爭與社會分裂。即便對歐美來說，這樣的探索也是新的，而這在時人看來，恰恰給中國帶來了一個新的機會——如果在十九世紀的"文明等級論"下，她只能做一個氣喘吁吁的追隨者的話，在新的"普遍歷史"話語中，中國完全可以和歐美國家同時就社會如何重新組織的前沿課題做出探索。從梁啟超、張君勱、林長民等人的論述來看，他們認為中國古代傳統中所包含著的一些原則、精神和制度實踐，如"大一統"的實踐，以及儒家對民生的強調，恰恰可以在這一探索中發揮支持作用，"東方文明"並不必然居於比"西方文明"更低的等級，而是各有自身的特色。這種"共時性"體驗，帶來的是一種戰前中國不具備的政治與文化自信。

梁啟超、張君勱、林長民的"調和論"在戰後國內輿論界仍不過是"一家之言"。經歷過民初兩次君主復辟，《新青年》所凝聚的作者群體大多相信中國的古代傳統對於君主復辟起到了支撐作用，因而對重新肯定古代傳統存有種種疑慮。"西方"與"東方"的關係，在他們看來仍然是"新"與"舊"的關係。然而經歷過一戰，當下的"西方"已經不再是評價中國的現成尺度。馬克思主義的傳入，為這種基本判斷提供了一個宏大而豐富的理論框架。在這個框架裏，西方已經發展到了資本主義乃至帝國主義，而東方依然徘徊在封建主義之中；西方殖民主義依靠東方的封建力量來進行間接統治，使得東方社會擺脫封建主義的難度進一步增加。[1]這個分析框架所導出的結論並不是福澤諭吉式的通過自身的努力，尋求列強的承認，而是進行"反帝反封建"的革命。

---

1 屈維它（瞿秋白）：《東方文化與世界革命》，《新青年》1923 年第 1 期。

　　在新的文明觀與歷史觀之下，“法統”的重要性下降了。從晚清立憲運動到二十世紀二十年代初，憲法和“法統”在政治之中始終佔據重要地位，政治行動者要麼是試圖創立新的法統，要麼是在既有的憲法框架之內爭奪解釋權。孫中山雖然較早提出“軍政—訓政—憲政”的三階段論，但其中前兩個階段並不以制定正式的憲法作為自己的中心任務，孫中山對於 1912 年的《臨時約法》也有很多不滿之處，但是現實政治的需要也使得他在 1917 年打出“護法”的大旗。而在 1925 年段祺瑞下取消法統令之前，北洋集團的政治一直與對“法統”的爭奪關聯在一起，甚至段祺瑞在取消法統之後，也計劃制定新的憲法。“法統”的中心地位，跟民國初年不存在完全壓倒其他政治力量的政治派系有關——各派別紛紛訴諸“法統”，來為自己的派系獲取額外的政治紅利；但從更大的歷史情境來看，“法統”的地位也跟當時國際體系中流行的“文明”觀相關：從晚清的立憲運動以來，中國輿論界主流的觀點一直是，“立憲”應當被視為在國際體系中獲得進一步承認、提升中國所屬的“文明等級”的必由之路。由此來看，一戰打破了列強之間的“大國協調”，戰後又未能建立新的、穩定的“大國協調”，這就使得“承認”的壓力大大降低。立憲變得沒有那麼急迫，但是憲法本身的內容卻變得更重要了。在一戰之後，再模仿十九世紀列強的憲法，就被視為落後於新的時代。二十年代興起的國民革命，其核心關注點並不在如何制定具體的憲法條文，而在於通過社會革命為新的秩序奠定新的社會階級基礎。這在第一次世界大戰之前，是難以想象的。

　　在文明觀與歷史觀發生突變之後，二十世紀二十年代中國的一些論者還從民國自身所面臨的政治衝突經驗出發，重新理解德國憲制的巨大變革。省憲的鼓吹者李愚厂將德意志第二帝國的政治稱為"軍閥政治"，但即便在那個時代，德國也有比中國更強的政團、工團力量。德國革命之後，社會民主黨人中激進與溫和的兩派達成妥協，最後才有《魏瑪憲法》的誕生。而中國自從民初以來，各種政治派別之間很難達成妥協，共和法統幾度中斷。其次，李愚厂痛感中國軍人干政之甚，而德國革命雖由軍人首倡，但軍人很快服從共和政府，"今日德國政權全在社會黨，一掃軍閥政治之腥毒"[1]。李愚厂對德國政治中的這種妥協精神表示了敬慕。而更早時候，梁啟超也在《歐遊心影錄》中批判第二帝國的"軍國主義"，將其掌權者稱為"軍閥"[2]。他們對第二帝國政治的這種追溯性命名，自然受到其對民國政治困境的思考的影響。與英美等憲法秩序較為穩定的國家相比，剛剛發生共和革命並迅速建立起相對穩定的憲法秩序的德國，在歷史處境上與民國有更多相近之處，因而更容易引起他們借鑑的興趣。

　　而論者提出的另外一個借鑑新憲的理由是，學習歐洲東部若干晚近制憲的國家，比學習更早制憲的國家更為容易和穩妥。如張慰慈指出，"歐美各先進的民治國家"，其憲法有自身獨特的歷史背景，其人民也有較為豐富的政治經驗，往往是在無意之中，不知不覺地將憲法變成現在的樣子，其憲法中有大量基於歷史與風俗習慣的內容，是否適用於別處，經常難以確定。相比之下，

1　夏新華等編：《近代中國憲政歷程：史料薈萃》，北京：中國政法大學出版社 2004 年版，第 645—646 頁。

2　梁啟超：《歐遊心影錄》，北京：商務印書館 2014 年版，第 157—158 頁。

歐洲新國家的制憲者試圖"利用各先進國的經驗，去選擇那種已經發生良好結果的制度，採入他們的新憲法之中"，因此"從我國的制憲問題著想，我覺得那幾個較小的較不發達的新國家的憲法，比之那較大的較發達的先進國的憲法更加重要"[1]。張慰慈相信，對新憲的學習，內在地包含了對那些更為古老的憲法的借鑑和反思。當然，所有這些更細緻的理由，都在"普遍歷史"的觀念之下發揮作用。"二十世紀"這一時代設定裏包含了對"共時性"的認定，而如何處理橫向比較產生的"非均衡性"，成為歷史行動者們進一步討論的內容。

在此還需要補充探討若干問題：第一個問題是，為什麼二十世紀二十年代初中國的精英人士沒有將 1918 年 7 月 10 日通過的《俄羅斯社會主義聯邦蘇維埃共和國憲法》作為"二十世紀之憲法"的首要典範？從現實歷史進程來看，如果沒有十月革命的推動，德國社會民主黨人不可能將諸多具有一定社會主義色彩的條款寫入《魏瑪憲法》。不過，本章涉及的"二十世紀之憲法"觀念討論的參與者，除了江浩、林可彝等在當時已轉向馬克思主義的人士，大多數人仍然將蘇俄道路視為對社會不平等較為極端的回應，並強調如何通過某種社會改良來避免發生社會全局性革命，大多數人所理解的社會主義，與張君勱所說的"尊社會之公益，而抑個人之私利"、"重社會之公道，限制個人之自由"相

1　張慰慈：《歐洲的新憲法》，《東方雜誌》1922 年第 19 卷第 22 號。

距不遠。[1]最有可能重視蘇俄憲法的政治力量，是當時與蘇俄關係更為密切的國共兩黨。然而基於"軍政—訓政—憲政"三階段論，孫中山的近期關注重點在於如何改組國民黨、推翻北洋政府和建立"軍政"，其領導的廣州國民政府並沒有設定近期立憲的議程；中共的核心關注點在於如何與國民黨合作開展國民革命，其對蘇俄經驗的關注重點也在於"革命"而非"立憲"。在二十世紀二十年代初，青年毛澤東曾深度參與了關於湖南省憲法的討論。但在短暫的"湖南門羅主義"時刻[2]之後，毛澤東很快淡出湖南省憲運動，於 1921 年 7 月登上了嘉興南湖的紅船。而中國共產黨在創黨之初，關注的當然是"革命"而非成文憲法的制定。因此，國共兩黨的政治主力，在當時基本沒有直接參與關於"二十世紀之憲法"的討論。然而，有句古話叫作"水漲船高"，研究"二十世紀之憲法"之觀念，就如同研究那不斷上漲的"水位"，最終有助於我們理解"船"為何會在那樣一個高位運行。[3]

　　第二個問題是，二十世紀二十年代前期中國關於"二十世紀之憲法"之討論，也許會招致這樣一種質疑：梁啟超等論者是否過於求新、求變，缺乏主見，以至於被一個外在於自身的潮流裏

---

[1] 在此交代一下若干人物的去向也許是必要的：國會議員江浩 1920 年即成為北京共產主義小組成員，曾任兩湖特委書記，1931 年在海參崴去世；林可彝 1920 年留日回國後即積極宣傳馬克思主義，1923 年加入共青團，後加入中共，1928 年犧牲於武昌；高一涵在新文化運動中發揮了重要作用，1926 年加入中共，"四‧一二"後脫黨，1949 年後曾擔任全國政協委員。國會議員沙彥楷、向乃祺後來是國共兩黨之間的民主人士。

[2] 詳見章永樂：《此疆爾界："門羅主義"與近代空間政治》，北京：生活‧讀書‧新知三聯書店 2021 年版，第 235—239 頁。

[3] 值得補充說明的是，鑑於張君勱等人在國民政府後續制憲中發揮的重要作用，理解他們所持的"二十世紀憲法"之觀念，對理解民國後續制憲無疑具有重要意義。

挾？這一質疑從根本上是將歐洲作為"二十世紀之憲法"觀念的策源地，將中國視為外在於這一觀念的存在。然而對歷史的深入考察可以讓我們看到，中國並非外在於"二十世紀之憲法"的漲潮過程。1904 年，日俄戰爭在中國東北爆發，日本的勝利引發了 1905 年俄國革命，進而有 1905—1911 年的波斯革命與 1908 年的土耳其革命，中國的革命者進而在這些革命的激勵之下發動辛亥革命。而中國革命派的社會革命思想，又引發了列寧的密切關注，他撰寫了《中國的民主主義與民粹主義》（1912 年）、《亞洲的覺醒》（1913 年）和《落後的歐洲與先進的亞洲》等文章介紹亞洲的革命，將歐洲革命與亞洲革命關聯起來。因而，從時勢與思想的發展來看，十月革命是一個在亞洲系列革命影響之下所發生的事件。[1] 這場革命使得一戰提早終結，並推動了歐洲的社會革命浪潮，進而引發通過重新制憲推動社會改良的實踐。梁啟超、張君勱、林長民等"二十世紀之憲法"觀念的推動者自身並沒有充分意識到這樣一種跨國的聯繫，但將近一個世紀之後的我們卻可以憑藉"後見之明"，揭示出這樣一種聯繫，進而可以嘗試以此為基礎，思考近代中國國家建設與憲法演變歷史經驗中所蘊含的普遍性。

1　汪暉：《世紀的誕生》，北京：生活・讀書・新知三聯書店 2020 年版，第 363—421 頁。

四、餘論

在近代中國的歷史語境中，"二十世紀之憲法"並非在"十九世紀之憲法"概念出現之後的自然延續。在一戰之前，儘管中國輿論界已經有大量對"二十世紀"及其時代精神的討論，但"二十世紀"與"憲法"尚未組合到一起，成為憲法討論中的關鍵詞。一戰爆發帶來國際體系的劇變，若干古老的王朝國家解體，一系列新的國家誕生，十年之內誕生了數十部新的憲法。不僅如此，憲法討論的議程也發生了根本性的重組，公民的經濟社會權利、勞工與弱勢群體的保護、私有財產權的限制、直接民主形式的探索等議題，都出現在憲法討論議程上。"二十世紀之憲法"的自覺由此發生，論者進而向前追溯，為"二十世紀之憲法"建構起"十九世紀之憲法"、"十八世紀之憲法"的前史。而 1919 年新生的德國《魏瑪憲法》，成為當時部分精英人士眼中"二十世紀之憲法"最重要的典範。

本章的探討表明，在漢語語境中推廣"世紀"與"二十世紀"概念的先鋒人物梁啟超及其領導的"研究系"，在"二十世紀之憲法"之觀念興起的過程中同樣扮演了關鍵的角色。梁啟超在 1919 年歐遊過程中的許多思考與判斷，對其"研究系"同仁的思考起到了重要推進作用。與梁啟超同遊歐洲的張君勱留德繼

續學習，於 1920 年撰文介紹德國革命與《魏瑪憲法》。而同屬
“研究系”的林長民作為憲法起草委員會委員，將“二十世紀之
憲法”的觀念引入到憲法起草委員會的討論中。不過，若非當時
南北對峙下中央層面繼續制憲、一系列省份制定“省憲”的歷史
背景，“二十世紀之憲法”的討論也不會在輿論界引起如此之大
的反響。1922 年《東方雜誌》推出兩期憲法研究專號，探討世
界制憲的新趨勢。憲法起草委員會中的許多討論，與張君勱的評
論以及《東方雜誌》的討論之間，存在著非常強的呼應關係。如
果說戰前的德國憲法因為德國國力的迅速上升而引發中國精英的
學習熱情，戰後的《魏瑪憲法》則再次觸動中國精英的心弦，被
視為“二十世紀之憲法”的典範之作。中國精英擔心中國在“普
遍歷史”的進程中“落後”的心態並沒有根本變化，但“普遍歷
史”的衡量尺度已經發生了根本性的變化——在戰前深刻影響
中國立憲討論的十九世紀“文明等級論”，已經被視為導致世界
大戰與社會內部分裂的病因之一；而在新的“普遍歷史”話語之
下，中國有機會超越“追隨者”的角色，與世界各國共同探索新
的社會組織方式，而中國的歷史傳統恰恰可以在這一探索過程中
提供一些積極資源。

　　從歷史演變過程來看，“二十世紀之憲法”的話語如同“渡
河之舟”，在一戰後的“覺醒年代”發揮了階段性的作用，通過
批判“十九世紀之憲法”，在憲法領域樹立了“社會主義”的正
當性。但一旦“社會主義”的正當性得以樹立，“何種社會主義”
的爭論也就凸顯出來了。“研究系”的“社會主義”論述很快受

到中國早期馬克思主義者的批評，在輿論界喪失了制高點。[1] 二者的差別在於，"研究系"主張的"社會主義"與唯物史觀和階級鬥爭理論並無關係，是一種在私有制基礎上加以改良的社會經濟制度。1946 年 8 月 13 日，張君勱起草的《中國民主社會黨中央組織委員會宣言》對該黨追求的"社會主義"作了這樣的界定："一曰大工業國有。二曰國有事業須為社會服務，其為國有事業之負責者，不許其在工商界金融界肆其操縱之伎倆；三曰將所得盈餘謀國民福利之增進；四曰勞資衝突必須解除。"[2] 在 1946 年的制憲中，張君勱同樣參考《魏瑪憲法》中的社會經濟制度，試圖將其"社會主義"主張寫入《中華民國憲法》。

在"研究系"拒斥的馬克思主義的解釋框架中，"社會主義"是唯物史觀視野下的一個社會階段。一旦確定從封建社會到資本主義社會再到社會主義社會的不同階段的劃分，"世紀"之劃分就顯得過於形式主義，從而被揚棄。在新的解釋框架中，中國被界定為"半封建半殖民地社會"。早期中國共產黨人一開始關注的核心是"革命"而非"立憲"，但也堅持"兩條腿走路"，藉助直系勢力推進立憲的時機，宣傳自己的主張。在 1922 年中共二大之後，鄧中夏主持的中國勞動組合書記部擬定了《勞動法案大綱》十九條和勞動立法四項原則，並向直系主導的國會提出

1　田子渝等著：《1918—1922 馬克思主義在中國初期傳播史》，北京：學習出版社 2012 年版，第 204—222 頁。

2　方慶秋主編：《中國民主社會黨》，北京：檔案出版社 1988 年版，第 228 頁。

請願，希望國會在制憲和立法中加以採納。[1] 1922 年 9 月 3 日，
中國勞動組合書記部在北京大學第三院開會招待三十多名國會議
員，就勞動立法進行了交流，鐵路工人代表對國會議員李慶芳提
出的《保護勞工法案》提出了批評，並促使李慶芳的代表龔震承
認李之前的提案為倉促之作。[2] 中國勞動組合書記部的立法請願，
當然未被直系主導的國會所採納，但通過這一契機，他們提出了
系統的勞動立法綱領，傳播了中國共產黨人的主張。

在鄧中夏領導中國勞動組合書記部在北方推動勞工運動之
時，李大釗與孫中山在上海會面，推進兩黨合作，改組國民黨。
不久，以國共合作為基礎的國民革命啟動。通過革命重塑政治秩
序的社會基礎，成為兩黨的首要關注點，而＂立憲＂不再是優先
議題。在 1927 年國共合作破裂以來的第二次國內革命戰爭中，
革命力量如何生存壯大，更是當時最為緊迫的問題。二十世紀三
十年代，中央蘇區制定了《中華蘇維埃共和國憲法大綱》，但制
憲的實踐未能催生系統的本土憲法理論。延安時期是馬克思主義
中國化的關鍵時期，毛澤東於 1940 年發表《新民主主義論》，
區分＂資產階級專政的共和國＂、＂無產階級專政的共和國＂，並
提出＂幾個革命階級聯合專政的共和國＂[3]；與之對應，毛澤東在
1949 年所作的《論人民民主專政》中區分＂資產階級憲法＂、＂無

1　《中國勞動組合書記部總部鄧中夏、毛澤東、王盡美等的請願書》，常連霆主編：
　　《山東黨的革命歷史文獻選編 1920—1949》（第一卷），濟南：山東人民出版社
　　2015 年版，第 30—34 頁。
2　劉功成：《中國工運歷史人物傳略 鄧中夏》，北京：中國工人出版社 2012 年版，第
　　67—68 頁。
3　毛澤東：《新民主主義論》，《毛澤東選集》（第二卷），北京：人民出版社 1991 年
　　版，第 675 頁。

產階級憲法"和"第三種共和國的憲法",其中後兩種憲法都可以說是體現"二十世紀之精神"的憲法,但"二十世紀之憲法"的具體名稱,如同"渡河之舟",已經隱退。[1]

回顧近代歷史,如果沒有第一次世界大戰帶來的深刻衝擊,中國或許要在通過自我改造尋求列強承認的道路上徘徊更久。無論是"變法"還是"立憲",都是這種自我改造的一部分,而日本通過自我改革被接納為列強之一,增加了這一努力方向的可信度。第一次世界大戰打破了列強之間的"大國協調",1917 年俄國爆發了布爾什維克革命,進而推動了德國內部 1918 年"十一月革命"的爆發,社會主義運動在世界政治舞台上迎來了一個"高光時刻"。於是,通過自我改造尋求列強承認的道路不再具有現實性,因為舊列強不僅分裂了,而且它們原本自詡為"文明"的對內對外統治方式,現在被視為具有深刻的正當性赤字。在這一語境之下,憲法的內容體現何種時代精神,憲法究竟應當由何種制憲權主體所制定,成為更為重要的議題。恪守"十九世紀之憲法"被認為是守舊落後,而通過社會革命為未來的新憲法奠定更為堅實的社會基礎,成為二十世紀中國的新的方向。

但與此同時,中國絕非國際體系突變的純粹的旁觀者與承受者。1904 年在中國土地上展開的日俄戰爭在俄國內部引發了複雜的連鎖反應,俄國在 1905 年的戰敗引發了國內革命,進而影響到波斯、土耳其與中國的革命;而中國革命者提出的革命方案,以及 1911 年爆發的辛亥革命,更是給列寧帶來了很大的啟

1　毛澤東:《論人民民主專政》,《毛澤東選集》(第四卷),北京:人民出版社 1991 年版,第 1468—1482 頁。

發。因而一戰之中國際體系的突變，具有一些重要的"中國元素"，儘管它們發揮作用看起來像是一種"意外後果"。但毫無疑問的是，在一戰之後，在意識形態層面，無論是居於社會中下層的工人農民，還是國際體系中的殖民地半殖民地民族，都改變了在十九世紀"文明等級論"中的"野蠻人"或"半野蠻人"地位，不再被視為被動的"文明輸灌"的客體，而是能夠組織起來獲得自我解放的主體。而這正是"中國式現代化"與當代中國憲法的歷史基礎之所在。

在當代"百年未有之大變局"之下，回望這一來路，有助於我們認識當代中國與一戰之後的二十世紀歷史之間的連續性。一戰之後的中國遠離了"鑄典宣化"的行為模式，不再是以類似"應試"的心態尋求列強的承認，而是以"出題人"的姿態，從根本上衝擊列強所設定的規則。儘管我們在後續的歷史中還能看到一些體現"鑄典宣化"心態的時刻，但從根本上，中國在二十世紀的歷史進程中所獲得的鮮明特徵，已經使其日益難於被老牌發達國家的俱樂部所接納。告別"鑄典宣化"，走獨立自主、"自成體系"的道路，這已經是"中國式現代化"的基本方向。然而對這一事實究竟是漠然視之，是加以批判，還是賦予其光榮，不同的選擇必然會產生不同的理論類型和風格。本書的選擇是明確的，那就是：自成體系，自建光榮，以主體性的姿態，坦然面對未來的暴風驟雨。[1]

1　劉海波：《自成體系、自建光榮的自覺自信》，《國企》2012 年第 1 期。

後記

　　《鑄典宣化："文明等級論"之下的"舊邦新造"》是我的第五本獨著專著，它聚焦的核心問題是"內外關係"。在後冷戰時期，"內外關係"問題一度居於邊緣地位。畢竟，如果將"融入"單極霸權主導下的全球化進程看作不可抗拒的潮流，將"中美國"（Chimerica）視作值得追求的前景，國內秩序的構造也不可能不順應這一大勢，那麼"內外關係"的處理，只要"順勢而為"即可。但在"百年未有之大變局"之下，單極霸權秩序逐漸鬆動，國際體系多極化趨勢日益顯現，"內外關係"問題在中國思想界重新恢復了其活躍度。

　　此時此刻，恰如彼時彼刻。

　　在第一次世界大戰之前，東西方列強自居"文明國"，在行動上經常協調一致，共同壓抑著殖民地半殖民地社會，不僅在軍事上壓制，經濟上剝削，而且指後者為"半文明"、"野蠻"，在精神上進行支配。在這一體系下，很難看到接受列強治道、尋求列強承認之外的可能性。在一戰之前的中國思想界、輿論界，以列強的"文明"觀念，批評中國秦漢以來的傳統壓抑競爭、阻礙進步，導致中國在"優勝劣敗"的競爭中處於弱勢，可謂蔚然成風。而變法、立憲乃至革命，往往被理解為改變中國在國際體系中的"半文明國家"地位，躋身於列強行列的進階之梯。明治日本通過自我改造而被列強承認為"文明國家"的經歷，成為許多中國精英參照的對象。

然而，一戰打破了列強之間的協調關係，全球殖民秩序出現顯著的"薄弱環節"，在中國輿論界，"文明"的觀念也發生了急劇的轉變，戰前流行的一元的、等級性的、強調競爭的"文明"觀念，被越來越多的人視為第一次世界大戰的思想根源。越來越多的論者討論"東方文明"與"西方文明"的關係，這種並列本身就表明了戰前一元的、等級性的"文明"觀念正在趨於多元與平等。不同思想流派對於"東方文明"與"西方文明"之間的關係存在不同的意見，但是反對殖民帝國用以支持殖民秩序的一元的、等級性的"文明觀"，逐漸成為共識。越來越多的仁人志士主張，需要同時推進國內秩序與國際秩序的重構，而非在被動接受既有國際秩序的前提之下尋求列強的承認。

學術研究如同打仗，總是需要在前人研究的"薄弱環節"做突破，而近代憲法變遷與"文明"觀念之間的關係，就是本書找到的一個"薄弱環節"。學界闡述制定和實施成文憲法是政治文明的重要標誌的文章並不少見，但潛心研究近代歷史行動者究竟是如何在涉及立憲的言談和行動中運用"文明"一詞的嘗試，仍屬鳳毛麟角。本書所用的史料，絕大多數不屬於稀有史料，但將它們串在一起並加以闡釋，則需要一些新的理論思考。本書做出了衝擊學術研究"薄弱環節"的努力，但是否真正有實質性的理論推進，則留待學界同仁與廣大讀者來評價。而本後記的主要使命是為讀者了解本書的寫作過程和主旨，提供一些粗線條的線索。

本書的研究思路，實質上是拙著《萬國競爭：康有為與維也納體系的衰變》的延續。在《萬國競爭》的寫作過程中，我對一戰的轉折意義形成了清晰的認識：康有為在一戰之前形成的許多信念，正是在一戰之中遭到沉重打擊，時勢迫使他對自己的憲法思想做出重大調整。在後續研究中，我看到更多的近代憲法思想家因為一戰而改變了自己的論述。由此，可以提煉出這樣一種表述：國際體系的變遷重塑了憲法思想，而具有新思想的歷史行動者，重塑了戰後的憲法變革路徑。

在本書的研究過程中，汪暉教授的《世紀的誕生》對我產生了很大的啟發。汪暉教授指出，真正處於十九世紀的中國士大夫們並沒有用“世紀”來衡量時間，“世紀”的概念恰恰是在十九、二十世紀之交興起，像梁啟超這樣的近代中國精英實際上是先有了“二十世紀”的概念，進而追溯式地總結“十九世紀”的特徵。這一論述啟發我追問：在法學思想領域，是否存在類似的現象？通過對史料的閱讀和梳理，我發現在一戰結束之後，中國興起了一個“二十世紀之憲法”思潮，而它的推動者就是梁啟超及以其為中心的“研究系”群體。這一發現催生了為本書奠基的論文《發現“二十世紀之憲法”》，發表於《清華法學》2021年第3期。這篇論文可以被視為本書的提綱，既涉及到了一戰之後的新思潮，也涉及到了一戰之前中國知識界、興論界的主流“文明”觀形態與立憲典範。

在寫作《萬國競爭：康有為與維也納體系的衰變》之時，我的筆觸多次涉及十九世紀的“文明等級論”及其國際法載體，但尚未將其作為一本書的核心概念。自從2017年以來，“文明”概念在中國思想界的地位日益上升，鄧小南、渠敬東教授主持的北京大學人文與社會科學研究院圍繞著“文明”概念展開了大量理論探討，我參與了其中一些討論，自己也組織了若干圍繞著“文明”概念的討論[1]。在這些討論之中，問題也逐漸變得更明確：在第一次世界大戰前後，“維新變法”、“立憲”乃至“革命”，究竟被賦予了什麼樣的文明論意義？

本書的主體部分，是在 2022 年下半年和 2023 年初完成的。我的寫作思路，是將《發現“二十世紀之憲法”》的邏輯論證進一步展開，形成若干章節：第一章討論十九世紀認識“立憲”與“文明”的一般範式；第二章具體探討立憲派與革命派圍繞著日本明治憲法的討論，既總結其差異，也提煉其共同的理論視野；第三章集中討論第一次世界大戰帶來的巨大衝擊，追溯一系列重要思想人物如何在一戰過程中改變自己的論述；第四章論述一戰之後對於憲法的文明論意義的新認識，並總結一戰所帶來的轉向對於二十世紀中國道路的開拓的巨大意義。

本書的四字標題“鑄典宣化”，實為對副標題意思的濃縮表達。近代一些論者認為“謨”、“典”、“誓”代表著中國早期的憲法，雖是比附，但也使得本書用“鑄典”來指代“立憲”，至少有了一點修辭上的根據；“宣化”是今天河北張家口一個區的名字，最早得名於金朝，後在清代被重新啟用，具有“宣揚教化”之意，這裏的“化”，其背景正是中國古代帝制之下的儒家“教化”與“文明”觀念。在近代，“civilisation”被翻譯成“文明”，但有時候也被翻譯成“開化”，在西方列強的“文明等級論”中，

1　見《東方學刊》2022 年第 4 期、2023 年第 1 期關於“文明”的專題討論。

中國被歸為"半文明"或"半開化"國家。"鑄典宣化"指向的是近代中國的行動者試圖通過立憲提升中國在"文明等級"中的地位的努力。本書試圖重構這一努力的歷史語境和內在理路,但同時以百年後的"後見之明"(也許是"後見之不明"),探討其歷史局限性。

本書既是一部法律／政治思想史的著作,同時也具有"區域國別學"研究的意涵,其主要論述的區域是東亞,但也涉及到土耳其、德國等國的立憲經驗與思想。近代"區域與國別研究"的興起,本身就與殖民帝國的活動有著密切的關聯,而"文明"則是殖民帝國用以建立自身意識形態霸權的"標識性概念"。十九世紀的殖民帝國正是根據"文明等級"理論,對廣大殖民地與半殖民地進行分類,從而展開其"區域與國別研究"的。因而,一種真正具有中國主體性的"區域與國別研究",也必然要從如何破除殖民帝國的意識形態霸權開始。而追溯中國如何走出十九世紀的主流"文明"觀,正是這一工作的重要部分。

"鑄典宣化"不僅是對一段歷史經歷的概括,同時也是對一種政治行為模式的概括。在一個高度不平等的國際秩序中,弱小國家與民族經常按照強國所設定的標準來進行自我改革,以期獲得強國的承認。這是一種"應試式"的尋求承認的行為模式。然而尋求承認還有其他的路徑,比如在一場生死搏鬥中,通過展示自身的意志和能力,使得強者不得不做出讓步。這種承認不是"應考式",而是"出題式"的,從根本上衝擊強者所設定的規則。但採取這樣一種路徑,從根本上需要弱小國家與民族進行有效的自我組織,而傳統社會結構和組織方式,無法產生這樣的組織程度的飛躍。因而，在一個高度不平等的國際秩序中，"鑄典宣化"的行為模式要遠比"出題式"的尋求更高承認的鬥爭更為普遍，在今日仍然如此。

對於像我這樣的心力不足的思考者而言，學術共同體如同空氣與水一樣不可或缺。本書在寫作過程中，獲得了汪暉、黃平、王紹光、渠敬東、強世功、貝淡寧、王獻華、關凱、宋念申、殷之光、田雷、張泰蘇、閻小駿、劉晗、昝濤、閻天、左亦魯、張敏、馬建標、陳玉聃、賴駿楠、王銳、羅禕楠、周展安、傅正、邵六益、楊博文、吳雙等師友的支持與啟發。鄭濤、李旭、吳應娟等同學參與了本書部分章節的校對工作，在此一併致謝。感謝三聯書店編輯蘇健偉、王逸菲老師盡心竭力的編輯工作，以及凱風公益基金會、平衡學會對我進行的學術工作的支持。沒有以上所有人的支持、鼓勵乃至催促，本書很可能還只是一場頭腦風暴，或者在走向成形的過程中胎死腹中。

我將本書獻給亡友劉海波，他經過艱苦卓絕的思想探索，走出了上世紀九十年代和本世紀初流行的"鑄典宣化"思維模式，力倡中國應當"自成體系，自建光榮"。在今天，他的主張已經獲得了廣泛接受，而他卻已經長眠地下，無法看到他的思想在實踐中開花結果。本書既是對他的"自成體系，自建光榮"主張的歷史闡釋，也是一個"接著講"的探索，既然是探索，就一定會有失誤。海波知我，當能原諒其中的錯漏。

章永樂

2023 年 5 月 11 日於燕園